AF141434

Victor Silberer

Im Ballon

Victor Silberer

Im Ballon

ISBN/EAN: 9783743300255

Hergestellt in Europa, USA, Kanada, Australien, Japan

Cover: Foto ©ninafisch / pixelio.de

Manufactured and distributed by brebook publishing software
(www.brebook.com)

Victor Silberer

Im Ballon

IM BALLON!

Eine Schilderung der Fahrten des Wiener Luftballons „VINDO-
BONA" im Jahre 1882, sowie der früheren Wiener Luftfahrten
(1791 bis 1881), weiters eine Beschreibung der bedeutendsten und
interessantesten Ascensionen, die überhaupt je stattgefunden haben,
und endlich eine Aufzählung aller jener Luftfahrten, bei denen
Menschenleben zum Opfer gefallen sind.

Herausgegeben

von

VICTOR SILBERER

Eigenthümer und Chef-Redacteur der „ALLGEMEINEN SPORT-ZEITUNG".
Commandeur des königlich spanischen Isabellen-Ordens, Ritter des kaiserlich russischen
St. Annen-Ordens 2. Classe, des königlich bayerischen Michael-Ordens, des königlich
dänischen Danebrog-Ordens, des königlich portugiesischen Christus-Ordens und des königlich
rumänischen Stern-Ordens etc. etc.

MIT 14 ABBILDUNGEN.

WIEN
VERLAG DER „ALLGEMEINEN SPORT-ZEITUNG"
(VICTOR SILBERER)
1883.

VORWORT.

Das grosse Interesse, mit welchem die einzelnen Schilderungen meiner im abgelaufenen Herbste unternommenen Luftfahrten aufgenommen wurden, veranlasst mich, der Lesewelt in vorliegendem Werkchen die theils von mir selbst, theils von den Theilnehmern an meinen Fahrten in verschiedenen Blättern veröffentlichten Beschreibungen hiermit gesammelt vorzulegen. Der Werth der vorliegenden Publication — soweit man überhaupt die Güte haben wird, ihr irgend einen solchen beizumessen — liegt wohl nicht allein in der Wiedergabe dieser anspruchslosen Schilderungen harmloser kleiner Ballon-Ausflüge, sondern in deren Ergänzung zu einer Art

1*

»Chronik der Wiener Luftfahrten« durch Wiedergabe der vollständigen Beschreibung der ersten Wiener Luftfahrten von Stuwer 1784 und von Blanchard 1791, ferner der Fahrten Godard's 1853 und 1881, und endlich — the last but not the least — in der Schilderung der bedeutendsten und interessantesten Luftfahrten aller Zeiten, sowie in der den Schluss bildenden Geschichte der Opfer der Luftschifffahrt.

In dieser Zusammensetzung bildet somit das vorliegende Buch einestheils eine Art aëronautischer Local-Chronik Wiens, andererseits aber auch eine Art Nachschlagebuch für die wichtigsten Daten aus der Geschichte der grösseren aëronautischen Reisen.

Den fachlichen Theil der Aëronautik liess ich gänzlich unberücksichtigt und zwar mit besonderer Absicht: Ich will nämlich in einiger Zeit diesem rein feuilletonistisch gehaltenen Werkchen, das gar keinerlei Anspruch auf fachliche Bedeutung erhebt, ein rein fachliches »Handbuch der Aëronautik« folgen lassen,

welches die technische Seite der Luftschifffahrt in erster Linie und in ganz
erschöpfender Weise behandeln soll, was
bisher bekanntlich noch in keiner Sprache
existirt. Dazu aber will ich noch einige
weitere praktische Studien und Versuche
machen. Wenn es mir vergönnt ist, das
gegenwärtige Jahr, 1883, so zu Fahrten aus-
zunützen, wie ich es vorhabe, so werde ich
ohne Zweifel schon heute über ein Jahr mit
dem neuen Buche vor die Oeffentlichkeit
treten können und, wie ich glaube, die
strengste fachmännische Kritik desselben
nicht zu scheuen haben.

Wien, im Jänner 1883.

Victor Silberer.

QUELLEN-ANGABE.

—

Es ist meine Pflicht, hier jene Quellen zu nennen, aus denen ich bei der Zusammenstellung des vorliegenden Werkchens geschöpft habe. Es sind dies:

Camille Flammarion: „Voyages Aériens." C. Marpon & E. Flammarion. Paris 1881.

Duruof: „Aventures de M. et Mme. Duruof. Le soixante ascensions de Duruof racontées par lui-même." Auguste Ghio, Paris 1875.

J. Glaisher: „Travels in the Air by James Glaisber, Camille Flammarion and Gaston Tissandier." Richard Bentley & Son, London 1871.

Dasselbe Werk im Deutschen:

H. Masius: „Luftreisen." Friedrich Brandstetter, Leipzig 1873.

Monk Mason, Esq.'s Aëronautica." F. C. Westley, London, 1838.

Nadar: „Memoires du Geant." E. Dentu. Paris 1864.

Nadar: „Histoire des Ballons et des Ascensions célèbres." F. Roy, Paris 1876.

Die vorstehenden Werke enthalten durchwegs höchst interessante Schilderungen und können Jedem, der sich für die Aëronautik näher interessirt, bestens empfohlen werden.

—

INHALT.

— —

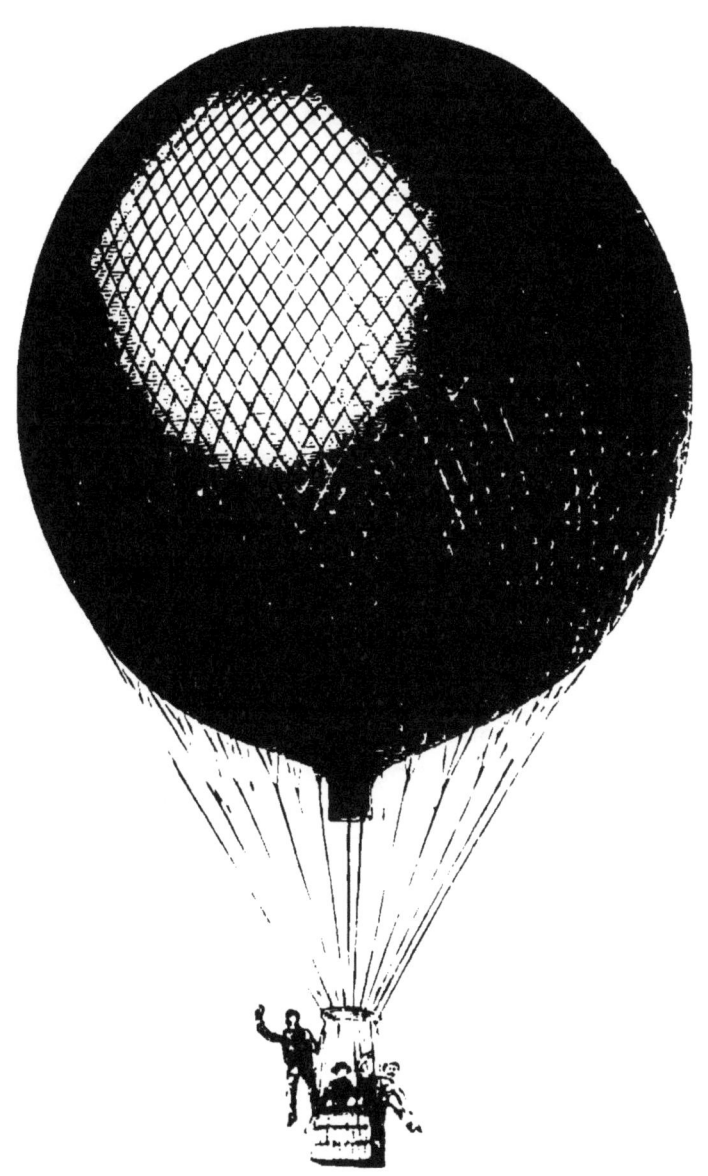

DIE „VINDOBONA".

DIE „VINDOBONA".

Seit meiner frühesten Jugend hegte ich
das lebhafteste Interesse für die Luftschifffahrt. Als kaum siebenjähriger Knabe hatte ich
— im Jahre 1853 — Godard in Wien aufsteigen gesehen und von da an blieb es mein
sehnlichster Wunsch, einmal eine Luftfahrt
mitmachen zu können.

Als ich aber später — 1869 — während
meines Aufenthaltes in Amerika dazu kam,
meinen Jugendtraum endlich verwirklicht zu
sehen, wurde dadurch mein langes Sehnen
keineswegs gestillt; im Gegentheil, es verwandelte sich jetzt nur in den Wunsch, selbst
einen Ballon zu besitzen, um die einmal kennen
gelernten unbeschreiblich schönen Eindrücke
einer Luftfahrt mir nach Belieben oft verschaffen zu können.

Lange schlummerte inzwischen dieser
Wunsch unerfüllt in mir, bis ihn im Sommer 1881
Godard durch seine Wiener Luftfahrten, an

Im Ballon.   1

deren einer ich ebenfalls theilnahm, wieder
rege machte. Rasch war ich entschlossen!
Meine Freunde schüttelten wohl ungläubig
den Kopf oder verriethen wenigstens in ihren
Mienen leise Zweifel, als ich ihnen im Herbste 1881
verkündete: Auf's Jahr werde ich selbst in
meinem eigenen Ballon auffahren!

Der Winter und das Frühjahr vergingen.
Niemand dachte mehr an meinen Vorsatz
oder man glaubte denselben längst vergessen.
Ich aber fuhr Ende Juni 1882 nach Paris und
bestellte bei der Firma Brissonnet einen
Ballon bester Qualität, von 1100 Kubikmetern
Rauminhalt, zu liefern binnen sechs Wochen.

Als dann in Wien bekannt wurde, dass
ich mir richtig einen Ballon habe anfertigen
lassen, gab es darüber nicht wenig Gerede;
es war ein richtiges locales Sensations-Er-
eigniss für die saure Gurkenzeit.

Am Donnerstag den 10. August traf
pünktlich Herr Brissonnet junior mit dem
Ballon hier ein, der sich als ein wahres
Meisterstück erwies. Die erste Auffahrt sollte
Sonntag den 13. August stattfinden und war
auch für diesen Tag schon annoncirt. Theils
weil ich schon vor Ungeduld brannte, theils
weil ich sicher sein wollte, dass am Sonntag
alles klappen werde, veranstaltete ich schon

Freitag, den 11. eine ganz private Probe-Auf-
fahrt, von der selbst von den dabei Anwesenden Niemand vorher eine Ahnung hatte,
bevor sich der Ballon in die Luft erhob. Es
waren etwa zweihundert Personen anwesend,
nur Journalisten und persönliche Bekannte,
die aber alle nur zu einer „Probefüllung"
geladen worden waren. Man kann sich das
Erstaunen der Bevölkerung Wiens vorstellen,
die mit Spannung den Sonntag erwartete, als
plötzlich am Freitag Abends schon der viel-
besprochene Silberer'sche Luftballon, an den
man noch immer nicht recht glauben wollte,
mit einem Male ober Wien erschien.

Es gereicht mir zum besonderen Vergnügen, hier constatiren zu können, dass von
diesem Augenblicke an die erste Wiener
Luftschifffahrts-Unternehmung beim grossen
Publicum die sympathischeste Aufnahme und
ungetheilte Anerkennung gefunden hat. Ebenso
freundlich hat sich die gesammte Wiener
Journalistik der Sache gegenüber verhalten und
dieselbe in dankenswerthester Weise gefördert.
Nur den hohen Behörden machte das neue
Unternehmen anfangs nicht wenig Sorgen und
Kopfzerbrechen! Der Ringtheaterbrand, schon
an sich ein furchtbares Unglück, ist auch in
seinen Nachwirkungen noch ein grosser Schaden

1*

für Wien. Die schweren Anklagen, die anlässlich
dieses Brandes — ob begründet oder nicht,
bleibe hier unerörtert — gegen alle Behörden
erhoben wurden, haben an Stelle der früheren
Sorglosigkeit eine bis auf's Höchste gesteigerte
Aengstlichkeit verursacht, die sich heute wie
ein erdrückender Alp auf Alles legt, was in
Wien an Schaustellungen und öffentlichen Be-
lustigungen geboten wird. Aus der gegen-
wärtigen übertriebenen Furcht der Behörden
vor Verantwortlichkeit resultirt bei j eder Stelle
eine schon hart an's Drastische streifende
Sucht, jede Verantwortlichkeit von sich selbst
ab- und auf andere Schultern zu wälzen. Jede
Behörde will für den Fall eines möglichen
Unglückes vollkommen gedeckt sein, keine
will auf ihr eigenes Risico eine Erlaubniss
geben, ausser sie hat ein schriftliches Gut-
achten einer anderen Behörde in Händen,
dass diese die Verantwortung übernehme.

Nur unter den unsäglichsten Schwierigkeiten gelang es dem Besitzer des Ballons die
Erlaubniss zu seinen ersten drei Auffahrten
mit Herrn Brissonnet junior, dem französischen
Aëronauten, zu erhalten, während er später
gezwungen war, mit dem riesigen. auf vier
Personen berechneten Ballon ganz allein zu
fahren!

Erst nach langen Kämpfen und unausgesetztem Drängen, Petitioniren und Recurriren, wobei sich der Besitzer des Ballons an Se. Excellenz den Herrn Statthalter und schliesslich an Se. Excellenz den Herrn Ministerpräsidenten Grafen Taaffe wendete, wurde endlich auch gestattet, dass der Aëronaut bei seinen Fahrten unter dem Titel „G e h i l f e n" oder „A s s i - s t e n t e n" stets z w e i Personen mitnehmen dürfe, doch müssen dieselben grossjährig und eigenberechtigt sein und vor ihrer Abfahrt einen Revers unterfertigen, in welchem sie für den möglichen Fall eines Unglückes die hohen Behörden jeder Verantwortlichkeit entheben.

Im Ganzen ist die „Vindobona" im Herbste 1882 fünfzehn Male aufgestiegen, die ersten drei Mal mit dem Besitzer des Ballons und Herrn Brissonnet junior, die hierauffolgenden vier Male mit dem Eigenthümer a l l e i n. Von da an durften denselben jedesmal zwei „Assistenten" begleiten. Es sind somit, ausser dem Besitzer des Ballons, 1882 mit der „Vindobona" aufgestiegen:

Herr Brissonnet junior 3 Male.

Frau Johanna Silberer 2 Male.

Herr Georg Ernst 2 Male.

Frau C. Murau.

Herr Edward Seidel.

Herr Otto Abeles.
Herr Lieutenant Anton Schindler.
Herr A. M. Kinkor.
Herr Peter Müller.
Herr Graf Arthur Coronini.
Herr Leop. Wertheim.
Herr C. E. Wolf.
Herr Max Leitner.
Herr Schittenhelm.

Die Fahrten der „Vindobona".

Erste Fahrt.

Freitag, den 11. August 1882.

Theilnehmer: **Victor Silberer, Mr. Brissonnet** jun.

Ueber den Verlauf der Füllung und des Aufstieges bei den ersten Auffahrten wollen wir uns — um nicht in eigener Sache selbst zu urtheilen — darauf beschränken, die betreffenden Berichte der grossen Wiener Tagesblätter zu citiren.

Ueber die P r o b e - A u f f a h r t , welche am Freitag, den 11. August stattfand, sei folgende Beschreibung wiedergegeben:

„NEUE FREIE PRESSE" ddo. 12. August:

„(W i e n e r L u f t s c h i f f f a h r t.) Im Wiener Publicum ist durch die vorjährigen Luftfahrten Godard's das Interesse für solche Productionen in sehr lebhafter Weise geweckt worden, während sich zugleich die Theilnahme an diesen Luft-Expeditionen als eine neue Sport-Species entwickelte. Dies mag Herrn Silberer, der bekanntlich alle Gattungen Sport als Fachmann betreibt,

zu dem Versuche bewogen haben, auch heuer hier in
Wien mit einem eigenen Ballon Luftschifffahrten zu ver-
anstalten und dadurch den fremden Unternehmern den
Rang abzulaufen. Die erste öffentliche Production ist
für Sonntag angekündigt, doch unternahm Herr Silberer
schon heute Abends vor einer kleinen Gesellschaft ge-
ladener Gäste vom Prater aus eine Probefahrt in die
Lüfte. Der Ballon ist in Paris von der Firma Brissonnet
angefertigt worden. Derselbe hat die gewöhnliche Birn-
gestalt und ist aus Rohseide bester Qualität erzeugt; in
der grössten Breite beträgt der Durchmesser ca. 14 Meter
bei einer Höhe von 24 Metern. Der Ballon fasst 1100
Kubikmeter Gas und somit um 100 Kubikmeter volu-
minöser als Godard's „Nouveau monde". Netz, Tauwerk,
Korb und alle sonstigen Bestandtheile des Ballons machen
den Eindruck vollkommener Solidität. Die Füllung des
Ballons hatte um $1/_{4}$3 Uhr Nachmittags begonnen und
ging langsam vor sich. Es währte volle fünf Stunden,
bis der Riesenleib des Ballons völlig angeschwollen war.
Das Befestigen des Korbes an die Endstricke des Netzes
und das Loslösen der Sandsäcke gingen rasch und anstandslos von Statten, und überhaupt wurden alle Vorbereitungen mit anerkennenswerther Ruhe
und Sicherheit getroffen. Als der Ballon
vollends gefüllt und zur Abfahrt bereit war, bestiegen
Herr Silberer und der Pariser Fabrikant, Herr Brissonnet,
den Korb. In den unteren Regionen herrschte fast vollkommene Windstille, weshalb man einen kleinen Kinder-
ballon aufsteigen liess, um die Richtung des Luftzuges
in den höheren Luftschichten zu erkennen. Um halb
8 Uhr gab Herr Silberer den vier Feuerwehrleuten, welche
den Korb festhielten, das Commando: „Los!", worauf
der Ballon unter lebhaften Zurufen der Gesellschaft langsam
und Anfangs senkrecht emporstieg. Erst später wurde

derselbe von einem leichten Nordostwinde in eine süd-
westliche Richtung getragen. Bald darauf sah man ihn
über den Stadtpark hinschweben, und da die Probefahrt
geheim gehalten worden war, so rief das Schauspiel nicht
geringe Ueberraschung unter dem Publicum hervor."

Nun zum Verlaufe dieser Fahrt.

Die Windrichtung war insoferne eine überaus günstige, als der Ballon der Stadt zutrieb
und einen grossen Theil derselben passirte,
was den Luftschiffern einen prachtvollen Ueberblick über das zu ihren Füssen ausgebreitete
Häusermeer verschaffte.

Der Ballon stieg anfänglich nicht bedeutend und bewegte sich in Folge des sehr geringen Luftzuges auch seitlich nur sehr langsam. Das ermöglichte den beiden Aëronauten
die herrliche Ansicht Wiens aus der Vogelschau
verhältnissmässig lange zu geniessen. Den
Donau-Canal passirte der Ballon in einer Höhe
von 600 Metern, bis zum Stadtpark war er
850 Meter, bis zum Südbahnhof aber 1450
Meter gestiegen. Simmering passirte er in
einer Höhe von 1825 Metern, beim Central-
Friedhof erreichte der Ballon die grösste Höhe,
nämlich 1975 Meter. Die Fahrt über die
Stadt bot ein unbeschreiblich schönes Bild.
Nach kaum halbstündiger Fahrt landeten die
Aëronauten glücklich bei Hennersdorf,
dessen Einwohner den besten Dank für die

freundliche Aufnahme und bereitwillige Hilfeleistung verdienen, die sie den Luftschiffern an-
gedeihen liessen.

Zweite Fahrt.

Sonntag, den 13. August 1882.

Theilnehmer: **Victor Silberer** und Mr. **Brissonnet** jun.

Ueber den Aufstieg seien nachfolgende
Journal-Berichte citirt:

„NEUE FREIE PRESSE" ddo. 14. August.

„(Wiener Luftschifffahrt.) Der Probefahrt,
die am vorigen Freitag stattgefunden hat, folgte heute
Nachmittags um 6 Uhr im Beisein einer überaus grossen
Zuschauermenge die erste öffentliche Auffahrt. Das herrliche Wetter und der Sonntag lockten riesige Menschenmassen in den Prater, und ein ansehnlicher Bruchtheil
der ungezählten Tausende, der das Schauspiel der Füllung
des Ballons und den Moment des Aufstieges aus nächster
Nähe ansehen wollte, füllte den abgesperrten Raum. Die
Füllung des Ballons, der 1100 Kubikmeter Leuchtgas
in sein Inneres aufnimmt, hatte schon um $10^{1}/_{2}$ Uhr Vormittags ihren Anfang genommen, und um 3 Uhr Nachmittags, als die ersten Zuschauer sich eingefunden hatten,
war das gelbseidene Ungethüm etwa zur Hälfte gefüllt.
Wie bekannt, hat die Polizei-Behörde dem Unternehmer
vorläufig die Erlaubniss verweigert, Reisegefährten in der
Gondel mitzunehmen, und so blieb die Zahl der Theilnehmer an der heutigen Ballonfahrt wieder auf die zwei Personen beschränkt, die schon am Freitag aufgestiegen
waren, nämlich auf die Herren Silberer und Bris-

s o n n e t. Wenige Minuten nach 6 Uhr wurden die
Sandsäcke, die den Ballon noch an der Erde festhielten,
losgemacht, der Korb wurde an dem Ringe, der den
Ballon unten abschliesst, befestigt, und geschickt schwangen
sich die beiden Luftreisenden in den Korb. Noch einige
Minuten vergehen, die letzten Anordnungen werden getroffen, die Musik stimmt eine flotte Marschweise an, mit
einem Male schnellt der Ballon in die Höhe, und im
nächsten Augenblicke wiegt er sich schon in den Lüften.
Laute Bravorufe gaben den beiden Herren in der Gondel
das Geleite, welche zum Danke ihre Mütze schwenkten.
Der Ballon schlug einen nordwestlichen Cours ein, und
noch lange Zeit konnte man ihn vom Prater aus in der
Richtung des Kahlenberges durch die Lüfte segeln sehen "

„PRESSE" ddo. 14. August.

„(B a l l o n f a h r t.) Gleich den Omnibussen und anderen angenehmen Verkehrsmitteln hat nun auch das
Luftschiff seine eigene „Unternehmung", und es wird
nicht lange dauern, so wird man in jeder Tabak-Trafik
auch ein Ballon-Abonnement kaufen können. Die Wiener
finden an dem zierlichen Ding, das sie heute an dem
einen, morgen an dem anderen Ende der Stadt hoch in
der Luft baumeln sehen, einen ungeheuren Spass und
danken dem Allmächtigen und Herrn Victor Silberer,
dass sie nicht immer auf den einförmigen Gesprächsstoff
von der „noch nicht gelungenen Ermittlung" einiger
Raubmörder angewiesen sind. Und da man es diesmal
viel leichter hat, die Bekanntschaft eines Ballons zu
machen, als im vorigen Jahre, weil die Auffahrten im
Prater stattfinden, so ist es kein Wunder, wenn „halb
Wien" bei der „Hetz" anwesend ist. Alle Fahrten
Mr. Godard's zusammengenommen hatten nicht ein so
zahlreiches Publicum, wie die heutige Ballonfahrt. —

Herr Victor Silberer mag sich über den Verlust, den er
durch das Veto der Polizei erleidet, mit der heutigen
Einnahme trösten. Auch war das Publicum augenscheinlich von dem neuartigen Vergnügen sehr befriedigt. Man
bewunderte allgemein die wohlgerundete Form des Ballons
(der übrigens ein wenig ovaler hätte gerathen sollen) und
war erstaunt, dass die Füllung und der Aufstieg glatt
und pünktlich von Statten gingen. Die beiden Luftschiffer (Herr Brissonnet fuhr auch heute wieder auf)
werden in der Höhe von einigen tausend Fuss das Sechsuhr-
Läuten der sämmtlichen Kirchenglocken gehört haben,
so präcise war man diesmal. Der Ballon nahm die
Richtung West-Nordwest und dürfte jedenfalls an die
Donau gelangen. Hoffentlich heisst es diesmal nicht
wieder : „Il va dans le Danube."

„NEUES WIENER TAGBLATT" ddo. 14. August.

„(Der Luftballon) beginnt in Wien heimisch
zu werden. Wer weiss, ob nicht bald Mütterchen ihrem
Baby eine kleine Luftballonfahrt versprechen wird als
Preis für besondere Artigkeit, so wie sie ihm jetzt ein
paar Caroussel-Touren verspricht; und wer weiss, ob nicht
die Grossen über kurz oder lang sich des Luftballons
statt des Fiakers bedienen und über Taxüberschreitungen
bei Luftballonfahrten ebenso klagen werden, so wie sie
heute über die Fiaker klagen? Doch, ob so oder so, heute
befinden wir uns noch in den — man verzeihe das Wort
— in den Flitterjahren unserer Luftballon-Begeisterung
und fühlen uns ausserordentlich geschmeichelt, dass Wien
nach dem vorjährigen fremden Luftballon, den Godard
lenkte, nun auch seinen eigenen hat. Es ist klar: was
immer uns auch an modern gestalteten und in gewaltigem
Massstabe fungirenden Verkehrsmitteln gebricht, so dürfen
wir doch auf Eines stolz sein, wir dürfen uns rühmen

jeder anderen Weltstadt gleich einen eigenen Wiener Luftballon zu besitzen. Im Uebrigen aber alle Achtung vor
dem reizenden Ungethüm, das gestern wieder die Schau-
lust der Wiener vollständig befriedigte. Herr Victor
Silberer hatte nämlich seine zweite Auffahrt für gestern
Nachmittag angesagt, und dies sowohl, wie das schöne,
echte Sonntagswetter hatte viele Tausende in den Prater
gelockt, die — geduldig, wie die „Möglichkeit", sechs
Stunden lang, von zwölf bis sechs Uhr — der Füllung
des Ballons zusahen und dem Momente der Auffahrt ent-
gegenharrten. Wie endlich die Luftschiffer — Herr Silberer und Herr Brissonnet aus Paris — in die Gondel
stiegen, wie der Ballon nach und nach von seinen Fesseln
befreit, knirschend und krachend seine Riesenglieder
dehnte, und wie er unter dem Jubel der tausendköpfigen
Zuschauermenge anfangs langsam und stolz, und dann
pfeilschnell in den blauen Himmel hineinschoss — da,
war in der That ein prächtiger Anblick!"

Der Verlauf dieser zweiten Fahrt war folgender:

Nach schönem Aufstieg, der 13 Minuten
nach 6 Uhr erfolgte, bot sich uns ein herr-
licher Ueberblick über den Prater, dessen
Plätze, Strassen und Wege ganz schwarz von
Menschen waren, die uns zujubelten. Wir
passirten den Nordbahnhof in 600 Metern, den
Nordwestbahnhof in 700 Metern Höhe. Der
Ausblick über Wien war diesmal noch viel
schöner, als am Freitag. Bei Nussdorf ging
der Ballon in der Höhe von 925 Metern gerade
über das Strombett der Donau und folgte von

da genau dem Bette des Flusses bis Korneuburg stets in der Strom-Mitte. In der Nähe
des Kahlenberges befanden wir uns in 1050
Meter Höhe; bei Lang-Enzersdorf sanken wir
bis auf 600 Meter und mussten Ballast auswerfen, wovon wir 200 Kilogramm mitführten.
Nach einer wunderbaren Fahrt liessen wir uns
um 7 Uhr 8 Minuten bei Senning, zehn
Kilometer von Stockerau nieder. In einer
halben Stunde war der Ballon geleert und
verpackt, und in einer Stunde später waren wir
in Stockerau, von wo wir um halb 11 Uhr
mit der Bahn nach Wien fuhren.

Dritte Fahrt.

Dienstag, den 15. August 1882.

Theilnehmer: **Victor Silberer** und **Mr. Brissonnet** jun.

Diese Fahrt wurde dadurch besonders
interessant, dass gleich beim Aufstiege bis zu
einer Höhe von 800 Meter drei ganz verschiedene Luftströmungen constatirt wurden.
Bis zu 400 Meter Höhe bewegte sich der
Ballon in südöstlicher Richtung, dann machte
er plötzlich eine Schwenkung im rechten Winkel nach links, weil zwischen 400 und 700 Meter Höhe der Wind nach Nordosten blies, um
schliesslich bei 750 Meter in einer der ersten

Direction ganz entgegengesetzten Richtung, nämlich nach Nordwest zu steuern. Der Ballon bewegte sich demgemäss vom Aufstiegorte zuerst gegen die Rotunde zu, dann nahm er den Cours gegen die Donau, um schliesslich oberhalb der Reichsbrücke, gerade über dem Strome angelangt, dessen Lauf nach aufwärts zu folgen bis Floridsdorf, wo er dann die bisherige Richtung verliess und auch das alte Strombett passirte. Der Aufstieg erfolgte sonach in einer vollständigen Schraubenlinie. Oberhalb Floridsdorf beschrieben die Aëronauten mittelst Benützung der oben erwähnten verschiedenen Luftströmungen einen completen Kreis. Die Fahrt wurde dann in 1000 Meter Höhe über den Bisamberg fortgesetzt, und liessen sich die Luftschiffer endlich sanft bei Stätten nieder. wobei sie, unter 400 Meter herabgesunken, sofort wieder die Richtung nach Wien annahmen.

Vierte Fahrt.

Sonntag. den 20. August 1882.

Theilnehmer: Victor Silberer allein.

Ueber diese Auffahrt, die erste, welche der Besitzer des Ballons ganz allein unternahm, berichtete das

WIENER „EXTRABLATT" vom 21. August.

„Eine ausserordentlich grosse Menschenmenge hatte sich gestern im Volksprater, von wo aus die vierte Auffahrt Silberer's mit seinem Ballon „Vindobona" vor sich ging, eingefunden. Da Brissonnet jun., der bisher sowohl an den Auffahrten Silberer's, als an den diesen vorhergehenden Arbeiten theilgenommen, nach Paris zurückgekehrt ist, leitete Herr Silberer diese Arbeiten gestern mit anerkennenswerther Präcision ganz allein. Um 6 Uhr waren die Vorbereitungen beendet, Herr Silberer wurde wie immer bei seinem Erscheinen vom Publicum lebhaft begrüsst und stieg in den Korb des Ballons. Nach Abgabe des Zeichens zum Loslassen der Stricke hob sich der Ballon in die Höhe. Eine Zeit lang war der Cours desselben südöstlich, bis er, von einer anderen Luftströmung erfasst, nordwestlich getrieben wurde."

Der Verlauf dieser Fahrt war folgender: Der Ballon nahm vom Auffahrtsorte seinen Weg direct über die Laterne der Rotunde, die er in einer Höhe von 650 Meter passirte. Die Donau überschritt der Ballon schon in 950 Meter Höhe und bald darauf stieg er bis zu 1650 Meter über dem Stadlauer Donau-Arme empor. Er wäre zweifellos noch viel höher gestiegen, wenn der Aëronaut, der zum ersten Male ganz allein in den Lüften schwebte, es nicht vorgezogen hätte, das Ventil zu öffnen und einem weiteren Steigen Einhalt zu thun. In einer Höhe von 1000 Metern wurde das Ankertau herabgelassen, in 400 Meter wurde

noch Gross-Enzersdorf passirt und eine Viertelstunde hinter diesem Orte bei O b e r h a u s e n
trotz des Windes um $^3/_4$7 Uhr nach halbstündiger Fahrt eine sehr sanfte Landung bewerkstelligt.

Fünfte Fahrt.

Dienstag, den 29. August 1882.

Theilnehmer: Victor Silberer allein.

Die f ü n f t e A u f f a h r t des Ballons «Vindobona» hatte wegen des anhaltenden schlechten
Wetters zuerst drei Male verschoben werden
müssen.

Der Aufstieg erfolgte bei schönem Wetter
und mässigem Südostwinde pünktlich um halb
6 Uhr. Noch vor 6 Uhr landete der Aëronaut
hinter dem Bisamberge bei E n g e r s d o r f.
Zwanzig Minuten nach seinem Niederstiege und
nachdem der Ballon schon entleert war, kommt
plötzlich in Carrière querfeldein ein Reiter
angesprengt, es ist — Z u b o v i t s, der kühne
Reitersmann, der es unternommen hatte, von
der Donau aus dem Ballon zu Pferde zu folgen. War es ihm auch nicht gelungen, mit
dem Luftschiffer gleichen Schritt zu halten, so
bleibt seine Leistung gleichwohl eine sehr
respectable.

Sechste Fahrt.

Donnerstag, den 31. August 1882.

Theilnehmer: Victor Silberer allein.

Ueber diese Auffahrt der «Vindobona», welche bei sehr ungünstigem Wetter und starkem Sturme stattfand, findet der Leser eine ausführliche Beschreibung unter dem Titel: «Zweitausend Meter über der Erde im Sturme.»

Siebente Fahrt.

Sonntag, den 3. September 1882.

Theilnehmer: Victor Silberer allein.

Die siebente Auffahrt der «Vindobona» verlief bei schönstem Wetter und sehr zahlreichem Besuche des Publicums ganz glatt. Der Ballon erreichte eine Höhe von 1100 Metern, passirte den Leopoldsberg, von dem ihm das Publicum zujubelte, und landete nach wunderbarer Fahrt nächst Grafendorf bei Stockerau.

Achte Fahrt.

Freitag, den 8. September 1882.

Theilnehmer: Victor Silberer.

Herr Georg Ernst, Redacteur der „Allgemeinen Sport-Zeitung" und Herr Edward Seidel, Redacteur des „Wiener Extrablatt".

An der achten Auffahrt der «Vindobona» durften nach nunmehr erfolgter Bewilligung der Behörde schon zwei Personen als «Gehilfen» oder «Assistenten» theilnehmen.

Der eine der beiden Begleiter, Herr Edward Seidel, schilderte diese Fahrt, welche bei schönstem Wetter vor sich ging — der Ballon landete bei Leopoldsdorf nächst Maria-Lanzendorf — in einem Feuilleton des «Extrablatt», welches die Leser unter dem Titel: «Ein Ausflug im Luftballon» auf Seite 62 finden. Herr Georg Ernst hat über dieselbe Fahrt ein Feuilleton, betitelt: «Meine erste Fahrt im Luftballon» geschrieben, welches sich auf Seite 45 dieses Buches befindet.

Neunte Fahrt.

Sonntag, den 10. September 1882.

Theilnehmer: **Victor Silberer.**

Herr **Otto Abeles,** Grosshändler in Wien.

Herr **Schindler,** k. k. Genie-Lieutenant.

Diese Fahrt führte bei schönstem Wetter über den Kahlenberg, bei Greifenstein über die Donau, worauf nach 44 Minuten die Luftschiffer nächst Stockerau wohlbehalten landeten.

2*

Zehnte Fahrt.

Donnerstag, den 14. September 1882.

Theilnehmer: Victor Silberer.
Herr A. M. Kinkor.
Herr Peter Müller.

Die zehnte Auffahrt des Ballons «Vindobona» fand bei einem sehr heftigen Südostwinde statt. Gleichwohl wurde in einer Thalmulde nächst dem Bisamberge nach einigen Schwierigkeiten und nachdem der Ballon in Folge des mächtigen Windes die Gondel in rasendem Tempo durch einen Weingarten geschleift hatte, eine glückliche Landung bewerkstelligt.

Herr Peter Müller hat über diese ziemlich aufregende und keineswegs gefahrlose Reise in der «Wiener Allgemeinen Zeitung» eine Schilderung unter dem Titel: «Eine Wiener Luftfahrt» veröffentlicht. (Siehe das gleichnamige Capitel dieses Buches.)

Eilfte Fahrt.

Sonntag, den 1. October 1882.

Theilnehmer: Victor Silberer.
Herr Arthur Graf Coronini und Herr Leopold Wertheim aus Wien.

Die Fahrt, welche der Ballon bei prachtvollstem Wetter und leichtem Nordwestwinde grösstentheils in einer Höhe von 8—900 Metern zurücklegte, währte drei Viertelstunden und wurde bei Gross-Enzersdorf eine überaus sanfte Landung bewerkstelligt.

Zwölfte Fahrt.

Dienstag, den 3. October 1882.

Theilnehmer: **Victor Silberer** und
Herr **Cornelius Eugène Armin Wolf** aus London.

Für diesen Tag war eine grössere Fahrt, eine Luftreise projectirt, an welcher ausser dem Aëronauten nur ein «Assistent», Herr Wolf aus London, theilnehmen sollte. Der Aufstieg sollte um 11 Uhr Vormittags beginnen und wollten die Reisenden so lange im Ballon verweilen, als der Ballast reicht. Bei günstigstem Barometerstande wurde am Dienstag um 5 Uhr Morgens mit den Vorarbeiten für den Aufstieg und um $\frac{1}{2}$7 Uhr mit der Füllung des Ballons begonnen, welche letztere präcise um 11 Uhr beendet war. Das Wetter war herrlich, Alles klappte vortrefflich, nur Eines fehlte — die Grundbedingung für eine grössere Luftreise — der Wind! Kein Lüftchen regte, kein Blatt bewegte sich, als bald nach 11 Uhr unter dem Beifalle zahlreicher Zuseher der mächtige Ballon mit seinen beiden Insassen aufstieg. Unter solchen Umständen wurde aus der beabsichtigten Luftreise eine . mehrstündige Rundfahrt über der Stadt Wien, auf die sich den beiden Insassen des Ballons die herrlichste Aussicht bot, und endete die Fahrt schliesslich nach $4\frac{1}{2}$ stündigem Aufenthalte in den Lüften, wobei die Höhe, in der sich der Ballon wiegte, vielfach zwischen 1900 Meter bis herab zu 150 Meter schwankte, bei Mühlleiten nächst Gross - Enzersdorf. War aber bei dieser Fahrt auch der ursprüngliche Zweck, eine Luftreise, eine weitere Fahrt zu machen, durch die fast vollständige Windstille vereitelt worden, so gestaltete sie sich dafür in jeder anderen Hinsicht ganz unbeschreiblich schön und wird das Andenken an dieselbe ihren Theilnehmern gewiss niemals aus dem Gedächtnisse schwinden. Ueber diese Fahrt erschien in der «Wiener Allgemeinen Zeitung» und der «Allgemeinen Sport-Zeitung» eine ausführliche Schilderung. (Siehe: «Ein Diner in den Lüften.»)

Dreizehnte Fahrt.

Sonntag, den 8. October 1882.

Theilnehmer: **Victor Silberer**, dessen Gemablin Frau **Johanna Silberer** und die Schriftstellerin Frau **Caroline Murau.**

Es war dies die e r s t e Fahrt, welche — mit specieller Bewilligung der hohen k. k. Statthalterei — mit z w e i Damen stattfinden durfte. Die Auffahrt fand bei ziemlich günstigem Wetter statt und hatten sich zu derselben viele Tausende von Zuschern im abgeschlossenen Raume und Zehntausende in den Alleen und auf den freien Plätzen des Praters eingefunden. Ueber den Aufstieg lassen wir in Nachstehendem den Bericht der »Neuen Freien Presse» folgen, über die Fahrt selbst hat Frau Murau ein Feuilleton geschrieben, das die Leser ebenfalls vorfinden. (Siehe: »Eine Fahrt durch die Wolken.»)

„NEUE FREIE PRESSE", ddo. 9. October:

„(W i e n e r L u f t s c h i f f f a h r t.) Herr Silberer hat heute mit besonderer Genehmigung der Statthalterei in Begleitung zweier Damen seine Luftfahrt unternommen. Es sind dies die Gemahlin des Luftschiffers, Frau S i l b e r e r und Frau M u r a u. Die erstere Dame hatte sich heute das erste Mal den Lüften anvertraut, während Frau Murau schon wiederholt und auch im verflossenen Jahre mit Godard aufgestiegen war. Auf das Publicum hat die Ankündigung der Theilnahme zweier Damen an der Luftfahrt eine überaus anziehende Wirkung ausgeübt.

Trotz des unfreundlichen Wetters waren der reservirte Raum und die Stehplätze so stark gefüllt, wie vorher noch nie, und auch in der Feuerwerks-Allee vor dem Füllungsraume hatte sich eine vieltausendköpfige Menge angesammelt, die mit Spannung den Moment des Aufstieges abwartete. Im reservirten Raume waren die beiden Damen, welche die Luftfahrt unternahmen, Gegenstand besonderer Aufmerksamkeit des Publicums. Sie liessen anscheinend ohne irgend welche Aufregung den Augenblick herankommen, in welchem sie eingeladen wurden, in den Korb einzusteigen. Die Füllung ging wie gewöhnlich ohne Störung vor sich. Nur um dem Publicum einen Zeitvertreib zu schaffen, wurden heute vor dem Aufstieg der „Vindobona" eine Menge Miniatur-Ballons, welche die drolligsten Figuren darstellten, unter allgemeiner Heiterkeit in die Lüfte gelassen. Um $\frac{1}{2}5$ Uhr, nachdem alle Vorbereitungen beendet waren, bestiegen Herr Silberer und hierauf dessen Gemahlin und Frau Murau den Korb, und wenige Augenblicke später stieg der Ballon unter den Zurufen des Publicums empor. Die beiden Damen zeigten sich sehr resolut, winkten dem Publicum Grüsse zu und streuten von der Höhe herab Blumen. Der Ballon steuerte, von einem leichten Winde getrieben, in nordwestlicher Richtung."

Vierzehnte Fahrt.

Donnerstag, den 12. October 1882.

Theilnehmer: **Victor Silberer**, dessen Gemahlin Frau **Johanna Silberer** und Herr **Georg Ernst**, Redacteur der „Allgemeinen Sport-Zeitung".

Die v i e r z e h n t e Auffahrt des Ballons «Vindobona» war eine Extrafahrt, aber auch

in mehr als einer Beziehung eine — Luftfahrt
mit Hindernissen. Man konnte hiebei um so
weniger an einen Anstand von Seite der Polizei denken, als sowohl Frau Johanna Silberer,
als Herr Georg Ernst schon einmal mit aufgefahren waren. Als es aber zur Unterzeich-
nung des üblichen Reverses der Mitfahrenden
kommen sollte, erklärte der amtirende Polizei-
Commissär, dass er die Mitfahrt der Dame
nicht gestatten könne, weil die Statthalterei
derselben nur eine einmalige Mitfahrt bewilligt
habe. Tableau! — Resolut entschloss sich
die junge Frau, sofort mit ihrer Mama zum
Statthalter zu fahren und von demselben die
Erlaubniss zu der Mitfahrt zu erwirken. Inzwischen wartete eine vielhundertköpfige Menge
von Gratisblitzern, welche sich um den Ballon
versammelt hatte, mit grosser Ungeduld auf
den endlichen Aufstieg, dessen lange Verzöge-
rung nach längst erfolgter Füllung sie sich
nicht zu erklären vermochte. Nach etwa einer
Stunde kam ein Wagen herangestürmt, welcher
die Damen brachte und mit ihnen die ersehnte
Erlaubniss des Statthalters. Zehn Minuten
später erhob sich der Ballon mit der kleinen
Reisegesellschaft, vom Publicum mit stürmi-
schem Beifall acclamirt, in die Lüfte, verschwand aber bald, nachdem er auch diesmal

wieder vom Winde in nordwestlicher Richtung
davongetragen wurde, in den Wolken. Die
Landung erfolgte bei Hatzenbach nächst
— Stockerau. Die Reisenden befanden sich
während der ganzen Fahrt vollständig in den
Wolken, in welchen sie schon fünf Minuten
nach dem Aufstiege verschwanden, so dass
ihnen durch volle drei Viertelstunden jeder
Ausblick auf die Erde benommen war. In
1000 Meter Höhe genossen sie das schönste
Schauspiel, das eine Luftfahrt bieten kann:
Den Anblick der Sonne bei klarem Himmel
ober ihnen und die Aussicht über die herrlich
beleuchteten Wolken und Nebelschichten unter
ihnen. Als nach 48 Minuten Fahrt der Ballon
wieder unter 500 Meter herabsank, begann
durch die dichten Nebelschichten, die in dieser
Höhe lagerten, langsam die Erde wieder durch-
zuschimmern, zuerst in Gestalt dunkler Flecken,
dann immer deutlicher und klarer, bis bei nur
350 Meter Höhe wieder das ganze weite Land
offen vor den Blicken der Luftreisenden dalag.
Herr Georg Ernst hat über diese Fahrt eine
sehr anziehende Schilderung geschrieben. (Siehe:
»Eine Landung wider Willen.»)

Fünfzehnte Fahrt.

Sonntag, den 22. October 1882.

Theilnehmer: **Victor Silberer**, Herr **Max Leitner**, Privatier, und Herr **Josef Schittenhelm**, Fabrikant.

Die fünfzehnte Auffahrt des Ballons «Vindobona» fand in Gegenwart eines sehr zahlreichen Publicums statt, nahm jedoch einen ziemlich unglücklichen Verlauf, da der Ballon von dem herrschenden Sturme mit rasender Schnelligkeit dahingejagt wurde und dann, als der Aëronaut versuchte, hinter dem Berge Kreutzenstein bei Korneuburg möglichst rasch die Landung zu bewerkstelligen, sammt den Insassen über $1\frac{1}{2}$ Wegstunden weit bis auf den Friedhof von Leitzersdorf geschleift wurde, wobei der Korb Alles demolirte, was ihm in den Weg kam.

Die «Neue Freie Presse» und die «Allgemeine Sport-Zeitung» brachten über den Verlauf dieser verunglückten Luftfahrt aus der Feder des Aëronauten einen authentischen Bericht. (Siehe: «Die Luftfahrt nach dem Friedhofe zu Leitzersdorf.»)

Victor Silberer's Luftfahrten in Wien 1882.

Fahrt	Datum	Begleiter	Wind-Richtung	Landungsort	Zahl der zurückgel. Kilom.
1.	11. Aug.	Brissonnet jun.	N.W.	Hennersdorf	13
2.	13. Aug.	"	S.O.	Senning bei Stockerau	32
3.	15. Aug.	"	S.O.	Stütten	21
4.	20. Aug.	"	W.	Oberhausen bei Gross-Enzersdorf	
5.	29. Aug.	—	S.	Klein-Engersdorf bei Korneuburg	14
6.	31. Aug.	—	W.	Maria-Ellend	30
7.	3. Sept.	—	S.O.	Grafendorf bei Stockerau	24
8.	8. Sept.	Georg Ernst, Edward Seidl	N.W.	Leopoldsdorf nächst Maria-Lanzendorf	12
9.	10. Sept.	Otto Abeles, Lieut. Schindler	S.O.	Stockerau	28
10.	14. Sept.	A. M. Kinkor, Peter Müller	S.	Flandorf bei Korneuburg	15
11.	1. Oct.	Arthur Graf Coronini, Leop. Wertheim	W		12
12.	3. Oct.	C. E. Wolf	S.O.u.N.W	Gross-Enzersdorf	52
13.	8. Oct.	Johanna Silberer, Caroline Murau	S.O.	Mühlleiten n. Gr.-Enzersdorf	27
14.	12. Oct.	Johanna Silberer, Georg Ernst	S.O.	Stockerau	28
15.	22. Oct.	Max Leitner, Jos. Schittenhelm	S.O.	Hatzenbach nächt Stockerau Leitzersdorf	27

Zweitausend Meter über der Erde im Sturme.

Von *Victor Silberer.*

Wien, am 4. September 1882.

Es war am letzten Donnerstag.

Schon von allem Anbeginne hatte ich keine besondere Lust. an diesem Tage aufzufahren. Noch am Abende vorher schwankte ich, ob ich nicht die Ankündigungen abbestellen und mir nach der heissen Arbeit, welche die Fertigstellung des Blattes am Mittwoch bis in die späte Nacht zu kosten pflegt, am Donnerstag lieber einen Ruhetag gönnen solle, umsomehr, als ich auch Dienstag aufgefahren war. Gleichwohl entschloss ich mich für die Fahrt.

Als ich am Donnerstag um 7 Uhr Früh an's Fenster trat, um nach dem Wetter zu sehen, sah es mehr als zweifelhaft aus. Dichte graue Wolken bedeckten den Himmel und ein wilder Wind fegte durch die Strassen — gewiss kein einladendes Bild zu einer Ballon-

fahrt! Nur das Barometer stand günstig, nachdem es schon während der letzten Tage allmälig gestiegen war.

So fuhr ich denn um 9 Uhr Vormittags
mit meinem Diener und allem Nöthigen nach
dem Prater zum Circus Carré, wo mein Ballon
aufbewahrt liegt. Als ich hinabkam, waren
schon alle meine Leute auf dem Platze. Alle
meinten, das Wetter werde nichts machen,
der Wind werde sich Abends legen.

Es war ein merkwürdiger, ganz tückischer
Wind, der da aus Nordwesten her blies. Halbe
Minuten lang verspürte man fast gar keinen
Luftzug, dann kam aber mit einem Male ein
sturmartiger Windstoss, der sich schon von
Ferne durch den dicken Staub ankündigte,
den er vor sich hertrieb, und der gewöhnlich
12—15, auch 25 Secunden anzuhalten pflegte.
Er begann stets heftig, stossweise, steigerte
sich bis zu einer colossalen Vehemenz und
schwächte sich dann langsam, aber ebenfalls
stossweise wieder ab. Vor den heftigeren
Stössen dieses unheimlichen Sturmes bogen
sich die grössten Bäume des Praters schwer
und ächzend tief zur Seite und wenn ich nicht
die zuversichtliche Hoffnung gehabt hätte,
derselbe werde in der That Abends schwinden,
oder doch wenigstens bedeutend nachlassen,

hätte ich gewiss gar nicht mit der Füllung des Ballons begonnen. So aber tröstete mich alle Welt mit dem bevorstehenden schönen Abend — und ich begann die Vorarbeiten.

Schon bei den ersten Zubereitungen sah ich, dass die Füllung des Ballons heute ganz ausserordentliche Vorsichtsmassregeln erheischen werde. Kaum hatte ich mit Hilfe der Leute den Ballon ganz flach auf den Boden gebreitet, in welcher Lage er doch dem Winde fast gar keinen Angriffspunkt bietet, als ihn ein vehementer Sturmstoss blitzschnell auf einer Seite hoch in die Luft riss und über mich warf, da ich in der Mitte beim Ventil arbeitete, so dass ich im Nu völlig unter dem Ballon begraben war. Das waren keine guten Auspicien für die Füllung, und ich begann schon zu fürchten, dass mir ein solcher Windstoss den Ballon während der Füllung losreissen und entführen könnte, was ja oft genug schon da war. Ich ordnete daher auch sogleich an, dass anstatt der 72 achtzehn Kilo. schweren Sandsäcke, welche sonst den Ballon im Netze festhalten, diesmal die doppelte Zahl, nämlich hundertvierundvierzig zur Verwendung kommen und ausserdem acht Mann beständig um den Ballon vertheilt, bei den Leinen stehen sollten. Das geschah und die Füllung des Ballons begann.

Es würde zu weit führen, wollte ich hier diese Füllung mit all' ihren Hemmnissen und Schwierigkeiten ausführlich schildern; es genügt wohl, wenn ich anführe, dass es alle Mühe und die grösste Aufmerksamkeit erforderte, sowie dass es des vollen Gewichtes der in Summa 2600 Klgr. schweren Sandsäcke und der ernstesten Anstrengungen meines ganzen Personals bedurfte, um den Ballon, als er einmal über die Hälfte in der Höhe war, während der heftigen Sturmstösse auf dem Flecke zu erhalten und vor dem Durchgehen zu bewahren, trotzdem der Füllungsplatz ringsum durch Baulichkeiten und grosse Bäume ziemlich geschützt liegt. Wohl ein halbes Dutzend Mal, stets wenn wir das Ungethüm wieder gerade noch knapp zu erhalten vermocht hatten, gab ich den Auftrag. das Gasrohr zuzudrehen, um vorerst abzuwarten. Stets aber, wenn der Sturm wieder in den zwischen seinen Anfällen liegenden Intervallen nachliess, folgte regelmässig wieder die Ordre zum Weiterfüllen.

So wurde es schliesslich fünf Uhr, um welche Zeit sich schon ein sehr zahlreiches Publicum eingefunden hatte, das der Auffahrt beiwohnen wollte. Der Ballon war um diese Zeit schon fast ganz gefüllt, der Sturm blies aber noch immer in seiner ursprünglichen Heftigkeit.

Was sollte geschehen?

Sollte ich, auf diesem Punkte angelangt, dem Publicum erklären, ich getraute mich wegen des Sturmes nicht aufzufahren? Das wäre mir von den Leuten, von denen ja die Wenigsten wissen, was ein Sturm für einen Luftschiffer bedeutet, für Feigheit, mindestens aber als Mangel an Selbstvertrauen ausgelegt worden. Eine solche Erklärung hätte ich auch gar nicht über die Lippen gebracht.

So traf ich denn, während der Sturm aus Nordwesten dicht zusammengeballte, schwarze Gewitterwolken heranwälzte, welche in Bälde den Himmel ganz umzogen, und während schon ein feiner Regen niederzurieseln begann, die letzten Vorbereitungen, als wäre der schönste Abend. nicht aber ein toller Sturm und schweres Gewitter im Anzuge. Als wir mit den Zubereitungen so weit waren, dass ich den Korb bestieg und den Ballon an die zur Auf- fahrt geeignetste Stelle bringen liess, riss der Sturm derart daran umher, dass die arme »Vindobona«, heftigst an den Tauen zerrend, in mächtigen Pendelbewegungen wie betrunken

von einer Seite auf die andere taumelte und
jeden Augenblick sich trotz aller Anstrengungen
meiner Arbeiter losreissen zu wollen schien.

Da es nun doch einmal sein musste, beschleunigte ich unter diesen Umständen die
letzten Vorkehrungen und zwölf Minuten vor
sechs Uhr gab ich das Commando »Los!«

Einen Moment lang schien der Ballon
ruhig emporschweben zu wollen, denn es war
eben eine Pause in dem Sturme eingetreten.
Plötzlich aber, noch nicht zwei Meter von der
Erde, wurde er von einem neuen Windstosse
derart gepackt, dass ich im Korbe einen
heftigen Ruck verspürte und mit solcher
Schnelligkeit seitwärts gegen einen der hohen
Bäume getragen wurde, welche den Aufstiegplatz umgeben, dass ich unfehlbar drei Secunden später mit dem Korbe in der Krone
des Baumes gehangen wäre. wenn ich nicht,
die drohende Gefahr erkennend, rasch entschlossen einen bereitstehenden Sack Ballast
über Bord geworfen hätte, was den Auftrieb
des Ballons, die »Force ascensionelle«, wie die
französische Aëronautik es nennt, um 18 Klgr.
vermehrte, den Aufstieg beschleunigte und mir
über den gefährlichen Baum hinweghalf. Kaum
war ich aber aus den Bäumen heraus. als
mich der eben wieder mit vollster Heftigkeit

herfegende Sturm nun mit aller Wucht packte. Sein Anprall war so stark, dass die Gondel in heftige Schwingungen versetzt wurde und fortan bis zur Landung in unausgesetzter starker Pendelbewegung verharrte. Mit einer Schnelligkeit, die mich die volle Kraft des Sturmes, in dem ich mich befand, erkennen liess, wurde der Ballon knapp an der Rotunde vorbei über die Lagerhäuser hinweg zur Donau getrieben, über welcher das Höhenmess-Barometer schon 1400 Meter zeigte.

Plötzlich fühlte ich einen heftigen Ruck und gleichzeitig eine intensive Kälte; binnen wenigen Secunden verringerte sich die Temperatur um volle fünf Grade, während sich der Ballon seit dem plötzlichen Stosse rasch wie ein Kreisel um seine Längen-Achse zu drehen begann. Er war offenbar in eine ganz andere, wie ich bald sah, viel weniger heftige Luftströmung gerathen und bei dem Uebergange in dieselbe in die überaus lästige und — weshalb soll ich es nicht gestehen! — sehr unheimliche rotirende Bewegung versetzt worden. Man denke sich ein — Ringelspiel in dieser Höhe und man kann sich dann ungefähr die Annehmlichkeit dieser Bewegung vorstellen. Ganz merkwürdig ist es auch, wie lange so eine rotirende Bewegung anhält, wenn der Ballon einmal den Impuls dazu erhalten hat. Bei der »Vindobona« währte sie etwa durch 15—16 volle Umdrehungen, die zuerst sehr rasch erfolgten, bis sie endlich langsam erstarben. Als das endlich vorüber war, zeigte das Barometer eine Höhe von 2000 Meter und der Ballon hatte längst die Donau und ihre Auen überschritten und die Richtung direct nach Gross-Enzersdorf eingeschlagen. Unverzüglich liess ich nun den Anker hinab, um für die Landung gerüstet zu sein. Das Hinablassen eines Ankers, der mit dem dazu gehörigen Seile nicht viel weniger wie hundert Pfunde wiegt, ist für eine einzelne Person in dem schwanken Korbe keine Kleinigkeit. Diese Arbeit muss natürlich sachte und ungemein vorsichtig geschehen, weil ein Hinabfallen des Ankers dann an dem Taue, das an dem grossen Ringe ober dem Korbe befestigt ist, einen solchen wuchtigen Ruck zur Folge hätte, dass wahrscheinlich in solchem Falle der Ballon einen Riss von unten bis oben bekäme und der Aëronaut somit sicher verloren wäre. Das Tau, das ich diesmal mit hatte, mass nur 38 Meter, da ich bei dem herrschenden Sturme dem Ballon möglichst wenig Spielraum lassen wollte. Als die heikle und aufregende Arbeit des Ankerhinablassens vollbracht war, dachte ich sofort an's Landen. Der Ballon befand sich noch über 2000 Meter hoch und trieb auf sehr günstig situirte Aecker bei Gross-Enzersdorf zu, wo ich meinen Niedergang zu bewerkstelligen hoffte. Ich zog nun das Ventil auf, brachte den Ballon zum Sinken und war eben mit dem Auswerfen von Papierschnitzeln beschäftigt, um die Schnelligkeit des Falles beurtheilen zu können, als der Ballon, bis auf 800 Meter Höhe herabgelangt, plötzlich wieder einen starken Ruck erhält, von seiner bisherigen Richtung im rechten Winkel abbiegt und, rasch seitwärts getragen, sich im Nu nur mehr 500 Meter hoch wieder über den Donau-Auen befindet.

Nun hiess es schleunigst wieder Ballast auswerfen, um nicht auf das Wasser oder auf die Auen zu gerathen. Nach Entleerung eines ganzen Sackes Ballast stieg die «Vindobona» auch rasch wieder und wenige Minuten später befand ich mich auch wieder über Aeckern am linken (Gross - Enzersdorfer) Ufer des Stromes. Abermals zog ich die Ventilleine, abermals aber trug es mich, auf 600 Meter herabgelangt, direct auf die Donau hinaus. Ich warf nun so viel Sand aus, um mich in 5—600 Meter Höhe zu erhalten und wurde zunächst gerade stromabwärts, dann aber rechts landeinwärts über einen Ort getrieben, den ich später als Maria Ellend kennen lernte. An der über alle Beschreibung rapiden Fortbewegung ersah ich, dass ich mich in einem starken Sturme befinde und beschloss nunmehr, so rasch als möglich hier meinen Niedergang zu bewerkstelligen, wo ich auf die Hilfe der Ortsbewohner zählen konnte, die schon aus dem Dorfe eilten und zu mir heraufriefen.

Schon als ich mich noch vor und über dem Dorfe Maria Ellend befand, zog ich stark das Ventil, um während des Niederkommens nicht zu weit von den Leuten abgetrieben zu werden, auf deren Hilfe ich rechnen musste. Hinter dem Dorfe dehnte sich ein ziemlich ebener Ackerboden von etwa 1200 Metern Länge in der Windesrichtung aus, dann sah mir ein langgedehnter dichter Wald entgegen. Ich musste also um jeden Preis den Ballon längs dieser 1200 Meter Acker zur Erde bringen, wollte ich mit demselben nicht vom Sturme in das Gehölz geworfen werden, wo der Ballon zweifellos verloren gewesen wäre.

Zweihundert von den etwa zwölfhundert Metern gingen aber darauf, bis der Anker und bald darnach der Korb zur Erde kam. Der Anker war so gut wie werthlos. Wohl versuchte er sich in dem Ackerboden festzuhalten, doch der vehemente Sturm, dessen colossale Gewalt ich erst voll zu fühlen bekam, als ich mich der Erde näherte, riss den Ballon fort, dass der Anker jedesmal wie Spielzeug aus dem weichen Ackerboden gerissen und ein bis zwei Stockwerke hoch in die Luft geschleudert wurde. Der Anprall der Gondel auf dem Boden war furchtbar. Nicht, dass der Sturz ein zu jäher gewesen wäre, der Niedergang war in dieser Hinsicht vielmehr ein völlig normaler, wohl aber wegen des Sturmes, der den Ballon so mächtig seitwärts trieb, dass der Korb, kaum dass er den Boden berührt hatte, mit einem furchtbaren Ruck umgeworfen, einen Moment lang geschleift, dann wieder ungestüm 15—20 Meter mit emporgerissen wurde.

So ging es nun ungezählte Male fort.

Wohl hatte ich mich in einer Vorahnung der Dinge, die da bei dieser Landung kommen würden, in der Gondel bestmöglichst postirt. Ich hielt mich mit dem Gesichte dem schräg dahin sausenden Ballon und mit dem Rücken dem Sturme zugekehrt in der Mitte der Gondel, mit beiden Händen hoch im Tauwerk hängend. In der Rechten hielt ich ausser dem Tau, welches den Korb mit dem Ringe verbindet, noch die Ventilleine fest angespannt, um das Gas entweichen zu lassen und dem Ballon die Steigkraft zu nehmen.

Der erste Anprall des Korbes auf die Erde oder vielmehr dessen sofortiger Umsturz nach vorne, wobei ich mit dem Gesichte in die unsanfteste Berührung mit dem Acker-boden kam, hatte mich einen Moment lang fast betäubt, aber mir auch sofort den vollen Ernst der Situation mit einem veritablen Schlage klar gemacht. Den kurzen Zeitraum, während nach dem ersten Anpralle auf dem Boden der Korb wieder hoch in der Luft schwebte, um sofort wieder auf's Neue seit-lich auf die Erde geschleudert zu werden, be-nützte ich dazu, um die Hände noch höher und fester um die Taue zu schlingen — mit eisernem Griff, an dem, das fühlte ich jetzt nur zu deutlich, mein Leben hing!

Wieder schmetterte die Gondel zur Erde, diesmal gleich auf die dem Ballon zugekehrte Kante, um gleich darauf seitwärts umzufallen und von einem neuen Sturmstosse wieder in die Höhe gerissen zu werden. Das ging so fort, ich weiss nicht mehr, wie oft; ich weiss nur, dass es, trotzdem ich unausgesetzt an der Ventilleine hing, also fortwährend Gas

ausströmen musste, schien, als büsse der Ballon
gar nichts von seiner Kraft ein.

Schon glaubte ich mein letztes Stündlein
gekommen, denn ich war bereits auf das
Aeusserste erschöpft von den furchtbaren
Stössen und Würfen des Korbes, die ich
alle, mit dem ganzen Körpergewichte an
den Tauen hängend, auszuhalten hatte; schon
trennten mich nur mehr kaum zweihundert
Meter von dem vor mir befindlichen, nun
schon erschrecklich nahen Walde, noch
war weit und breit keine Hilfe zu sehen,
denn die Bauern aus Maria Ellend, die ur-
sprünglich beim Niederkommen des Ankers
höchstens 30 Schritte entfernt waren und
demselben sofort aus Leibeskräften nacheilten, waren jetzt fast ganz wieder ausser
Sicht, wenigstens 500 Schritte hinten zurück,
da sie ja mit der tollen Jagd des Sturmes
nicht gleichen Schritt zu halten vermochten!

Schon fühlte ich auch meine Kraft er-
lahmen und den Augenblick kommen, wo
trotz aller geistigen Energie die Finger und
Arme der Uebermacht des Sturmes weichen
und nachgeben würden. Da sah ich plötzlich, dass der Ballon, der schon nur mehr
eine Art Fallschirm formirte, aber als solcher
eine ganz unglaubliche Zugkraft seitwärts

an den Tag legte, nun nicht mehr im Stande sei, den Korb völlig vom Boden zu lüften, sondern sich nunmehr damit begnügen müsse, denselben, allerdings noch immer in ganz tollen Sprüngen, seitlich fortzukollern.

Das gab mir neuen Muth und neue Kraft! Was ich nur konnte, hielt ich an der Ventilleine, während ich gleichzeitig das Möglichste that, um dem Korb das weitere Fortgeschleiftwerden zu erschweren.

Endlich wurden die Rucke des Korbes schwächer und schwächer. Zwar zerrte der fast schon völlig entleerte Ballon, den es gar wild umherriss, als mächtiger Fallschirm noch mit enormer Kraft nach seitwärts, aber er vermochte die Gondel, in der sich ausser mir noch über 100 Klgr. Ballast befanden, nun nicht mehr zu erschleppen, ich war gerettet!

Kaum 150 Meter trennten mich mehr vom Walde, als ich sah, von diesem Platze aus werde mich der Sturm nicht mehr wegzureissen vermögen. Noch aber blieben mir bange, endlose fünf Minuten zum Ausharren! So lange währte es nämlich, bis endlich die Leute aus Maria Ellend ankamen, die ich soweit zurückgelassen hatte.

Als sie endlich in genügender Zahl zur Stelle waren und ich in völliger Sicherheit war, brachte ich kaum die Finger von den Tauen los, an denen sie so lange gehangen hatten.

Das Weitere ist wohl ohne besonderes Interesse. Der Ballon hatte in fünfundzwanzig Minuten v i e r deutsche Meilen zurückgelegt, und eine glänzende Feuerprobe bestanden.

Trotz der colossalen Ansprüche, welche diese Fahrt an seine Festigkeit und Widerstandsfähigkeit gestellt, hatte er sich brillant bewährt, so dass er seinem Erzeuger, Mr. B r i s s o n n e t in P a r i s, alle Ehre machte.

Es ist wahrhaft wunderbar, wie der Korb des Luftschiffers alle diese furchtbaren Püffe und Stösse aushält, von denen man meint, jeder einzelne müsse hinreichen, denselben vollständig zu zertrümmern. Das dichte Weidengeflecht ächzt auch und knirscht und kracht ganz unsäglich in allen seinen Theilen, so dass man glaubt, jedes Rohrstück des Geflechtes müsse längst in zehn Theile zerbrochen und zersplittert sein. Dabei biegt, krümmt und windet sich aber das Ganze bei jedem Stosse tief aufknirschend

wie Kautschuk zusammen, überall gibt es
nach, nirgends leistet es Widerstand. Gerade in dieser scheinbaren Schwäche des
Materials, in dieser Geschmeidigkeit, Nach-
giebigkeit und Elasticität des Weiden-
geflechtes, liegt eben seine thatsächliche
Stärke, seine Widerstandsfähigkeit, seine
Unverwüstlichkeit.

In einer Stunde war der Ballon ver-
packt und nach einer kurzen Rast von einer
Stunde, trat ich mit der »Vindobona« die
Rückreise an. Nach viereinhalbstündiger
Leiterwagenfahrt traf ich um $^3/_4 2$ Uhr Nachts
wieder in Wien ein.

Erwähnenswerth ist noch, dass ich, ausser
kleinen Hautabschürfungen und zahllosen
blauen Flecken am ganzen Leibe, keine
nennenswerthe Verletzung erlitt.

Eine halbe Stunde nach erfolgter Landung
war von dem ganzen Sturme nicht der geringste Luftzug mehr übrig geblieben, und
erfolgte die Nachhausefahrt im Wagen bei
vollkommenster Windstille.

Meine erste Ballonfahrt.

Von *Georg Ernst*.

Seit Langem von der Idee mächtig angezogen, mich einmal einem Aerostaten anzuvertrauen, ihm in seinem kühnen Fluge
durch die Lüfte zu folgen und alle die Herr-
lichkeiten mit eigenen Augen zu schauen,
die fast alle Aëronauten, die über den Gegenstand geschrieben, den Luftfahrten nach-
rühmen, erfüllte es mich mit wahrer Freude,
als ich vernahm, dass mein Freund Victor
Silberer ein neues Feld für seine Thätigkeit
erschlossen und einen veritablen Luftballon
von Paris habe kommen lassen, um damit
im Herbst des Jahres 1882 Auffahrten zu
unternehmen. Der Erfüllung meines Wunsches
war ja nun nichts mehr im Wege, denn ich
konnte mit Sicherheit darauf rechnen, unter
den Ersten zu sein, die von dieser, bei uns
so seltenen Gelegenheit würden Gebrauch
machen können.

Mit dem lebhaftesten Interesse verfolgte ich den weiteren Verlauf der Sache, erfuhr alle näheren Daten, war beim feierlichen Empfange des Ballons anwesend, stand beim Auspacken überall neugierig und hindernd im Wege und konnte nicht aufhören, mich wie ein Kind über die nun so nahe bevorstehende Verwirklichung meines Traumes zu freuen. Ich hatte mir das Zugeständniss zu erwerben gewusst, dass ich schon an der ersten Fahrt des neuen Ballons werde theilnehmen können.

Nun, die Sache sollte aber anders kommen und die Hiobsbotschaft sollte nicht lange auf sich warten lassen: Die Polizei gestatte die Mitnahme von Passagieren nicht! Der Besitzer des Ballons müsse zuerst einige Fahrten allein unternehmen, um erst den Beweis zu liefern, dass er mit der Technik der Luftschifffahrt vertraut sei.

Die Geschichte aller der Chicanen, die nun in's Werk gesetzt wurden, will ich hier nicht niederschreiben, sie würde mich zu weit führen; sie ist auch wohl ohnehin allgemein bekannt und brauche ich nur zu erwähnen, dass ich mich blos mit schwerem Herzen in's Unvermeidliche fügte, nachdem

ich mir vergebens das Hirn zermartert hatte,
um einen Plan zu ersinnen, der es mir möglich machen sollte, trotz des Verbotes die
erste Auffahrt mitzumachen. Was ich zu
Tage förderte, war nun theils an sich unausführbar, theils scheiterte es an dem Umstande, dass sich Silberer in Anbetracht der
Folgen nicht zum Complicen bei einem
kleinen Gewaltstreiche hergeben wollte.
Ohne seine Einwilligung aber war die Sache
durchaus unmöglich und so hatte ich mich
denn zu fügen.

Bei der ersten Auffahrt sollte mir der
Verzicht leichter werden als ich dachte.
Ich war schon vor Beginn der Füllung
auf dem Aufstiegplatze anwesend und that
mein Möglichstes, um mich während der
Füllung wieder ebenso nützlich zu machen,
wie beim Auspacken. Mein redliches Bemühen in dieser Hinsicht ist hoffentlich von
Erfolg gekrönt gewesen, doch wie dem auch
sei, ich wich nicht vom Platze, indem ich
noch immer die unbestimmte Hoffnung hegte,
es werde irgend etwas eintreten, das mir
das Mitfahren möglich machen werde. Dies
traf aber nicht nur nicht zu, sondern die
Gasanstalt hatte so wenig Gas geliefert,
dass der Ballon bei bereits hereinbrechender

Dämmerung erst bis zu zwei Dritttheilen gefüllt war und es sich zeigte, dass der Ballon
ausser den beiden Aëronauten Silberer und
Brissonnet kaum im Stande sei, zwei Säcke
Ballast im Gewichte von zusammen circa
30 Klgr. mitzuführen. Nun bin ich von der
gütigen Mutter Natur mit etwas über dem
Dreifachen des genannten Gewichtes aus-
gestattet und hätte also diesmal keinesfalls
dabei sein können. So sah ich denn den
Ballon ziemlich leichten Herzens hinter den
Bäumen verschwinden. Die folgenden Male
aber — ich sollte noch oftmals mich mit
dem Zusehen begnügen müssen — wo der
Ballon immer stramm gefüllt war und wahre
Unmassen von Ballast mitgeführt wurden,
stand ich mit recht bitteren Gefühlen da
und suchte vergeblich nach dem Rechtstitel,
auf Grund dessen man mir versagte, eine
höchst interessante und instructive Fahrt
mitzumachen, bei der schlimmsten Falls
immer nur ich selbst geschädigt werden
konnte.

Doch genug davon. Erst an der achten
Auffahrt des in der Zwischenzeit »Vindobona«
getauften Ballons, welche am 8. September
stattfand, sollte es mir endlich gestattet
sein, theilzunehmen.

Ich hatte die Nachricht, dass mir nun
die Betheiligung nicht länger verwehrt
sei, erst im letzten Momente vor der
ohnehin verspäteten Auffahrt erhalten, gleichzeitig jedoch die Mittheilung entgegen-
genommen, dass die Fahrt blos eine sehr
kurze sein werde und dass wir gleich bei
der ersten sich darbietenden Gelegenheit
den Abstieg bewerkstelligen würden, nachdem der Tag schon seinem Ende zu-
neige.

Noch waren einige Formalitäten der
Behörde gegenüber zu erfüllen; ich hatte
mich dem anwesenden Polizei - Commissär
gegenüber zu legitimiren und dann den
bereitgehaltenen Revers zu unterfertigen,
der die Behörden für den Fall eines
eintretenden Unglückes jeder Verantwortlichkeit enthebt, dann begab ich
mich wieder hinaus in den Ring, in
dessen Mitte der Ballon bereits vollgefüllt
dastand und verkürzte mir die Zeit, die bis
zur Beendigung der letzten Vorkehrungen
noch verfliessen musste, so gut es gehen
wollte, durch Plaudern mit Bekannten, von
denen sehr viele auf dem Platze anwesend
waren; doch konnte ich meine Ungeduld
nur schwer bemeistern.

Die letzte Viertelstunde vor einer Auffahrt bietet auf dem Platze des Aufstieges
immer ein höchst belebtes Bild. Der stramm-
gefüllte Ballon, der bisher mittelst Sandsäcken, die in seinem Netzwerk eingehakt
sind, ganz knapp am Boden festgehalten
wird, damit ihn ein etwa eintretender plötz-
licher Windstoss nicht entführe oder be-
schädige, wird nun langsam und vorsichtig
von einem Theil des todten Ballastes befreit
und erlaubt man ihm sich etwas von der
Erde, an die er bis nun gefesselt war, zu
erheben; doch ist bei jedem der Taue, in
die das Netzwerk nach unten zu ausläuft,
ein Mann postirt, der dasselbe festhält.
Unter dem kurzen und bestimmten Commando
des Aëronauten, der sich bereits in dem
auch sonst schwer belasteten Korbe befindet,
lassen die Handlanger die erwähnten Taue
immer mehr nach und nähern sich dieselben
gleichzeitig immer mehr dem Korbe, auf
dessen oberem Rande nun noch der Reif,
das Bindeglied zwischen Ballon und Gondel,
ruht. Nun tritt die Mehrzahl der Handlanger zurück und es bleibt nur einer bei
jedem der Taue zurück, die von dem erwähnten Reifen nach abwärts zur Gondel
führen; es sind dies in unserem Falle acht.

Sind auch diese Taue vollkommen gespannt, so wird die Ventilleine an einem derselben befestigt, auch das Barometer und die sonstigen Instrumente erhalten ihre Plätze und dann ertönt die Aufforderung an die Passagiere oder „Assistenten" ihre Plätze in der Gondel einzunehmen. Alles das geht nicht immer so glatt von Statten, wie es sich niederschreibt und vergeht darüber stets einige Zeit.

In unserem Falle war es $\frac{1}{2}$7 Uhr geworden, als der Ruf nach den Passagieren ertönte; ich liess mir das nicht zweimal sagen, sondern schwang mich rasch in die Gondel, wohin mir der zweite „Assistent" bald nachfolgte, dessen nähere Bekanntschaft ich jedoch erst in den Lüften machte. Es war dies, wie ich „oben" erfuhr, der Journalist Herr Edward Seidel vom „Illustrirten Wiener Extrablatt".

Wir erhielten nun unsere Plätze angewiesen; ich bekam noch einen grossen Sack voll farbiger Papierschnitzel in die Hand, dessen Inhalt ich, in einer gewissen Höhe angelangt, entleeren sollte. Dann begann die Ermittlung der nöthigen Ballastmenge, was in der Weise geschieht, dass Anfangs immer eine so grosse Menge davon auf-

4*

geladen wird, dass der Ballon sie nicht zu
tragen im Stande ist; diese wird nun langsam veringert bis ein gewisses Stadium
eintritt, welches man den todten Punkt
nennen könnte und wo der Korb mit seinem
Inhalt kaum noch den Boden berührt,
aber immerhin der aufsteigenden Kraft des
Ballons ein ganz geringes, vielleicht kaum
zu ermitteldes Uebergewicht entgegen-
setzt. Ist dieser „todte Punkt" ermittelt,
so kann man die Kraft und Schnelligkeit,
mit der man aufsteigen will, ganz genau
reguliren durch die Anzahl der Pfunde von
Ballast, den man noch auswirft, bevor der
Ballon von den ihn festhaltenden Händen
befreit wird. Da am 9. September blos ein
sehr geringer Luftzug herrschte, hatten wir
nicht nöthig sehr rasch zu steigen, um über
die den Aufstiegplatz umgebenden Bäume
und Gebäude wegzukommen und Silberer's
„L o s!" ertönte, nachdem blos wenige Pfunde
Ballast abgegeben wurden.

Unter den heiteren Klängen der Musik
erhob sich der Ballon langsam und majestätisch über die Köpfe der Beifall klatschenden Menge und erhielt ich, der ich nicht
auf die den Platz umgebenden Objecte,
sondern gerade hinab sah, sehr bald den

Eindruck, dass wir uns schon in bedeutender
Höhe befänden, während wir uns kaum
sechs Meter über dem Niveau des Aufstieg-
platzes befanden. Es erscheint dies wohl
sehr erklärlich dadurch, dass man die unten
befindlichen Gegenstände sehr bald ganz
verkürzt sieht. Ich goss nun, in der Idee
mich schon haushoch über der Erde zu
befinden, den vorerwähnten Sack mit Papierschnitzeln aus, dessen Inhalt gar keine Zeit
hatte, sich auszubreiten, sondern unten zwei
guten Freunden in die erwartungsvoll aufwärts gerichteten Gesichter fiel und dieselben
zu rascher Flucht veranlasste. Dadurch
wurde mir mein Missgriff klar, der uns
zwar um einen Effect brachte, jedoch unter
den Zusehern sowohl, als auch bei uns heroben
nicht verfehlte, lebhafte Heiterkeit zu erwecken.

Gleich darauf waren wir schon über
den Bäumen und gewannen mit jedem
Momente einen weiteren Gesichtskreis, der
uns ein herrliches Panorama entfaltete.
Unsagbar schön ist eine solche Fahrt in
jedem einzelnen ihrer Stadien und es ist
schwer zu sagen, ob der erste Theil derselben schöner ist, wo man noch gewisse
kleine Einzelheiten zu erkennen im Stande

ist, wo jedoch der Ausblick naturgemäss noch beschränkt bleibt, oder die späteren Stadien, die mit jedem Augenblicke neue Gesichtspunkte, neue Gestaltungen, neue Horizonte eröffnen!

Unser Ballon stieg langsam und stetig, dabei eine südliche Richtung einschlagend, so dass wir, nachdem wir einen prachtvollen Ausblick über den Prater genossen und speciell den Constantins-Hügel gebührend bewundert hatten, der sich mit seinem Teiche und dem im Schweizerstyle gebauten Restaurations-Gebäude von da oben wunderherzig ausnimmt, nach wenigen Minuten den Donaucanal circa ober der Franzens-Kettenbrücke passirten, während gerade zwei dichtbesetzte Dampfschiffe stromauf fuhren, welche die Renngäste aus der Freudenau heraufbeförderten und deren Passagiere uns mit lebhaften Zurufen und Tücherschwenken begrüssten.

Wir befanden uns nun in 400 Meter Höhe und der Ballon war, wie dessen Bewegung deutlich zeigte, noch immer in langsamem, aber stetigem Steigen begriffen. Wir nahmen unseren Flug dann eine kurze Strecke dem Ufer der Wien entlang, deren Duft jedoch nicht bis zu uns heraufdrang, hatten einen herrlichen Ausblick über den Stadtpark und die Ringstrasse und befanden uns bald darauf 600 Meter hoch zwischen dem Südbahnhofe und dem Arsenale. Diese Höhe war die bedeutendste, die der Ballon für heute erreichen sollte und hielten wir uns einige Zeit lang in ihr, welche dazu benützt wurde, durch das langsame Hinablassen des Ankers die erste Vorbereitung für die sehr bald in Aussicht genommene Landung zu bewerkstelligen. Bald darauf begann der Ballon sich langsam wieder der Erde zu nähern, so dass ausgeworfene Papierschnitzel sich längere Zeit auf gleicher Höhe mit uns hielten — was einen ganz sonderbaren Eindruck hervorbringt — und dann erst langsam in die Höhe zu steigen begannen, uns dadurch anzeigend, dass wir nun schneller fielen als sie.

Wir waren währenddem immer in südlicher Richtung über Favoriten, die letzten Ausläufer des Bezirkes, den Laaer Berg und die Ortschaft Oberlaa weitergetrieben und näherten uns jetzt so rasch der Erde, dass die Bewohner des letztgenannten Ortes unsere Landung für ganz nahe bevorstehend hielten und uns über Hals und Kopf nacheilten. Die Gelegenheit schien auch sehr günstig für einen Abstieg, indem wir über ausgedehnten Sturzfeldern hinschwebten, und wollte unser Automedon dieselbe auch benützen. Wir beide „Assistenten" erhielten unsere Plätze angewiesen und einige kurze Verhaltungsmassregeln; mir wurde die Obhut über einen Ballastsack anvertraut, den ich erforderlichen Falles zu leeren hatte, dann zog Silberer mit fester Hand die Leine und unser bis jetzt ziemlich langsames Sinken verwandelte sich in ein jähes Fallen. In der Nähe der Erde aber herrschte doch eine stärkere Luftströmung, als wir gedacht hatten und diese trieb uns gerade auf ein ausgedehntes Ziegelwerk zu, vor welchem die Landung nicht mehr zu bewerkstelligen war. Silberer liess daher das Ventil wieder zuklappen und ich erhielt das Commando, den bereitgehaltenen Sack Ballast zu leeren. Der so entlastete Ballon erhob sich sofort wieder mit kühnem Schwunge in die Lüfte und wir fuhren gerade über dem Rauchfange des Ziegelofens weg, dessen Spitze von einem Blitzableiter überragt wird; durch ein ganz merkwürdiges Zusammentreffen von Zufälligkeiten nun flogen wir so directe und in solcher Höhe über dem erwähnten Rauchfange

weg, dass unser Anker den darauf ange-
brachten Blitzableiter streifte und zur Seite
bog. Wir hatten von diesem kleinen
Zwischenfalle nicht die geringste Ahnung
und haben von demselben erst mehrere
Tage später Kenntniss erhalten.

Hinter dem Ziegelwerke war wieder
für die Landung sehr geeignetes Terrain;
die Ventilleine wurde daher wieder gezogen und wir befanden uns sehr bald abermals in nächster Nähe der Erdoberfläche.

Wir segelten in ganz geringer Höhe
neben einer Rinderheerde vorbei, deren
„breitgestirnte, glatte Schaar" sammt ihrem
Führer uns mit dem Ausdrucke aufrich-
tigsten Erstaunens anglotzte, übersetzten
eine breite Fahrstrasse, dann berührte der
Anker zum ersten Male den Boden und
gleichzeitig wurde uns der herrschende
Luftzug fühlbar, indem der Anker doch
hemmend genug wirkte, um dem Ballon
nicht mehr zu gestatten, gleichen Schritt
mit dem Winde zu halten.

Von allen Seiten nahten uns nun Hilfs-
bereite, doch gelang es noch längere Zeit
Keinem, das Seil oder den Anker zu erfassen, der, trotz der geringen Bedeutung
des Windes, ganz toll hinter uns hertanzte

und sprang. Der Korb hatte mittlerweile
bereits einmal die Erde berührt, war aber
sofort umgestürzt und gleich darauf wieder
haushoch in die Höhe gerissen worden,
während wir uns fest an die Taue klammerten. Dann gelang es unten Einem, den
Anker an der nach aufwärts gerichteten
Zinke zu erfassen und sich mit dem ganzen
Gewichte daranzuhängen, so dass sich derselbe nun genügend in dem lockeren Erd-
reich festbiss, um Anderen das Ergreifen
des Seiles zu ermöglichen. Unser Korb
machte noch in immer kürzeren Zwischenräumen ein paar kleinere Sprünge, dann
blieb er fest auf dem Boden sitzen, während der bereits zu einem Dritttheile ge-
leerte Ballon sich, wild im Winde flatternd,
noch eine Weile recht ungeberdig benahm,
um sich schliesslich auch in sein Schicksal
zu ergeben und sich der Erde zuzuneigen,
die doch immer und immer wieder ihre
Rechte auf ihn geltend macht und der er
trotz allem Leben nie ganz entweichen
kann.

Die Uhr zeigte auf 6 : 58, wir waren
somit 22 Minuten unterwegs gewesen und
erfuhren von der uns umgebenden, nach
Hunderten zählenden Menge, dass wir uns

in nächster Nähe des Ortes Leopoldsdorf befänden. Nachdem der Zustand des
Ballons nun bald genügende Sicherheit
dafür bot, dass er uns nicht mehr entweichen werde, wurden wir Einer nach dem
Anderen „ausgeschifft" und hatten wieder
festen Boden unter den Füssen, während
gleich die Vorbereitungen zum vollständigen Entleeren und Verpacken des Ballons
getroffen wurden. Die grosse Anzahl der
Hilfebereiten, die uns umstand, sollte sich
hiebei als eine grosse Calamität erweisen,
indem dieselbe sehr schwer im Zaume zu
halten und zu controliren war und alle Anstalt machte, den Ballon, um ihn rascher zu
bändigen, in Stücke zu reissen. Man konnte
sich noch recht gut in jene Zeit zurückver-
setzt glauben, da französische Bauern die
erste Mongolfière, welche man hatte leer
aufsteigen lassen, bei ihrem Niedergange
für ein Ungeheuer hielten und mit Mist-
gabeln, Sensen und Dreschflegeln so lange
bearbeiteten, bis der vermeintliche Drache
kein Lebenszeichen mehr von sich gab.

In unserem Falle gelang es jedoch dem
energischen Einschreiten Silberer's seinen
Ballon zu retten und war dieser bald seines
Netzes entkleidet, zusammengerollt und in

dem Korbe untergebracht, der auf einen mittlerweile herbeigeschafften Leiterwagen geladen wurde. Es waren unterdessen auch viele Zuseher in Equipagen und Fiakern herangekommen, die sich erboten, uns nach Wien zurückzubringen. Ich stellte nun meinen Reisegefährten den Antrag, den Ballon allein nach seinem Stalle zu geleiten und diese nahmen das Anerbieten, in Anbetracht des Umstandes, dass ich der Jüngste der Gesellschaft war, an und überliessen mir die weitere Sorge um die „Vindobona".

Nun, ein grösserer Contrast als der zwischen der Herfahrt — getragen von den Flügeln des Windes — und der zwei Stunden währenden Rückfahrt mit dem Leiterwagen in stockfinsterer Nacht und auf holprigen Strassen, ist wohl kaum denkbar! Und doch war meine Phantasie von der nun hinter mir liegenden Fahrt so lebhaft angeregt, dass ich mich, während ich die Ereignisse derselben in meinem Geiste Revue passiren liess, noch häufig im Ballon zu befinden glaubte und nur durch ganz besonders heftige Stösse aus meinen süssen Träumereien gerissen wurde.

Dies ist die Geschichte meiner ersten Ballonfahrt, die, trotzdem sie nicht reich

an unvorhergesehenen Ereignissen und
Zwischenfällen war, mir doch immer unvergesslich bleiben wird, und die in mir nur
den einen brennenden Wunsch zurückliess,
der ersten Fahrt möglichst bald eine zweite
folgen zu lassen. *)

<hr>

*) Siehe: „Eine Landung wider Willen".

Ein Ausflug im Luftballon.

Von *Edward Seidel.*

Wien, am 9. September 1882.

Als ich gestern Morgen aufstand, ahnte
ich noch nicht, dass mich das Geschick zum
— Luftballon-Assistenten erkoren habe. Vom
Wettrennen zurückkehrend, wollte ich eine Auffahrt des Wiener Aëronauten, den wir in der
Person des auf allen Sportzweigen thätigen
Herrn Victor Silberer „erst kriegt hab'n“, mit-
ansehen und äusserte ihm gegenüber gesprächs-
weise, dass ich auch gern eine Ballonfahrt mitmachen würde, da ich mich dieses Vehikels,
bei dem keine Taxüberschreitung zu befürchten
ist, noch niemals bedient habe. Silberer ant-
wortete, er werde mich verständigen, sobald
es thunlich sei; für heute heute habe er die
Absicht, seine Gattin und den Mitredacteur
der von ihm herausgegebenen Sport-Zeitung,
Herrn Ernst, mitzunehmen.

Ich nahm also in der Runde Platz und
betrachtete mir den Ballon in seiner impo-

nirenden Aufgeblasenheit. Alle Vorbereitungen
zur Auffahrt waren schon beendigt und ich
dachte eben darüber nach, dass es doch ein
wenig Vermessenheit sei, seine geraden Glieder
diesem sich in den Lüften schaukelnden Dick-
wanst anzuvertrauen, als mir Silberer einen
Wink gab und mich in das Inspections-Zimmer
führte, wo der diensthuende Polizei-Commissär
anwesend war.

„Ich bin davon abgekommen, meine Gattin
mitzunehmen," sagte der Aëronaut; „wenn
Sie wollen, können Sie mitfahren."

Ich überlegte nicht lange, sondern sagte:
„Ja," und als ich das Wort gesprochen, übergab mir der Polizei-Commissär, dem er mich
als einen der ihm neuestens gestatteten
„Assistenten" vorstellte, eine gedruckte Erklärung, die ich zu unterzeichnen hatte.

Ich habe das Ding nicht sehr aufmerksam
durchgelesen, nur so viel entnahm ich daraus,
dass, wenn ich es unterzeichne und dann in
Folge der unternommenen Luftschifffahrt mit
Tod abgehen sollte, mir keineswegs das Recht
zustehe, einer löblichen Behörde diesfalls Vorwürfe zu machen.

Da ich dies ohnehin nicht beabsichtigte,
so unterzeichnete ich ruhig, gleich Herrn Ernst,
der schon zur Abfahrt bereitstand, worauf uns

der Polizei-Commissär mit einem mitleidsvollen Händedruck entliess.

Wir vertrauten sodann unser Leben dem vom Ballon herabhängenden Wäschkorbe an, und während ich noch mit dem Vice-Präsidenten des Trabrenn-Vereines, Herrn Rückauf, der mir, damit ich mich im Jenseits nicht verkühle, seinen Ueberzieher geborgt hatte, da sich meiner im Wagen befand, der nicht mehr herbeigeholt werden konnte, sprach, ertönte das Commando: „Los" und wir gingen in die Höhe . . . .

Mir schien es vielmehr, als ob wir stehen geblieben wären und Alles um uns her in einer Versenkung verschwunden sei. So rapid ging der Ballon in die Höhe, dass in einer Secunde die ganze Umgebung unserem Gesichtskreise entrückt war. Die uns zujubelnden Menschenmassen schienen uns nur ein wimmelnder Ameisenhaufen und die Gebäude ringsumher zerbrechliches Kinderspielzeug zu sein.

Ich verspürte jedoch durchaus keinerlei Beängstigung oder Schwindel, das Gefühl, welches ich beim Aufstieg empfand, war vielmehr ein durchaus angenehmes, ich möchte sagen wonniges. Auf dem Boden des geflochtenen Korbes stehend, fühlte ich vollkommene Sicherheit, als ob ich auf festes

Land träte, und ich beugte mich über den
Rand des Korbes hinab, um nur Alles recht
genau zu sehen und mich der herrlichen Aussicht auf die, wie eine topographische Karte
ausgebreitet daliegende Wienerstadt zu er-
freuen.

Der am Ballon angebrachte Höhenmesser
zeigte in diesem Augenblick vierhundert Meter,
bald darauf aber sagte Silberer, wir seien
schon sechshundert Meter hoch. Der Ballon bewegte sich thatsächlich sehr rasch nach oben
und ausgeworfene Papierstücke und kleine
Ballons vermochten unserem Fluge so wenig
zu folgen, dass es den Anschein hatte, als ob
sie wie Blei abwärts fielen.

Silberer wollte uns nun etwas von dem einzigen mitgenommenen Mundvorrathe — einem
Syphon — anbieten, allein es zeigte sich, dass derselbe nicht spritze, und als ihn Herr Ernst wegen
seiner Halsstarrigkeit beutelte, gerieth der
Ballon in solche Schwankungen, dass Herr
Silberer Ruhe gebot.

Mir fiel eben ein, dass ich Herrn Ernst
noch nicht vorgestellt sei, und ich ersuchte
Silberer, dies zu thun, «da später dazu viel-
leicht keine Gelegenheit mehr sein würde».
Dieser erwiderte gleichfalls in scherzendem
Tone, wir möchten Formalitäten im Luft-

ballon bei Seite lassen, vertragen müssten wir uns ohnedies, da ihm ja hier die Polizeigewalt zustehe und nichts leichter sei, als einen Störenfried an die Luft zu setzen.

Der Luftballon segelte mit Windeseile — hier buchstäblich zu nehmen — über die Stadt hin, wir passirten das Arsenal, das wie eine Festung für Zinksoldaten aussah, und trieben über die Felder bei Leopoldsdorf hin. Dieser Moment schien Silberer günstig zum Landen und er liess mit unserer Beihilfe, denn etwas mussten wir «Assistenten» doch thun, das Ankertau herab. Von allen Seiten eilten Leute, die den Niedergang des Ballons schon beobachtet hatten, herbei und mit ihrer Hilfe gelang es uns auch, den Ballon zu verlassen.

Freilich ging es dabei nicht so angenehm, wie bei der Auffahrt, wir mussten uns fest im Tauwerk halten und bekamen dabei von der auf dem Boden schleifenden Gondel harte Püffe. Der halb entleerte Ballon schwankte im Winde hin und her und zeigte nicht übel Lust, uns abermals in die Lüfte zu entführen; er geberdete sich mit einer Wildheit, die ich dem bisher so zahmen Dinge gar nicht zugemuthet hatte.

Den Bauern schien es auch, als ob sie ihre ganze Körperkraft zur Bändigung dieses

Unthieres aufwenden müssten, und sie hätten
den Ballon vielleicht zerrissen, wenn nicht
Silberer in sehr entschiedenem Tone gegen
dieses Gebahren Einspruch erhoben hätte. Er
wusste dem Unverstande dieser Leute ebenso
energisch Einhalt zu gebieten, als er seinen
Ballon zu zügeln verstand, und so ging die
Entleerung desselben, nachdem noch Einige,
die sich mit brennender Pfeife in die gefährliche Nähe gewagt, tüchtig ausgescholten
waren, von Statten. Silberer und Ernst waren
noch bei der Verpackung des Ballons thätig,
als ich mittelst Wagen die Rückfahrt antrat.

Ich langte, der abgegebenen Lebensver-
zichts-Erklärung zum Trotze, wohlbehalten in
Wien an und habe die Ueberzeugung gewonnen,
dass Silberer ein so geschickter Aëronaut ist,
wie irgend Einer, dass Jemand, der eine Ballonfahrt unternehmen will, sich ihm ohne Bedenken anvertrauen kann und dass man wohl
aufhören sollte, die Freunde des Luftsportes
für eine Art von Selbstmord-Candidaten zu
halten.

Eine Wiener Luftfahrt.

Von *Peter Müller*.

Wien, am 16. September 1882.

Der Wiener Luftschiffer, dessen arëo-
nautische Versuche ich seit dem Beginne
derselben mit dem grössten Interesse verfolgte, glaubte in mir einen passenden Gehilfen gefunden zu haben, und er nahm
meinen Antrag, ihn bei seiner zehnten Auffahrt am 14. September zu begleiten, an.

Nachdem ich und der zweite »Gehilfe«,
Herr Kinkor, mittelst einer feierlichen Erklärung die Polizei von jeder Verantwortung
für die Gefährdung unseres theuren Lebens
freigesprochen, betraten wir unser luftiges
Coupé und auf das Commando »Los!« erhob
sich die »Vindobona« mit Blitzesschnelle
über die Häupter der zahlreichen Zuschauer;
vier Minuten später und die Menschen kamen
uns vor wie die Spatzen; Häuser, Thürme
und Gebirge wie Berchtesgadener Spiel-

waaren und die Schanzen bei Floridsdorf wie ein Blumenbeet.

Das Panorama, welches sich dem Luft·fahrer darbietet, ist wahrhaft bezaubernd. Der Zauber währt nur fünfzehn bis zwanzig Minuten, aber er wird Jedem unvergesslich bleiben, der sich in die höheren Regionen emporwagt.

Freilich ist, um diesen wörtlich gemeinten »Hochgenuss« nicht mit dem Leben oder mit dem Verlust einiger gerader zum Erdenwallen sehr nothwendiger Körpertheile zu bezahlen, die Führung eines Luftsteuermannes unentbehrlich, der Energie und Körperkraft genug besitzt, etwaiger Gefahr mit Erfolg zu begegnen. Wenn wir nicht wüssten, dass der Ballon von Menschenhand gefertigt ist, so müssten wir ihn für ein belebtes, mit Willen und Verstand begabtes Wesen halten. So lange er sich in seinem Element, in den höheren Luftschichten bewegt, ist er zahm und ruhig, er steigt oder fällt, je nach dem Gebote seines Lenkers, und ein wonniges Gefühl durchströmt die Herzen seiner Insassen. In dem Momente aber, da er zur Erde wieder zurückkehren soll, vermählt er sich mit der Windsbraut und wird zum rasenden Ungethüm, welches

jeder Menschenkraft spottet; weder der
Anker, noch die kräftigen Hände der Steuer-
männer sind im Stande, ihn zum Stillstande
zu zwingen, und es müssen zehn bis zwölf
starke Männer zu Hilfe eilen, um die Insassen aus ihrer bedenklichen Lage zu befreien ...

Zehn oder zwölf Minuten nach dem
Aufstieg hatten wir eine Höhe von 950
Meter erreicht und in circa fünfzehn Minuten
die Fahrt über Floridsdorf, Bisamberg,
Flandorf, Hagenbrunn bis Klein-Engersdorf
nächst Korneuburg zurückgelegt. Hier fand
es Silberer gerathen, die Conversation im
Luftballon, welche sich, wie an der Börse
um »Steigen« und »Fallen« drehte, ab-
zubrechen und den Niedergang zu bewerkstelligen. Uns wurde die Aufgabe zu Theil,
die Taue des Ballons mit aller uns zu Gebote stehenden Kraft festzuhalten, während
Silberer die technischen Arbeiten vollzog.

Je näher der Ballon zur Erde ging, desto
heftiger erhob sich der Sturm; der Anker
durchfurchte wohl den Boden, riss Stücke
Erde weg, war aber gegenüber der Gewalt
des Sturmes und des halbgeleerten Ballons
zu ohnmächtig, um festen Fuss zu fassen.
Mit grösster Schnelle wurde der umgekippte

Korb, in dem wir uns in einer keineswegs beneidenswerthen Lage befanden, von dem Ballon, der mit aller Gewalt sich wieder aufschwingen wollte, über Hecken und durch Weingärten geschleift und die flinkesten Bewohner der vorgenannten Ortschaften, welche unsere Landung erwarteten, waren nicht im Stande, uns nachzueilen. Zwei junge, hübsche Bauerndirnen, die uns zu Hilfe eilten, wurden von dem reizenden »Körbchen« zu Boden geschleudert.

Die Geschicklichkeit und Kaltblütigkeit Silberer's gab aber auch uns Muth und Kraft, die wirklich gefährliche Situation zu überwinden, und nachdem mit Hilfe von zehn handfesten Männern der Ballon gebändigt war, betraten wir wohlbehalten die Erde. Mit Ausnahme einiger unbedeutender Haut- und etwas stärkerer Hosenaufschürfungen blieben uns von dieser stürmischen Fahrt nur die schönsten und angenehmsten Erinnerungen!

—

Ein Diner in den Lüften.

Von *Victor Silberer*.

Am Samstag den 30. September Abends gegen 8 Uhr sass ich in meinem Redactionsbureau bei der Arbeit, als die Klingel des Telephons ertönte.

»Wer ruft?«

»Eduard Sacher. Ist Herr Victor Silberer im Bureau? Es ist ein Herr da, der ihn wegen einer Extrafahrt mit dem Ballon zu sprechen wünscht.«

»Gewiss, lieber Freund, ich selbst stehe hier beim Telephon.«

»Ah, sehr gut. Haben Sie Zeit, so komme ich mit dem Betreffenden sofort zu Ihnen.«

»Gewiss, ich erwarte Sie. — Schluss.«

«Schluss.«

Zehn Minuten später stellt mir Herr Eduard Sacher Mr. C. E. Wolf, einen Gentleman aus London vor, der mit mir eine Auffahrt zu machen wünscht, doch keine gewöhnliche kurze Abendauffahrt, sondern eine längere Luftfahrt bei Tage. Mr. Wolf, ein stattlicher Mann in meinem Alter, von sympathischem Aeusseren und vollendeten weltmännischen Manieren, hegt ein ganz ausserordentliches Interesse für die Aëronautik und hat schon mit verschiedenen Aëronauten Luftfahrten unternommen, darunter eine über das Haff — wenn ich nicht irre, mit Frau Securius — eine Nachtfahrt von Berlin aus mit Godard, welche sich bis gegen Hamburg erstreckte, und eine dritte im vorigen Jahre in Wien wieder mit Godard in Gesellschaft des Prinzen Alexander Solms.

Wir waren bald einig; die Fahrt sollte, schönes Wetter vorausgesetzt, am Dienstag den 3. October stattfinden, der Aufstieg um 11 Uhr Vormittag erfolgen. Zwar wollte Wolf anfänglich schon um 7 Uhr Früh starten, da ich aber keine Lust hatte, die ganze Nacht mit der Füllung zu verbringen und nach einer schlaflosen Nacht mit wüstem Kopfe aufzusteigen, so kam es zu der obigen Abmachung.

Es war ein richtiger Herbstmorgen an jenem Dienstag. Als ich um 6 Uhr Früh

die Arbeit auf dem Aufstiegplatze begann,
lag ein dichter feuchter Nebel über der
Stadt; alle Anzeichen aber, sowie das
Bulletin der meteorologischen Centralanstalt
versprachen einen schönen Tag. Dieser
kam auch. Je weiter die Tagesstunden
vorrückten und die Füllung fortschritt,
desto mehr lichtete sich der Nebel, und als
gegen 11 Uhr der Ballon sich fast voll
in seinen Banden aufblähte, zerriss der
Schleier gänzlich, der bisher die Sonne
verhüllt hatte, so dass nun das blaue Fir-
mament sichtbar wurde. Mit voller Kraft
sandte die Sonne ihre warmen Strahlen auf
uns herab, das schon herbstlich gefärbte
Laub der Bäume wie mit Purpur und Gold
übergiessend, und das sonst matte Gelbbraun
der »Vindobona« in ein lichtes leuchtendes
Goldgelb verwandelnd, das den Ballon förmlich transparent erscheinen liess. Nie noch
hatte die »Vindobona« so reizend ausgesehen, nie noch hatte sie sich so ver-
führerisch sanft in ihren Fesseln gewiegt,
nie noch vorher war sie mir selbst so ein-
ladend erschienen. Dazu regte sich kein
Lüftchen; man war auf dem Aufstiegplatze
absolut nicht im Stande, sich ein Urtheil
darüber zu bilden, welche Richtung der

Ballon diesmal einschlagen werde; nur eines war gewiss, dass es eine sehr ruhige, sehr gemüthliche, eine herrliche Fahrt werden müsse!

Um ein Viertel nach eilf Uhr war Alles zur Abreise bereit. Nährvater Sacher, bei dem wir ein kleines »Diner für Zwei« bestellt hatten, war höchstpersönlich mit einem Körbchen erschienen, das so geheimnissvoll aussah, dass viele von den Zusehern sich in die weitläufigsten Combinationen ergingen und mitunter die tiefsinnigsten Vermuthungen darüber aussprachen, was wohl für wissenschaftliche Instrumente darin enthalten sein mögen, während allerdings Jene, welche den wohlbeleibten Herrn kannten, der die Güte hatte, uns das mysteriöse Körbchen in die Gondel zu reichen, den Inhalt desselben zwar nicht für minder »kostbar« hielten, als die Anderen, aber über die Verwendung desselben wohl nicht den leisesten Zweifel hegten.

Es gab eine wunderbare Auffahrt. Die vollständige Windstille, welche auf dem Platze herrschte, gestattete mir, den Ballon mit Ballast auf's Genaueste auszuwiegen und die ascensionelle Kraft für den Start genau zu fixiren.

Als dies geschehen war, und Mr. Wolf seinen Platz in dem Korbe eingenommen hatte, in welchem wir fünfzehn vollgefüllte, je 18 Kilo schwere Säcke Ballast mitführten, gab ich das Commando »Los!«

Eines Augenblicks bedarf es immer, bevor sich der Ballon sozusagen frei fühlt und ehe er sich zu erheben beginnt.

Langsam und majestätisch stieg die »Vindobona« mit uns in vollkommenster Ruhe und fast senkrecht empor.

Wer zum ersten Male im Ballon auf- fährt, für den ist der Aufstieg ganz be- sonders deshalb überraschend, weil er daran gewöhnt ist, in allen anderen Vehikeln, sei es zu Wasser oder zu Lande, stets einen stärkeren oder geringeren Stoss oder Ruck zu verspüren, wenn die Bewegung beginnt, und daher im Ballonkorbe noch immer auf jenes fühlbare Zeichen des Beginnes wartet, während er längst schon in voller Bewegung ist, die eben hier ganz unmerklich und un- fühlbar ihren Anfang nimmt. Aber auch später verspürt man das Aufsteigen gar nicht, sondern die ganze Wahrnehmung der Bewegung beschränkt sich auf das Gesicht. Man glaubt aber trotzdem nicht zu steigen.

Weil man nämlich nur die Erde und die Menschen auf ihr rasch schwinden und sich verkleinern sieht, aber nicht die mindeste Bewegung spürt, so empfängt man vollständig den Eindruck, als ob der Boden, die Erde und Alles was ringsum auf ihr sich befindet, erst langsam, dann immer schneller versinke, während der Ballon auf seinem alten Flecke bleibt. Diese höchst interessante Sinnestäuschung ist derart intensiv, dass sie geradezu überwältigend wirkt, und auf Jeden, der zum ersten Male eine Luftfahrt unternimmt, einen ganz überraschenden, mächtig bewegenden Eindruck hervorbringt.

Diese Impression ist aber keine unangenehme und am allerwenigsten beängstigend. Im Gegentheile. Sie beruhigt in kürzester Zeit selbst Solche und verleiht ihnen ein gewisses Gefühl der Sicherheit und wonniger Behaglichkeit, die vielleicht noch wenige Secunden vorher den kommenden Dingen nicht eben mit allzugrosser Beruhigung entgegengesehen hatten.

Während aber noch in den ersten fünf bis zehn Secunden diese Eigenthümlichkeit die Sinne des Neulings völlig gefangen nimmt und ihn mit Staunen und Vergnügen erfüllt,

dass die Bewegung des Ballons eine so
überaus zarte und angenehme sei, wird sein
Gemüth unverzüglich von einem noch weit
mächtigeren, geradezu überwältigeren Ein-
drucke gefangen genommen, es ist dies der
über alle Beschreibung herrliche Ausblick,
der sich ihm gleich nach den ersten Secunden
eröffnet, der sich dann mit jeder weiteren
Secunde nach allen Seiten immer mehr erweitert, um sich schliesslich schon bei der
Erreichung einer Höhe von nur einigen
wenigen hundert Metern zu einer Gross-
artigkeit und Erhabenheit auszubreiten,
wie es sich die kühnste Phantasie nicht zu
erträumen, keine Feder der Welt zu schildern, keine Sprache der Erde auszudrücken
vermag!

Kaum dass wir unseren Freunden noch
aus nächster Nähe einen letzten Scheidegruss
zugewinkt, sind dieselben zu lächerlichen
kleinen Knirpsen zusammengeschrumpft, die
Tausende von Zusehern, welche den Aufstiegplatz umstehen, sind nur mehr ein arm-
seliges, kleines schwarzes Häuflein, das man,
hat man nur erst einmal weggeblickt, nach
wenigen Secunden thatsächlich schon suchen
muss, um es in dem nun schon unendlichen
Raume, der sich unter Einem ausbreitet,

nur wiederzufinden. Wie rasch wird aber
der Blick des Auffahrenden von der nach-
winkenden Schaar der Zurückbleibenden
wie mit magischer Gewalt abgezogen!

Während der Ballon erst wenige Secunden in Bewegung und der Neuling sich
kaum noch recht bewusst geworden ist, dass
die Reise wirklich schon begonnen hat, erhebt sich schon der Korb über die Spitzen
der Bäume, welche den Füllungsplatz umgeben, und mit diesem Augenblicke erweitert
sich der Gesichtskreis der Luftschiffer schon
wie in's Unendliche. In demselben Masse
aber, als sich das herrliche Panorama weiter
und weiter unter unseren Füssen ausbreitet,
und die an den Grenzen des Horizontes
befindlichen Gebiete uns scheinbar näher
rücken und ihre Berge sich erheben, in
demselben Masse schrumpfen die unter uns
gelegenen Gebietstheile rapid zusammen.
Was vor wenigen Secunden noch ein grosser
Baum war, das sieht jetzt wie ein kleines
Gesträuch, eine grosse Wiese wie ein grünes
Sammtfleckchen, eine breite Strasse wie ein
schmaler Fusssteig aus, auf dem die Menschen wie Ameisen umherkrabbeln. Der
Anblick eines Parks, wie des Augartens
oder des Stadtparks ist reizend, es ist als

hätte man einen Plan vor sich liegen, aber von einer Zierlichkeit und Plastik, die geradezu bezaubernd wirkt. Wie klein und herzig liegt da unter uns die — Rotunde, dieses colossale Bauwerk, das sich aber von da oben wie ein zarter, runder Vogelkäfig ausnimmt! Das schmale silberne Band daneben, in der Sonne herrlich glitzernd und uns stellenweise fast blendend, ist die grosse Donau, und die zarten feinen Dingerchen, welche dieselbe überspannen, sind die grossen Brücken!

Unbeschreiblich imposant ist der Ausblick über die Stadt! Wie herrlich nehmen sich da alle unsere grossen Neubauten aus, die aber von oben kaum wie Kinderspielzeug aussehen, das Opernhaus wie eine kleine Bonbonnière, der Heinrichshof nicht grösser, die Votivkirche wie eine Miniatur-Schnitzarbeit aus Elfenbein oder Marzipan, das Rathhaus, die Museen, alles, alles nur zierliche Kinderhäuschen! Und sind's denn nicht eigentlich auch Häuschen für Kinder? Sind es nicht Kinder, armselige, winzige Erdenkinder, die da unter uns umherwimmeln?

Merkwürdig! Sobald uns die Menschen nur wie kleine schwarze Pünktchen mehr erscheinen, sowie sich unser Ausblick über sie erweitert hat, so finden wir auch schon sie und ihr ganzes Getriebe ganz unsagbar kleinlich und winzig und nichtig! Wahrlich, wer an Grössenwahn leidet, wer gar zu viel von der »Welt« und seiner Stellung in derselben hält, der möge getrost einmal in einem Ballon auffahren! Noch ehe er, im unermesslichen Raume schwebend, die Höhe von tausend Metern erreicht hat, werden ihm seine Mitmenschen, ihr Besitz, ihre stolzesten Werke, ihr Treiben und schliesslich mit alldem auch er selbst sich so klein erscheinen, dass er vielleicht geheilt wieder nach Hause kommt.

Doch ich bin von meiner speciellen Beschreibung recht weit in's Allgemeine abgeirrt!

Ich hatte also um 11 Uhr 27 Minuten mein »Los!« gerufen! Der Ballon stieg nur sehr langsam, da ich ihm wenig Kraft dafür gestattet hatte. Fast schien er überhaupt unschlüssig, wohin er sich wenden sollte, so gering war die Luftbewegung und erst als wir eine Höhe von etwa 100 Metern erreicht hatten. entschloss er sich für — Nordwesten bei Nord, indem er sich langsam gegen Floridsdorf in Bewegung setzte.

Im Ballon.   6

Die Aussicht auf die von der Sonne be-
schienene, im vollen Mittagstreiben eines
Wochentages befindliche Stadt war ent-
zückend. Sechs Minuten nach dem Aufstiege zeigte das Barometer eine Höhe von
250 Meter an, die Aufwärtsbewegung des
Ballons war aber nunmehr in rapider Zunahme begriffen. Am Morgen war es nämlich sehr kühl gewesen, das Gas hatte eine
sehr niedere Temperatur und hier oben begann sich nun die volle klare Sonne so
recht mit ihren heissen Strahlen auf den
Ballon zu legen, dass sich das Gas enorm
rasch und ausgiebig ausdehnte. Binnen
wenigen Minuten war der Ballon, den ich
in Voraussicht dieser Wirkung der Sonnen-
wärme nicht ganz hatte füllen lassen, derart aufgebläht, dass das Netz überall tief
einschnitt und der Seidenstoff des Ballons
sich bei jeder Masche weit ausbauchte,
trotzdem selbstverständlich die untere Oeffnung des Ballons wie immer weit offen war
und das überflüssige Gas auch, wie wir
durch dessen starken Geruch wahrnahmen,
fleissig und in grosser Menge ausströmte.
Die Gluth der Sonne war aber, trotzdem
wir uns doch schon im October befanden,
eine ganz merkwürdig grosse und unter-

schied sich durch nichts von einer echt
hochsommerlichen Juli-Hitze. Obgleich wir
in unserem Korbe ganz ruhig sassen, rann
uns Beiden gar reichlich der Schweiss von
der Stirne, so sehr brannte die Sonne auf
uns herab. Diese gewaltige Erwärmung
trieb denn auch, wie schon gesagt, den
Ballon ganz mächtig in die Höhe, und da
ich sah, dass die Spannung desselben trotz
des bei der unteren Oeffnung hinausge-
drängten Gases noch immer zunahm, entschloss ich mich nothgedrungen, das Ventil
zu ziehen, weil bei allzu grosser Spannung
ein Platzen des Ballons nicht zu den Un-
möglichkeiten gehört. Ich hoffte auf diese
Weise vorerst weiterem Steigen Einhalt zu
thun und gleichzeitig dem Gase den nöthigen
Raum zu der voraussichtlichen weiteren
Ausdehnung zu schaffen; gleichwohl that
ich es nur mit schwerem Herzen, weil es
immer eine Gasverschwendung ist, gleich
am Anfange der Fahrt das Ventil zu öffnen.
Im vorliegenden Falle war dies aber zur
Vermeidung eines möglichen Unfalles im
Interesse unserer Sicherheit dringend geboten.

Wir waren hier circa 400 Meter hoch
und befanden uns über den Brigittenauer

6*

Gaswerken. Sechs Secunden lang liess ich das Gas durch die obere Oeffnung des Ballons pfeifen, dann schloss ich wieder das Ventil, dessen Fallthüren dabei jenes scharfe, interessante »Klapp!« hören liessen, welches den besten, Beweis dafür bildet, dass sie gut schliessen und der Mechanismus correct functionirt.

Es war so viel Gas entwichen, dass die Spannung momentan ziemlich beseitigt war und der untere Hals des Ballons wieder ein wenig flatterte. Das hinderte den Ballon aber nicht im Mindesten am Weitersteigen, vielmehr schien es, als ob sich das Gas nun nur erst recht auszudehnen vermöge und binnen einigen Minuten schwebten wir um hundert Meter höher und der Ballon war womöglich noch draller, als zuvor. Es war 11 : 40, als ich aus demselben Grunde wie vorher zum zweiten Male die Ventilleine zog und diesmal acht Secunden lang Gas entweichen liess. Wieder wurde für den Augenblick die Spannung dadurch gemässigt und der Hals theilweise entleert. Nur weniger Minuten weiterer, intensiver Erhitzung durch die Sonne bedurfte es aber, um das Gas neuerdings geradezu gefährlich zu expandiren und den Ballon wieder auf's Aeusserste an-

zuspannen. Wir befanden uns nun schon in
600 Meter Höhe und waren in raschem
weiterem Aufstiege begriffen. Nochmals also.
zum dritten Male, öffnete ich das Ventil,
um abermals durch acht Secunden Gas entweichen zu lassen. worauf sich neuerdings
wiederholte, was ich nun schon zweimal
erzählte.

Wir waren inzwischen über die Donau
bis knapp vor Floridsdorf gekommen. Der
Ballon war nach weiteren fünf Minuten
wieder so gespannt als vorher und noch
immer im Steigen begriffen. Schon überlegte
ich, ob ich nicht noch einmal ein Gasopfer
werde bringen müssen, als es plötzlich kühl
und dunkler wurde, — die Sonne war soeben
von einer dichten Wolke verdeckt worden.
Sollte man es glauben, dass dieser Umstand
einen solch' colossalen Einfluss auf das
Steigvermögen des Ballons auszuüben vermöge, als dies hier der Fall war? Kaum
waren einige Secunden verstrichen, während
welcher der zur Zeit voll aufgeblähte Ballon
nicht mehr von den Strahlen der Sonne
beschienen war, als er sichtlich einging, die
Spannung nachliess, sein Hals zu schlottern
begann und unser bis dahin ununterbrochener
Aufstieg sich plötzlich in ein Sinken ver-

wandelte, das binnen einer halben Minute
in ein rasches Fallen überging. Wohl wussten
wir, dass dem Sinken sofort Einhalt geschehen und wir wieder steigen würden,
sobald nur die Sonne wieder hinter der
Wolke hervorkäme. Da wir aber in rapidem
Niedergange begriffen waren, hatten wir
nicht viel Zeit zum Warten und es war
ziemlich sicher vorauzusehen, dass es bei
der herrschenden Windstille eine geraume
Weile dauern werde, ehe die Wolke die
Sonne passirt haben werde. Hätten wir uns
in dieser Situation ober einer Wiese oder
ober einem Acker befunden, so hätte ich
den Ballon lieber ruhig bis zur Erde fallen
lassen und dort die Wiederkehr der Sonne
abgewartet, deren kräftig erwärmende
Strahlen uns bei ihrer Rückkehr sofort
wieder in die Höhe getrieben hätten; so
aber lagen die ersten Häuser von Floridsdorf unter uns, deren Dächer wohl keinen
geeigneten Punkt für eine solche Raststation
boten.

Wir waren auf 250 Meter herabgesunken,
die Sonne blieb noch immer versteckt, die
Erde schien uns aber schon förmlich entgegenzustürzen, so rapid war unsere Nieder-
fahrt geworden. Als ich sah, dass auf die

Sonne vor Erreichung der Erde absolut
nicht zu rechnen und keine Secunde mehr
zu verlieren sei, gab ich Mr. Wolf, den ich
zu den Sandsäcken beordert hatte, den
Befehl, den bereitgehaltenen Sack vollständig
zu entleeren und sofort einen zweiten zur
Hand zu nehmen.

Unter uns herrschte auf den Strassen
Floridsdorfs eine colossale Bewegung;
tausende von Menschen beobachteten unsere
Manöver und eilten, da sie uns so schnell
herabkommen sahen, auf den Ort los, wo sie
meinten, dass wir landen würden.

Inzwischen that der erste Sack Ballast
fast gar keine Wirkung. »Noch einen halben!«
rief ich also und als auch dies noch zu
wenig war, — »Auch den Rest!«

Wir waren nun schon bis auf 150 Meter
der Erde nahe und noch immer fiel der
Ballon ziemlich rasch. Es blieb also nichts
anderes übrig, als schnell noch einen Sack
zu opfern. Der that endlich die gewünschte
Wirkung und nachdem der Raum unter
uns noch bis auf 100 Meter zusammengeschrumpft war und unter uns schon
Hunderte jubelnd die hilfsbereiten Hände
uns entgegenstreckten, begann der Ballon
langsam wieder zu steigen. Es war nun

11 : 50. Nach einigen Minuten schwebten
wir unbeweglich in einer Höhe von 300—350
Metern über demselben Flecke, als mit einem
Male, wie uns zum Hohne, jetzt wo wir sie
nicht mehr brauchten, die Sonne wieder
erschien und uns neuerdings mit voller Kraft
in die Höhe trieb. Da der Ballon aber derzeit sehr schlaff war, liessen wir sie ruhig
gewähren und befanden uns um 11 : 53 in
750, um 11 : 55 in 900, um 11 : 56 in 1050
und um 12 Uhr in 1300 Meter Höhe.

Da sich inzwischen der Ballon vollständig wieder aufgebläht und das Netz
stramm angespannt hatte, zog ich nun
neuerdings das Ventil, was nicht hinderte,
dass wir um zwei Minuten später uns schon
in 1400 Meter Höhe befanden.

In dem Augenblicke, als wir die Höhe
von 650 Meter überschritten hatten, waren
wir aber in eine andere Luftströmung gerathen, welche jener in der unteren Region
schnurgerade entgegengesetzt war. Zwar
langsam, aber stetig nahm daher jetzt der
Ballon in der oberen Region seinen Weg
dahin zurück, von wo er gekommen war:
nach der Stadt!

Um 12 Uhr 3 Minuten passirten wir in
einer Höhe von 1450 Meter wieder langsam

die Donau und um 12 : 05 befanden wir uns volle 1500 Meter ober den Gaswerken, als aus der Brigittenau klar und deutlich das Mittagläuten der Kirchenglocken zu uns herauftönte. Ich fühle mich unfähig, den Eindruck zu schildern, den dieses Geläute auf uns hervorbrachte, die wir da hoch oben in den Lüften schwebten, unter uns ausgebreitet und im hellsten Sonnenlichte erglänzend des reizende Wien, die herrliche Donau, die sich wie ein silbernes Band nach beiden Seiten weithin durch das Land schlängelt, um sich am fernen Horizonte im grauen Nebel zu verlieren, den prächtigen Kahlenberg mit dem Leopoldsberge, beide so nett und lieb, dass man glaubt, sie wie ein Häuflein Erde in die Tasche stecken zu können!

Wahrlich, ich weiss nicht, ob die Glocken der Brigittenauer Pfarrkirche jemals zwei andächtigere stimmungsvollere Hörer gehabt, als die Zwei, zu welchen sie an jenem dritten October so hoch hinaufklangen, obgleich beileibe keiner von den Beiden zu den Frömmlern gehört!

Um 12 : 07 trieben wir in 1550 Meter Höhe langsam wieder über den Nordbahnhof, die Praterstrasse, um 12 : 17 in 1570 Meter

Höhe genau über die Aspernbrücke und den
Parkring, worauf wir zum Invalidenhause
auf die Landstrasse abbogen, woselbst wir
wieder zu sinken begannen. Die Luftströmung, die überhaupt nur äusserst schwach
war, liess uns hier vollkommen im Stiche,
so dass wir thatsächlich über 25 Minuten
fast auf demselben Flecke blieben, wobei
aber der Ballon langsam bis auf 1000 Meter
herabkam. Wir hatten sonach vollste Gelegenheit, Wien nun von der entgegengesetzten Seite zu bewundern, wobei so
vollkommene Windstille, eine so feierliche
Ruhe herrschte, dass wir zwar schwach,
aber immerhin deutlich erkennbar die Burg-
musik hörten.

Von allen Gebäuden Wiens macht mir
der Stefansdom von da oben den imposan-
testen Eindruck, denn obgleich er natürlich
auch nur en miniature erscheint, so wirkt doch
seine Grösse im Verhältnisse zu den übrigen
Gebäuden und vor Allem seine altehrwürdige
graue Farbe und sein edler Styl da ebenso
wie auf den Beschauer aus der Nähe.

Köstlich sieht von oben der — Nasch-
markt aus; ein zierlicher, kleiner Platz mit
lauter blendend weissen, runden Pünktchen

besetzt — dies sind die grossen Sonnen-
schirme der Oebstlerinnen.

Um 12 : 38 sanken wir unter tausend
Meter herab und geriethen damit in eine
Luftströmung, die mit uns nach Nord-Osten
abschwenkte. Um 12 : 40 passirten wir das
Erdberger Gaswerk und den Donau-Canal,
nach dessen Ueberschreitung sich nun reizend wie ein Gartenplan der Prater unter
uns ausbreitete. Um 12 : 45 befanden wir
uns nur mehr 750 Meter ober dem Rondeau.
Um weiteres Fallen zu verhindern, opferten
wir nun wieder einen Sack Ballast, worauf
wir in 875 Meter Höhe die Donau bei der
Stadelauer Brücke passirten und um 1 Uhr
ober der Lobau noch immer langsam nach
aufwärts schwebten. Hier war nun die beste
Gelegenheit für unser Diner. Während Mr.
Wolf alle Vorbereitungen hierzu traf, ver-
gewisserte ich mich noch an dem Gange
des Barometers, dass wir uns mit Ruhe
dazu setzen können und nachdem wir noch
constatirt, dass wir 950 Meter hoch und
noch im langsamen Steigen begriffen seien,
ohne dass eine zu starke Spannung des
Ballons zu befürchten sei, ging es an's
Essen. Wir hatten beide vortrefflichen Appetit
und in der herrlichen reinen Luft, mit dem

göttlich schönen Panorama tief zu unseren
Füssen schmeckten uns die Leckerbissen
Sacher's noch hundert Mal besser, als dies
etwa auf dem Constantinshügel der Fall
gewesen wäre.

Während wir uns das reichliche Mahl
vortrefflich schmecken liessen, versäumten
wir natürlich nicht ab und zu einen Blick
auf den Ballon und auf das Barometer zu
werfen, da die Sicherheit im Ballon eine
stete Aufmerksamkeit und Controle er-
heischt. Wir hatten während unserer Mahlzeit
zu steigen aufgehört und, da die Sonne sich
leicht verschleierte, sogar langsam zu sinken
begonnen. Das hatte aber nichts auf sich
und wir vollendeten mit aller Gemächlichkeit unser Mahl. Als wir damit fertig waren,
wies die Uhr auf 1 : 55 und das Barometer
nur mehr auf 375 Meter. Die Lobau war
passirt und wir befanden uns nun bei dem
denkwürdigen Dorfe Aspern, auf dem Wege
nach Breitenlee. Die Vorwärtsbewegung war
jedoch eine so geringe, dass eine Anzahl
Hirten und aus den Dörfern herbeigeeilte
Bauern, welche glaubten, wir würden schon
landen, uns ganz bequem und gemächlich
zu Fuss zu folgen vermochten. Es war jedoch erst 2 Uhr, und wir hatten noch acht

Säcke Ballast, sonach konnten wir noch
mindestens zwei Stunden oben bleiben, was
wir auch zu thun beschlossen, obschon bei
der herrschenden Windstille nicht die mindeste Aussicht vorhanden war, dass wir selbst
in dieser langen Zeit noch viel weiter kommen
würden, als wir schon gekommen waren.
Eigentlich hatte dieser Umstand sehr viel
Komisches an sich, und wir mussten selbst
nicht wenig darüber lachen, dass wir eine
»weitere Luftreise« projectirt hatten und
nun in Folge des Mangels einer entschiedenen
Windströmung stundenlang nicht im Stande
waren, vom Flecke zu kommen. Wohl war
die Fahrt in ihrer Art ganz einzig und uns
in Folge des langen Verweilens über Wien
viel lieber als eine weitere Reise, aber wir
fürchteten die schlechten Witze unserer
Freunde, denen die »längere Luftreise« von
Wien nach K a g r a n hiezu den reichlichsten
Stoff bieten musste.

Die weiteren zwei Stunden, die wir
nun noch im Ballon verbrachten, waren,
obgleich wir während derselben aus einem
Umkreise von 3 Kilometern nicht heraus-
kamen, für uns dadurch von grösstem Interesse, dass wir durch entsprechendes
Operiren und Experimentiren mit Ballast,

unter Benützung der einander entgegengesetzten Luftströmungen in den Regionen
über und unter 650 Meter — ohne das
Ventil zu berühren — dreimal den Weg
von Breitenlee nach Essling und wieder
retour zurücklegten, wobei wir eine Reihe
sehr interessanter fachtechnischer Beob-
bachtungen und Erfahrungen machten.

Als schliesslich unser Vorrath an Ballast
bis auf zwei Säcke zusammengeschmolzen
war, opferten wir, nachdem wir bisher nur
halbe entleert hatten, noch einen ganzen
Sack, um uns von der oberen etwas stärkeren
Luftströmung wenigstens über Gross-Enzersdorf hinaustragen zu lassen, woselbst ich
zwei Tage vorher nach 52 Minuten Fahrt
von Wien aus landete, während wir jetzt
schon vier Stunden unterwegs waren. Der
Ballon stieg rasch, und da in der oberen
dunstfreien Luftschichte die Sonne noch ein
letztesmal kräftig auf ihn einwirkte, so erhob
er sich bald bis zu 1400 Meter, in welcher
Höhe er seinen Weg gerade über den freundlichen Ort Gross-Enzersdorf nahm, dessen
Bewohner, wie sie uns später erzählten,
meinten, wir würden gerade auf ihrem
Hauptplatze landen. Die Luft war so ruhig

und der Platz ist so gross, dass dies übrigens ganz gut möglich gewesen wäre.

Wir aber wollten die Kraft des Ballons bis zum letzten Augenblicke ausnützen, und segelten ruhig, jedoch ungemein langsam fort, bis wir uns seitlich von dem Schlosse Sachsengang wieder der Donau näherten. Es entstand nun die Frage: Sollen wir sofort hier landen, oder es versuchen, noch über die Auen und die Donau zu kommen? Bei dem Umstande, dass wir nur noch einen einzigen Sack Ballast besassen und unsere Fortbewegung eine geradezu schneckenhafte war, erschien es nicht rathsam, das letztere Wagstück zu riskiren, und wir beschlossen daher, noch auf dem diesseitigen Ufer, und zwar auf dem Gebiete von Mühlleiten zu landen.

Ein Experiment konnte ich mir aber zum Schlusse doch nicht versagen, das ich nach unserer dreimaligen Constatirung des Unterschiedes der Windrichtungen in der oberen und unteren Region glaubte ganz gefahrlos wagen zu können und das auch vollkommen gelang. Ich liess nämlich trotz des Einspruches meines Genossen den Ballon in der oberen Luftströmung noch circa 150 bis 200 Meter über die bewaldeten

Auen gegen die Donau treiben und zog
dann erst mitten über dem Gehölz das
Ventil, indem ich sicher darauf rechnete,
dass uns, sobald wir unter 650 Meter herabgelangt, die untere Windrichtung wieder
aus dem Walde heraus und zurück auf die
Aecker tragen werde. Das geschah auch,
und obwohl wir zuerst mitten in einen Wald
zu fallen schienen, trieb der Ballon im letzten
Theile seines Falles so weit davon ab, dass
wir mitten auf einem Felde, vielleicht hundert
Meter vom Saume jenes Waldes entfernt,
eine höchst angenehme Landung bewerkstelligen konnten. Es war 3 Uhr 53 Minuten
als ich das Ventil gezogen hatte: wir waren
somit im Ganzen vier Stunden und sechs-
undzwanzig Minuten unterwegs gewesen,
um an einen Ort zu gelangen, den wir von
unserem Aufstiegplatze in drei Stunden bequem zu Fuss hätten erreichen können.

Mit der »weiteren Luftreise« waren wir
also gründlich eingegangen, gleichwohl
hätten wir aber keine herrlichere Fahrt
machen können und hätte uns die weiteste
Fahrt keine grösseren Schönheiten und
keine mächtigeren Eindrücke bieten können
als jene unvergleichlichen Stunden, die wir
über Wien zugebracht!

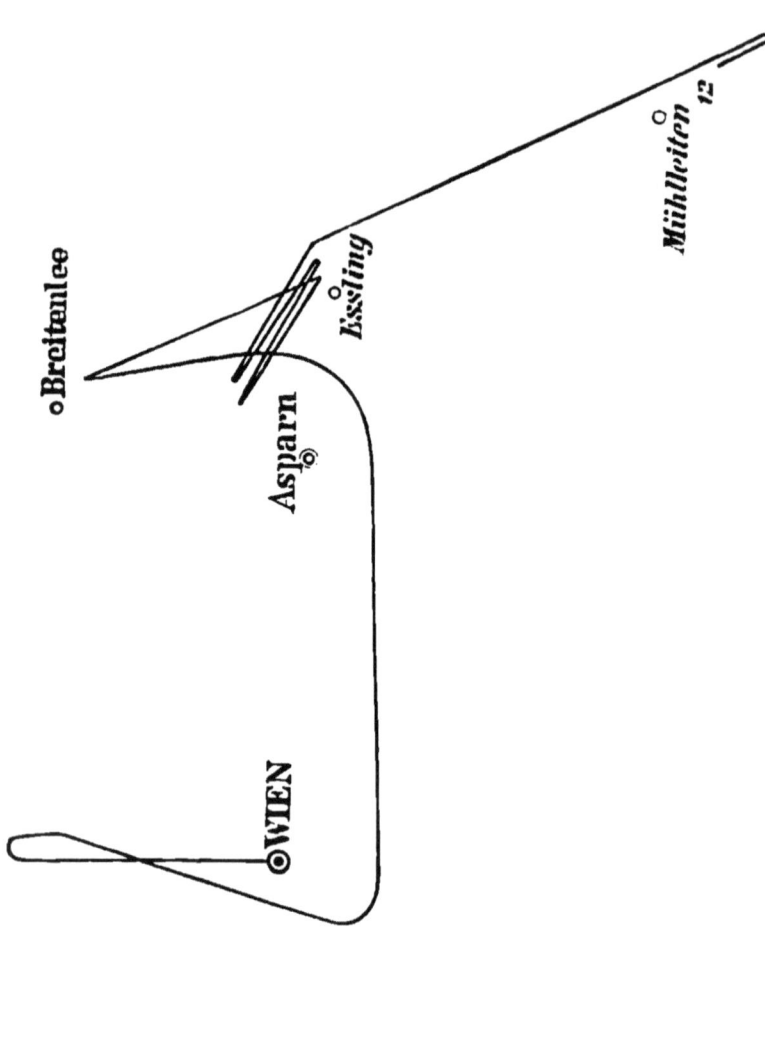

Breitenlee

WIEN

Asparn

Essling

Mühlleiten

12

Eine Fahrt durch die Wolken.

Von *Caroline Murau.*

Wien, am 10. October 1882.

Obwohl mir eine Luftfahrt nichts Neues mehr ist, da ich letzten Sonntag meine vierte unternahm, so kann ich doch nur constatiren, dass sich immer wieder neue Reize bieten, die wohl auch die geübteste Feder nie ganz beschreiben könnte. Da ich vergangenes Jahr zweimal in der Nacht fuhr, und bei meiner einzigen Tag-Auffahrt der Ballon von der »Neuen Welt« aus seinen Weg sogleich über den Wiener Wald nahm, so hatte ich diesmal zum ersten Male Gelegenheit, meine schöne Vaterstadt von der Höhe herab noch beim hellen Tageslichte zu bewundern. Als wir — Herr Victor Silberer, seine Gemahlin und ich — den Prater gegen halb 5 Uhr, begleitet von den brausenden Hochrufen der nach Zehntausenden zählenden Menge, verliessen,

erhob sich der Ballon im Anfange nur langsam, so dass uns Zeit genug blieb, das
unter unseren Blicken ausgebreitete pracht-
volle Panorama von Wien mit Musse zu
betrachten. Alle Alleen des Praters und
die umliegenden Strassen waren mit unzäh-
ligen Menschenmassen besetzt. Ein Theil
des Publicums, das sich gerade unter uns
befand, ergriff in der komischesten Weise
die Flucht. als Herr Silberer einen Sack
mit Sand entleerte, welcher sich über seine
Köpfe ergoss. Der Ballon schwebte über
den Nordbahnhof, den Nordwestbahnhof,
die Brigittenau und Nussdorf langsam dahin; wir kreuzten einige Male die Donau,*)
welche sich wie ein silbernes Band durch
die dunklen Häusermassen hinschlängelte.
Wir befanden uns gerade vis-à-vis vom
Stefansdome, und unter uns lag die Stadt
mit einem Meer von Häusern, deren Dächer
in dem Lichte der untergehenden Sonne
glitzerten. Wahrlich, ein so hinreissend

*) Die Dame befindet sich hier in einem Irrthume.
Wir haben den Donau-Canal nur einmal übersetzt;
da sich der Ballon dabei aber langsam mehrmals um
seine Achse drehte, was dem Laien die Orientirung sehr er-
schwert, dürfte das offenbar die Veranlassung der Täuschung
gewesen sein.   V. S.

schöner Anblick, dass man darob Alles vergessen könnte, selbst wenn man wüsste,
dass der Ballon in dem nächsten Momente
in eine unabsehbare Tiefe stürzen würde!

Es ist wie ein Traum, wie ein Feen-
märchen: nur leider war die Herrlichkeit
bald zu Ende. Der Ballon begann jetzt
rascher zu steigen: wir passirten eine
Nebelschichte, und plötzlich war die Stadt
mit einem grauen Schleier zugedeckt. Nun
ging es ziemlich schnell vorwärts. In einer
Höhe von 600 Metern passirten wir den
Leopoldsberg, wo man uns lebhaft zuwinkte
und anrief. Wir liessen als Antwort fär-
bige Papierstreifen hinunterfliegen, auch
warfen wir einige kleine Bouquets hinab,
welche wir noch von jenen dreihundert
übrig hatten, welche Frau Silberer und ich
bei unserer Auffahrt in Wien unter das
Publicum warfen.

Vor uns lag jetzt Klosterneuburg:
doch ehe wir uns dessen versahen, wurde
es vor unseren Augen plötzlich grau, die
Luft legte sich feucht und beklemmend auf
unsere Brust, wir betasteten den Rand der
Gondel und die Stricke, sie waren nass.
Und oben und unten, rings um uns herum
herrschte ein dichtes, undurchdringliches

7*

Grau, so dass uns kein Zweifel mehr blieb, dass wir uns inmitten der Wolken befanden. Diese interessante Fahrt dauerte volle zehn Minuten, um so interessanter, als ich bei früheren Fahrten schon eine Höhe von einigen 1000 Metern erreicht hatte, ohne mit Wolken in Berührung zu kommen, und mir nun dies zum ersten Male bei der verhältnissmässig geringen Höhe von 950 Metern passirte.

Als es sich endlich unter unseren Blicken wieder etwas lichtete, sahen wir einen glänzenden Streifen, welchen wir bald als die Donau erkannten. In kurzer Zeit war es wieder ganz hell, wir befanden uns ober der Ruine Greifenstein, von wo aus wir dann in einem Zeitraume von nur 28 Secunden die ganze Breite der Donau passirten. In der Ferne warf die Sonne ihre letzten Strahlen auf einige grüne Matten, während der Horizont dunkelroth gefärbt war. Auf der Donau kräuselten sich leichte Wellen, was, wie die heftigen Bewegungen des herabgelassenen Ankers, auf eine starke Windströmung auf der Erde schliessen liess.

Nirgends droht einem Ballon so viel Gefahr, als durch den Wind: es ist daher begreiflich, dass wir Damen der Landung

mit einiger Unruhe entgegensahen, da wir
überdies sehr viel Wald und Weingärten
unter uns hatten.

Als wir uns Stockerau näherten, wurden
wir durch jubelnde Zurufe und lustiges
Schwenken der Fahnen auf dem Bahnhofe
begrüsst. Hier verschwanden wir auch nochmals in einer Wolke, jedoch diesmal nur
auf kurze Zeit.

Mittlerweile sank der Ballon immer
tiefer, da der Lenker desselben die
Landung vorbereitete und die Ventilleine
zog. Halb Stockerau war auf den
Beinen und lief in derselben Richtung
dahin, um bei der Landung gegenwärtig
zu sein. Da die »Vindobona« bereits zum
vierten Male nach Stockerau kam, so ist
Herr Silberer mit dem dortigen Terrain
schon sehr vertraut, und er lenkte den
Ballon so geschickt und sicher über alle
Hindernisse hinweg, dass wir auf einem vollkommen ebenen Felde vor einer Anhöhe,
wo der Platz auch vor dem Winde bedeutend geschützt war, nach einigen unbedeu-
tenden Stössen glücklich und wohlbehalten
landeten. In kurzer Zeit waren wir auch
von einer Menge helfender Arme, aber leider
auch eben so vieler unnütz im Wege herum-

stehenden Personen umringt, und nach drei-
viertel Stunden war die Bergung des Ballons
vollzogen, was Herr Silberer in dieser kurzen
Zeit mit grosser Umsicht vollführte.

Als wir mit der Gondel das erste Mal
die Erde berührten, kam ein Wagen im
rasenden Galopp auf uns zugefahren, von
dem eiligst ein Mann sprang und mit freude-
strahlendem Gesichte auf uns zustürzte. Es
war dies Herr Carl Pramber, der Besitzer
des Gasthauses »Zur weissen Rose« in
Stockerau, auf dessen Wagen wir dann
zum Bahnhofe fuhren. Der biedere Mann
erzählte uns in grösster Aufregung, dass er
jedesmal, wenn der Ballon in Wien gestiegen war, auf einer Anhöhe bei Stockerau
gewartet hatte, in der Hoffnung, bei einer
eventuellen Landung daselbst gegenwärtig
zu sein. Dieses Mal hatte er sogar um fünf
Liter alten Weines gewettet, dass er der
Erste sein werde, und er hatte die Wette
gewonnen. »Immer haben's wo gelandet,«
sagte er hochvergnügt zu dem in Stockerau
schon äusserst populären Aëronauten, »wo
ich nicht schnell genug hinkommen konnte;
dasmal aber, hab' ich Sie endlich erwischt!«

Am Bahnhofe empfingen uns die Herren
Beamten in der liebenswürdigsten Weise,

ein dienstfreier Herr kam uns sogar bis zur Landungsstelle entgegen. Herr Silberer äusserte auch zu wiederholten Malen, dass er an keinem anderen Orte so angenehm zu landen pflege, als hier, weshalb er bei gleicher Windrichtung stets hier niedergehe.

Der Luftballon bildet für Stockerau geradezu einen Sport, da jedesmal bei Auffahrten im Südostwinde vielfach gewettet wird, ob der Luftschiffer wieder bei Stockerau landen werde oder nicht, weshalb sich beim Nahen des Ballons der ganze Ort stets in einer gewissen Aufregung befindet. Eine beträchtliche Wette ist auch darauf abgeschlossen worden, ob Herr Silberer zehnmal in Stockerau landen werde.

Wir mussten auf dem Bahnhofe eine Stunde warten, da der nächste Zug nach Wien erst um 7:24 abging; während dieser Zeit wurde derselbe derart von Neugierigen belagert, dass er abgesperrt werden und wir durch das Zimmer des Bureau-Chefs zum Coupé gehen mussten. Die Zeit des Wartens verging im angenehmen Plaudern, wobei die Herren Beamten uns auch erzählten, dass man unser zweimaliges Verschwinden in den Wolken mit grösster Besorgniss beobachtet hatte, dass es aber ungemein interessant gewesen sei, wie sich die gelbe Masse des Ballons aus der grauen Umhüllung wieder hervorschälte, und dass wir dann so schnell gesunken seien, dass es wie ein jäher Sturz ausgesehen habe. Im Ballon fühlt man dies jedoch nicht.

Es ist sehr schade, dass es nicht möglich ist, den Landungsplatz des Ballons genau vorher zu bestimmen und zu begrenzen, es würden sich dort gewiss eben so viele Zuschauer einfinden, wie beim Aufstiege, denn es dürfte vielleicht noch interessanter sein, den fallenden, schon halb entleerten und von dem Winde in den Lüften herumgerissenen Ballon zu beobachten. Frau Silberer und ich äusserten demzufolge auch den Wunsch, die Landung des Ballons einmal von der Erde aus zu sehen; jedoch man kann eben nicht Alles haben, und wir dürfen mit unserem dreiviertelstündigen, unbeschreiblich schönen Aufenthalte in den höheren Regionen vollauf zufrieden sein!

Eine Landung wider Willen.

Von *Georg Ernst*.

Die vierzehnte Auffahrt des Ballons
»Vindobona« war dazu ausersehen, das lang-
gehegte Project einer längeren Luftfahrt zu
realisiren, an der ausser dem Aëronauten
Herrn Victor Silberer und dessen jugendlicher
Gemahlin auch der Schreiber dieser Zeilen
theilnehmen sollte, der sich davon umsomehr
Vergnügen versprach, als ihn Bande der
Freundschaft und Sympathie schon seit Langem an die genannten Personen knüpfen. Hat
eine Luftfahrt schon unter allen Umständen
ihre ausserordentlichen Schönheiten, so gewinnt
dieselbe noch bedeutend an Reiz, wenn die
kleine Gesellschaft, die sich auf so engem
Raume zusammengedrängt, und fast ganz von
der übrigen Welt abgeschieden befindet, nicht
aus Elementen besteht, die der blosse Zufall
zusammengewürfelt hat, sondern aus genau
Bekannten, die sich zwanglos den auf sie

wirkenden Eindrücken hingeben und denselben Ausdruck verleihen können.

Unzählige Hindernisse hatten sich der Ausführung des Projectes in den Weg gestellt; die Polizei gestattete erst nach langem fruchtlosen Bemühen die Theilnahme von »Assistenten« an den Luftfahrten des Wiener Aëronauten. hielt jedoch offenbar auch dann noch das zarte Geschlecht für einen so verantwortungsvollen Posten nicht qualificirt und es bedurfte neuer Gesuche, Eingaben und Vorstellungen, bis die hohen Behörden endlich von der Verwendbarkeit der Damen für denselben eine bessere Meinung bekamen, dem stürmischen Drängen nachgaben und das langersehnte Ja! und Amen! aussprachen, welches Frau Johanna Silberer und Fräulein Caroline Murau gestattete, sich für eine Stunde lang den Anblick der Erde aus der Vogelperspective zu gönnen.

Nach dieser Errungenschaft schien sich der Ausführung unseres oben bezeichneten Planes nichts mehr in den Weg stellen zu können und wir fanden uns am 12. October schon lange vor der zur Abfahrt festgesetzten Mittagsstunde auf dem Platze hinter dem Circus Carré ein, um von dort aus unsere

Fahrt anzutreten, welche abenteuerlicher werden sollte, als wir Alle dachten. Doch so
weit sind wir noch lange nicht! Als der
Ballon schon vollkommen gefüllt dastand und
nur darauf wartete, seiner Bande ledig zu
werden, um seinen Flug gegen die an diesem
Tage ziemlich tiefhängenden Wolken zu nehmen. erklärte der amtirende Polizei-Commissär,
als er erfuhr, wer an der Auffahrt theilnehmen
sollte, dass Frau Silberer die Genehmigung
nur für einen einmaligen Aufstieg von der
Statthalterei erhalten habe, und dass er daher
heute nicht gestatten könne, dass die Dame
in der Gondel Platz nehme. Unser schöner
Plan war also nahe daran, nochmals zu scheitern;
die junge Dame aber war rasch entschlossen,
noch das Aeusserste zu versuchen und begab
sich resolut vom Aufstiegplatze weg direct zur
Statthalterei, von wo sie nach einiger Zeit mit
erlangter Bewilligung zurückkehrte. Noch
waren jedoch nicht alle Hindernisse bei Seite
geräumt und der diensthabende Polizeibeamte
konnte sich erst zufrieden geben, nachdem er
separat noch durch einen Hüter der heiligen
Hermandad, der uns ungeduldig Harrenden
wie der Messias erschien. die Weisung erhalten
hatte, der Auffahrt keine Hindernisse entgegen-
zusetzen.

Es ist jetzt nahezu ein Jahrhundert her,
seit sich der erste Aërostat in die Lüfte erhob, dem es gestattet·wurde, lebende Wesen
mit sich zu führen, doch kann ich kaum glau·
ben, dass man Pilatre des Roziers — dem
ersten Menschen, der das Verlangen trug, sich
einem Ballon anzuvertrauen und der mit Ent-
rüstung das »Zugeständniss« zurückwies, seinen
Ballon mit zwei zum Tode verurtheilten Ver-
brechern steigen lassen zu dürfen, und der erst
nach unsäglichen Mühseligkeiten vom Könige
Ludwig XVI. die Erlaubniss erhielt, in Begleitung seines Freundes, des Marquis d'Arlandes,
die erste Luftreise antreten zu dürfen — mehr
Schwierigkeiten bereitet habe als jetzt, nachdem seit diesem ersten Versuche nahezu ein
Jahrhundert zur Neige gegangen ist, einem
Manne, der es versuchte, ein Recht, das bisher
jedem Ausländer eingeräumt wurde, als Wiener
in Anspruch zu nehmen. Zieht man auch noch
in Erwägung, dass in dem vorliegenden Falle
einer Frau verwehrt wurde, ihrem Manne zu
folgen, das heisst, etwas zu thun, was dieser
sonst das gesetzliche Recht hat, von ihr zu
fordern, so dürfte man sich gewiss vor einem
nur schwer lösbaren Probleme befinden. Doch
nun zu unserer Fahrt zurück!

Die »Vindobona« war, während wir Musse
hatten, uns obigen nicht ganz heiteren
Reflexionen hinzugeben, bereits ungeduldig geworden; sie zerrte mit aller Macht, von der
lebhaften Brise unterstützt, an den Seilen, die
sie festhielten, und führte die abenteuerlichsten
Schwingungen aus, welche sie mit den nahe-
stehenden Bäumen in innige Berührung zu
bringen drohten. Endlich erschien der heiss-
ersehnte Friedensbote mit der Directive für
den Polizei - Commissär und unsere schöne
Reisebegleiterin konnte nun, von dem anwesenden Publicum mit lautem Beifalle begrüsst, ihren Platz in der Gondel einnehmen,
während die letzten Vorbereitungen für die
Abfahrt gemacht wurden.

Der Ballon mit der Gondel und den
Insassen wurde an das dem Circus gegen-
überliegende äusserste Ende des Platzes
gebracht, damit wir bei der herrschenden
Windrichtnng doch über jenen wegkommen
konnten, ohne viel Ballast zu verschwenden,
dann ertönte um 1 Uhr 55 Minuten das
»Los« des Leiters der Expedition, das leider
von dem einen der die Gondel haltenden Gehilfen überhört oder missverstanden wurde,
denn derselbe hielt sich an dem schwanken
Fahrzeuge fest und liess sich bis in die Mitte

des Platzes schleifen, ehe er loslies. Dadurch kamen wir in Gefahr, mit dem Circus-Gebäude in Collision zu gerathen und ich erhielt den Befehl, einen für diesen Fall bereit gehaltenen Sack Ballast zu leeren. Trotzdem dies sofort geschah, schien die aufsteigende Kraft des Ballons noch nicht genügend zu sein, um uns über die Klippe wegzuhelfen, und ich vernahm das Commando: »Noch einen Sack, aber ganz hinauswerfen, nur rasch!« Ich ergreife pflichtschuldigst den zweiten Sack beim Schopfe, werfe aber, bevor ich ihn auslasse, einen Blick hinunter und sehe gerade unter uns eine hundertköpfige Menge erwartungsvoll nach oben schauen; der zwölf bis fünfzehn Kilo schwere Sack hätte, wenn ich ihn losgelassen, sicher aus der Höhe von acht bis zehn Metern, in der wir uns befinden mochten, Jemandem einen harten Puff versetzt; bevor ich ihn aber umwenden und entleeren konnte, befanden wir uns bereits über dem Circus und fuhren zwar knapp, aber immerhin sicher über dem Dache desselben weg. Dies Alles spielte sich natürlich in bedeutend kürzerer Zeit ab, als nöthig ist, um es wiederzugeben. Wir aber hatten dabei einen Sack Ballast erspart, der uns wieder einen etwas längeren

Aufenthalt in den Lüften zu garantiren
schien und waren somit, nachdem die Klippe
einmal umschifft war, ganz zufrieden mit
dem Verlaufe der kleinen Episode.

Es ist etwas Eigenthümliches um die
ersten Momente eines solchen Aufstieges;
die Freunde, denen man eben noch die
Hand gedrückt, verwandeln sich, noch
während man ihnen einen letzten Gruss zu-
winkt, in kurze und unförmliche Körper;
man erkennt noch ihre aufwärts gerichteten
Gesichter, kann sich aber kaum eines Lächelns
erwehren über ihre äusserst possierlich aus-
sehenden Arm- und Beinbewegungen. Im
nächsten Momente schon ist man nicht mehr
im Stande, Jemanden zu erkennen und die
Blicke schweifen ab, angezogen von zahllosen anderen Bildern, deren Schönheit jeder
Beschreibung spottet.

Unser Ballon schien diesmal anfangs
seine Richtung direct auf die innere Stadt
nehmen zu wollen und hatten wir nach
kurzer Zeit den Praterstern gerade unter uns,
dann aber schwenkte er ab, liess den Nordbahnhof zu unserer Rechten und nahm
seinen Flug auf den Augarten zu und über
denselben hinweg. Wir waren eben damit
beschäftigt, die sternförmig auseinander

laufenden Alleen dieses Parkes, die von oben gesehen, den Eindruck strengster Symmetrie hervorbringen, zu betrachten, als wir wahrnehmen konnten, dass sich ein leichter Nebelschleier, der stellenweise phantastische Gebilde formte, zwischen uns und die unter uns liegende Scenerie zu schieben begann. Ein Blick auf das Barometer belehrte uns, dass wir erst in 370 Meter Höhe angelangt waren. Der Schleier war stellenweise lückenhaft und konnten wir durch diese Lücken einzelne Partien der Stadt deutlich wahrnehmen, während sich der grösste Theil derselben unseren Blicken schon ganz entzog. So sahen wir beispielsweise ein Stück des Donau-Canales mit der Aspern-Brücke und der Franz Josef-Caserne während einerseits die Ferdinands-, andererseits die Franzensbrücke bereits im Nebel verschwanden. Dieser Zustand der Dinge dauerte jedoch nicht lange; die Lücken wurden immer kleiner und seltener, man errieth nur mehr einzelne Contouren, die uns umgebenden Nebel nahmen immer gleichmässigere Formen an und endlich schwammen wir bei 660 Meter Höhe, die wir acht Minuten nach dem Aufstiege erreichten, in vollständig gestaltlosen, jedoch sozusagen greifbar

DIE AUFFAHRT.

dicken Nebelmassen. Nun wurde der Anker an dem 38 Meter langen Seile hinabgelassen und wir constatirten ein stetiges Steigen unseres Aräostaten, der sich 13 Minuten nach der Abfahrt in einer Höhe von 800 Metern befand. Die uns umgebenden Nebel waren nun so dicht, dass der Blick das Ankerseil nicht bis an das Ende verfolgen konnte, sondern kaum ein Dritttheil davon auszunehmen im Stande war. Wir konnten uns zu dieser Zeit vollkommen von der Erde losgerissen wähnen, an deren Bestehen blos das zu uns heraufdringende unbestimmte Geräusch erinnerte. Mir waren bei alledem blos zwei Dinge auffallend: erstens, dass wir vollkommen trocken blieben, und dann, dass die Temperatur in stark fühlbarer Weise stieg; ich hatte mich auf das gerade Gegentheil hievon gefasst gemacht.

Bei langsamem, aber stetigem Steigen des Ballons, der uns jedoch vollkommen stille zu stehen schien, begannen wir nun wieder die Bedürfnisse des gemeinen Lebens zu fühlen und machten uns daran, den Inhalt eines von Freund Sacher mitgegebenen Proviantkorbes eingehend zu prüfen. Unter heiterem und harmlosem Geplauder nahmen wir unser Mahl ein und überzeugten uns

nur von Zeit zu Zeit durch einen Blick auf
das Barometer, dass wir noch immer in
langsamem Steigen begriffen waren, wovon
uns übrigens auch der die ganze Zeit über
ziemlich stark wahrnehmbare Gasgeruch in
Kenntniss setzte. Wir waren um 2 Uhr
19 Minuten, d. i. nach 24 Minuten dauernder
Fahrt, 960 Meter über der Erdoberfläche.

Die Temperatur wechselte nun beständig
in deutlich fühlbarer Weise und verfolgte
unser Ballon mit ihr die gleiche Tendenz;
stieg die Temperatur, so erhoben auch wir
uns, und ebenso umgekehrt; es war ein
heisser Kampf gegen die Trägheit der Ma-
terie, den die »Vindobona« zu bestehen
hatte, deren Bestreben dahin ging, uns
immer höher zu tragen; wir konnten die
Phasen dieses Kampfes nun auch ohne die
Hilfsmittel, welche uns die Physik an die
Hand gibt, beobachten, indem während des
Steigens die uns umgebenden Nebelmassen
ein gewisses Leben und eine Färbung annahmen, dass wir wähnten, in flüssigem
Golde zu schwimmen, welches vor unseren
Augen flimmerte und uns zwang, dieselben
zu Zeiten zu schliessen, während beim Fallen
die Nebel wieder ihr einförmiges, graues
Kleid zurückerhielten.

Dieses Spiel währte während einigen Minuten und schwankten wir während dieser Zeit zwischen 900 und 1000 Meter Höhe. Endlich errang die brave »Vindobona« den Sieg und durchbohrte mit ihrem breiten Haupte die oberste Wolkenschichte, so dass sie sich im nächsten Augenblicke schon stolz in den Strahlen der Sonne blähte und uns einen Anblick verschaffte, so herrlich, wie ihn keine Feder zu schildern vermag. Ein Ausruf der Bewunderung entrang sich unseren Lippen beim Erschauen all' der Herrlichkeit, welche uns das Reich der Lüfte bot. Unter uns weisse, phantastisch geformte und zusammengeballte Wolkengebilde, eine Landschaft, so wildromantisch, zerklüftet und zerrissen, wie sie die kühnste Phantasie nicht auszudenken vermöchte; über uns der blaue Aether, nur von einzelnen Federwölkchen durchzogen, hellleuchtend in der Pracht des herrlichen Tagesgestirnes, dessen blendender Glanz, wie wir uns mit Stolz sagten, weit und breit kein anderes lebendes Wesen beschien, als uns allein.

Die Uhr zeigte in diesem Momente 2 : 27 und das Barometer eine Höhe von 1060 Meter, die von uns durchfahrene Wolkenschichte hatte also eine Dicke von nahezu 700 Meter. Die »Vindobona« aber hatte damit ihr Bestes gethan und sank, da wir ihr nicht durch Auswerfen von Ballast zu Hilfe kamen, bald wieder in das Nebelmeer zurück, dessen Wogen alsbald über unseren Häuptern zusammenschlugen. Wir hinderten dies nicht, da wir vorhatten, heute möglichst weit zu kommen, und daher unsere Hauptaufgabe darin erblickten, möglichst mit Ballast zu sparen. Wir befanden uns bald wieder mitten im einförmigen Grau und sanken nun ziemlich langsam tiefer und tiefer; ausgeworfene Papierschnitzel hielten sich nur einige Zeit auf gleicher Höhe mit unserer Gondel, begannen aber dann anscheinend langsam zu steigen, bewiesen also, dass unsere Fallgeschwindigkeit die ihrige übertraf.

Wir versuchten nun, uns durch die heraufdringenden Laute zu orientiren, und vernahmen auch in der That vereinzeltes Hundegebell und Hahnenrufe, was uns wenigstens die Sicherheit gab, dass wir uns nicht mehr über der Stadt befanden. Die Temperatur fiel nun wieder rapid und wir mit ihr, obgleich wir die Ventilleine noch vollkommen unberührt gelassen hatten. Unser Ballon aber

UEBER DEN WOLKEN!

hatte in den höheren und wärmeren Regionen bereits so viel Gas abgegeben, dass er nun immer rascher zu sinken begann und wir in Folge dessen bereits starkes Ohrensausen fühlten, das sich immer bei raschem Sinken bemerkbar macht. Das Barometer stieg ungemein rasch und zeigte uns in kurzer Zeit nur mehr 400 Meter Höhe an; der Leiter unserer Expedition gedachte dem Fallen erst unterhalb der Wolkenschichte Einhalt zu thun, damit wir uns die Gegend, in die wir verschlagen worden waren, etwas ansehen könnten, und bereitete ich blos einen Sack Ballast vor, um ihn im Bedarfsfalle auf das gegebene Zeichen zu entleeren.

Endlich gelangten wir an die untere Grenze der Wolkenschichte, und begann dieselbe sich vor unseren Blicken zu zerreissen; wir konnten ein ungeheures Sturzfeld unter uns ausnehmen, hatten jedoch nicht viel Zeit, uns zu orientiren, nachdem unser Ballon, trotz des Auswerfens von Ballast, in immer rascheres Fallen kam und uns die Erde förmlich entgegenzustürzen schien. Ein zweiter, ein dritter Sack that ebensowenig Wirkung und wir flogen über eine leicht ansteigende Anhöhe hinweg, direct auf einen jenseits liegenden Wald zu, der sich uns mit Windeseile näherte. Herr Silberer gab nun in raschen Worten seiner Gattin einige Instructionen, welche von der jungen Dame genau befolgt wurden, die sich während dieser ganzen, ziemlich spannenden Episode sehr gefasst und couragirt benahm, während ich, bereits über dem Walde angelangt, einen ganzen Sack Ballast auswarf, ohne mir Zeit zu nehmen, ihn zu entleeren. Trotzdem hakte sich schon im nächsten Momente der Anker an einem Baume fest und wir mussten uns Alle im Tauwerk festhalten, um nicht durch den Ruck aus der Gondel geschleudert zu werden. Im selben Moment aber ergriffen wir, Herr Silberer und ich, gleichzeitig Jeder einen Sack Ballast und warfen ihn aus. Die »Vindobona«, so erleichtert, machte noch eine letzte Anstrengung und der Wind, der hier ziemlich frisch blies, unterstützte sie. Ein lautes Krachen ertönte im Gezweige unter uns, und wir wurden über den Wald hinweg, auf einen dahinterliegenden Sturzacker geschleudert, wo uns der Ballon erschöpft und man möchte sagen, keuchend noch eine kurze Strecke weiterschleppte, während schon von einem naheliegenden Gehöfte Leute zu unserem Beistand herbeieilten, die sich an das Ankerseil hingen und uns vollends zum Stillstande brachten.

Unsere erste Frage war nach dem Orte, wo wir uns befänden.

»Bei Hatzenbach.«

Nächste Eisenbahn-Station?

»Stockerau!« — —

Nachdem wir uns eine Weile, beinahe sprachlos vor Erstaunen, gegenseitig angesehen hatten, brachen wir in ein lautes Gelächter aus, Stockerau ist also entschieden das Verhängniss der Wiener Luftfahrten des Jahres 1882. Wir waren mit dem festen Vorsatze aufgestiegen, heute um keinen Preis dort zu landen, waren nach fünf Minuten in den Wolken verschwunden, verblieben darin während voller $^3/_4$ Stunden, um schliesslich buchstäblich in der Nähe von Stockerau »aus den Wolken« zu fallen!

Eine halbstündige Fahrt mit dem Leiterwagen brachte uns, nachdem der Ballon geborgen war, nach der Station, von wo aus wir schon eine Viertelstunde später nach Wien zurückdampfen konnten.

Was aber die Ursachen betrifft, welche unsere so über alle Erwartung rasche Landung veranlassten, so dürften dieselben in erster Linie in den enormen Temperatur-Unterschieden zu suchen sein, welche in den verschiedenen Höhen herrschten. In den

oberen Regionen war es, wie bereits angedeutet, drückend heiss, was die Expan-
sionskraft des Gases bedeutend vermehrte,
gleichzeitig aber auch die Ursache war, dass
unser Ballon viel davon abgab. In den
unteren kälteren Luftschichten aber zog sich
das Gas wieder zusammen, und zwar umsomehr, je tiefer wir sanken; diese Verminderung des Volumens aber hatte auch
die Folge, dass der Ballon seine Form ver-
änderte und anstatt der nahezu kugelförmigen
Gestalt, die ihn in vollaufgeblähtem Zu-
stande charakterisirt, eine mehr birnen-
förmige annahm. In Folge dessen ver-
längerte sich seine Längenachse, und die
Ventilleine, welche durch dieselbe geht und
unten im Tauwerke mit einem Knoten befestigt wird, dürfte, obgleich ihr bei der
Abfahrt ein bedeutender Spielraum gelassen
wurde, doch zu kurz gewesen sein und das
Ventil geöffnet haben. Ich erinnere mich
auch deutlich, während des Fallens, dem
sonderbarerweise die Entlastung des Ballons
nahezu keinen Einhalt that, unwillkürlich
einen Blick in die Höhe geworfen zu haben,
wo ich den unteren Theil des Ballons bereits entleert im Winde flattern sah und
momentan den Eindruck erhielt, es müsse der

Ballon oben einen Riss bekommen haben, durch den das Gas ausströme. Ich erinnere mich aber auch deutlich, bei dieser Gelegenheit die früher lose Ventilleine straff gespannt gesehen zu haben. Es fiel mir dies jedoch damals nicht auf, und erst während der Nachhausefahrt, wo wir den merkwürdigen Fall gründlich durchsprachen, erinnerte ich mich wieder des Umstandes und erklärte mir denselben in der Weise, wie ich sie eben wiedergegeben habe, ohne gleichwohl für die absolute Richtigkeit meiner Annahme bürgen zu wollen.

Wie immer dem auch sei, wir waren, wenn auch tüchtig durcheinander gerüttelt, doch wohlbehalten gelandet, und selbst unsere Reisebegleiterin versicherte, dass ihr mit der etwas abenteuerlichen Landung blos ein Wunsch in Erfüllung gegangen sei, indem eine ganz glatte Wiedervereinigung mit der Mutter Erde, wie sie dieselbe schon mitgemacht habe, doch schon gar zu alltäglich sei. Jedenfalls werden wir Alle, die wir an dieser, an Schönheiten und Aufregungen aller Art so reichen Fahrt theilgenommen haben, die Erinnerung an dieselbe nie verlieren. So etwas ist doch der Mühe werth, dass man es erlebt!

Die Luftfahrt nach dem Friedhofe zu Leitzersdorf.

Von *Victor Silberer.*

Es war schon ein unglücklicher Tag!

Ich bin nicht abergläubisch. Die Probefahrt mit dem Ballon »Vindobona« unternahm ich an einem Freitag, die erste
öffentliche Auffahrt an einem Dreizehnten.
Gleichwohl ereignete sich am letzten Sonntag vor der fünfzehnten Auffahrt der
»Vindobona« Mancherlei, was auch mir trotz
aller Vorurtheilslosigkeit fast als eine Art
übler Vorbedeutung erschien. So stieg
beispielsweise kein einziger der Versuchs-
ballons gehörig auf und keine der vielen
komischen Figuren, deren Flug sonst vor
der Auffahrt des grossen Ballons die kleinen
und grossen Kinder zu vergnügen pflegt,
nahm ihren Weg in die Lüfte. Der Fisch
zog es vor, mit dem Bauche auf der Erde
dahinzukriechen, die Schildkröte krabbelte

in den Zweigen eines Baumes herum, der kleine Elephant, der sonst so lustig aufwärts strebt, lies traurig seinen Rüssel hängen und erhob sich nur wenige Meter über den Boden, die Clowns sanken kraftlos auf den Rasen hin. Die wenigen Figuren, die überhaupt aufstiegen, wurden sofort, als sie eine gewisse Höhe erreichten, von der Gewalt des Sturmes erfasst und seitwärts in die hohen Bäume gejagt. Doch ich will mir nicht selber vorgreifen und die Schilderung ganz vorn vorne beginnen.

Wenn die Auffahrt der »Vindobona« auf 4 Uhr festgesetzt ist, pflege ich um $\frac{1}{2}$10 Uhr vom Hause wegzufahren, um 10 Uhr den Ballon auf dem Aufstiegplatze herzurichten und um $\frac{1}{2}$11 Uhr mit der Füllung zu beginnen. So geschah es auch diesmal, nur dass schon bei der Abfahrt vom Hause Mancherlei vergessen wurde und nicht Alles so klappte, wie sonst. Das Wetter war herrlich, ein schöner sonniger Herbsttag, doch blies schon in den frühen Vormittagsstunden ein ziemlich heftiger Süd-Ost. Das Bulletin der meteorologischen Anstalt prognosticirte: »Voraussichtlich heiter, mässiger Süd-Ost, in gleicher Stärke wie gestern.«

Als ich auf den Platz kam, von dem die »Vindobona« sich in die Lüfte zu erheben pflegt, waren meine Leute schon vollauf damit beschäftigt, alle Vorkehrungen zur Füllung zu treffen. Rasch war ich umgekleidet und begann die Arbeit. Der Ballon wurde ausgebreitet, das Netz über ihn gespannt, mit den Sandsäcken beschwert und um $^{1}/_{2}$11 Uhr begann die Füllung. Schon da war der Wind sehr heftig; er blies nicht gleichmässig. Es gab längere Pausen, während welcher er sich fast ganz beruhigte und man — wenigstens auf unserem geschützten Platze — kaum einen Luftzug verspürte, dann aber kamen plötzlich wieder Stösse von solcher Heftigkeit, dass die hohen Bäume, welche den Aufstiegplatz einfrieden. tief aufächzten, wenn ihre Zweige davon erfasst und weit herab zur Seite geneigt wurden. Rauschend und raschelnd kam da das dürre Laub herab, um in tollen Wirbeln auf der Erde dahin zu jagen.

Mehr als einmal schüttelte ich bedenklich den Kopf bei diesen Sturmstössen, und äusserte auch meine Bedenken bezüglich der Auffahrt zu meiner Umgebung. Doch es ist ganz merkwürdig, welche Entschlossenheit und Zuversicht Diejenigen an den Tag

legen, die selber nicht zu fahren brauchen!
»Ach, es sind ja nur vereinzelte Stösse, im
Ganzen ist es ja ruhig! Sehen Sie, schon
ist es wieder vorüber, momentan geht fast
gar kein Luftzug.« So der Eine.

»Das legt sich ja bis Abends vollständig!
Wir bekommen noch den schönsten Nachmittag.« So ein Zweiter, ähnlich ein Dritter,
ein Vierter u. s. f.

In Wirklichkeit aber wurde der Wind
immer heftiger. Freilich gab es auch Pausen,
die stürmischen Anfälle aber wurden immer
intensiver, so dass ich schon fürchtete, der
Ballon könne mir während der Füllung
durchgehen.

Es war gerade 12 Uhr, als ich den
Befehl gab, die Füllung zu sistiren. Als ich
aber die Ordre ertheilte, sofort an den
Ankündigungstafeln eine Absage zu affichiren,
wurde mir die Mittheilung gemacht, dass
dies unnütz sei, weil die Placatirung nicht
vor 6 Uhr Abends erfolgen, also gar keinen
Zweck mehr haben würde. Der Tag an
sich war aber sehr schön; es war vorauszusehen, dass sehr viel Publicum in den
Prater kommen würde, um den letzten Aufstieg in dieser Saison zu sehen. Sollte ich
alle die Leute zum Besten halten? V

ihnen alle die Vorwürfe mir machen lassen, die in solchem Falle so leichthin und so überreich gemacht werden? Und darunter noch dazu einen, den ich gewiss am wenigsten verdiene, den aber ich bei einer solchen Gelegenheit schon einmal gehört, den der persönlichen Aengstlichkeit, der — F e i g - h e i t ?

»So füllen wir denn zu und hoffen wir, dass es Abends besser wird!«

Die Füllung ging anstandslos von statt en. Von 2 Uhr ab begann der Zuzug der Zu- seher. Um halb 4 Uhr war der Ballon ge- füllt , der Wind — oder richtiger der S t u r m — aber noch so heftig wie vor her und nicht das mindeste Anzeichen, dass er sich auch nur etwas legen werde.

Ein sehr zahlreiches Publicum war an- wesend, das den letzten Füllungs-Arbeiten und den Vorbereitungen zum Aufstiege, wie immer, mit grösstem Interesse folgte.

Frau Fürstin Metternich befand sich mit ihrem Gemahle und einer grösseren aristokratischen Gesellschaft in dem abge- schlossenen inneren Raume und folgte allen Vorkehrungen mit grösster Theilnahme.

»Warum steigen,« so fragte mich die Fürstin, »die Figuren alle nicht?«

»Ich weiss es nicht, Durchlaucht,« entgegnete ich, »es scheint dies ein böses Omen für die Fahrt des grossen Ballons bei diesem Sturme zu sein!«

»Dann verschieben Sie die Fahrt für morgen; wir kommen morgen wieder.«

»Ja, Durchlaucht, aber die Tausende draussen und die ganze Mannschaft der Wiener Garnison vom Feldwebel abwärts, die ich für heute eingeladen habe? Die armen Leute waren schon am letzten Sonntage da und wurden sammt der Fahrt total verregnet.«

Auch meine beiden Assistenten für die Fahrt waren schon auf dem Platze anwesend: Herr Carl Schittenhelm und Herr Franz Mayer.

»Wir werden heute eine verteufelt stürmische Fahrt haben und bei der Landung wird es nichts zu lachen geben!« sagte ich Beiden. Die Herren nahmen das so hin, wie die nächstbeste nichtssagende Bemerkung.

Ich war eben unter dem Ballon mit der Befestigung des Korbes an dem Reifen beschäftigt, als Herr Mayer zu mir hintrat:

»Darf ich Sie einen Moment stören?«

»Ich stehe gleich zu Diensten.«

Ich beendete noch meine Arbeit und begab mich dann zu Herrn Mayer, der mit einem Freunde, Herrn Max Leitner, etwas abseits stand.

»Ist es Ihnen nicht gleichgiltig,« frug mich Herr Mayer, »wenn statt mir heute Herr Leitner fährt? Ich habe nämlich soeben unter den Zusehern auf der anderen Seite des Platzes meinen Vater bemerkt, den ein Zufall hierher geführt hat. Er weiss nichts von meiner beabsichtigten Fahrt und könnte darüber derart erschrecken, dass ich es vorziehe, ihm das zu ersparen, und Sie bitte, statt meiner Herrn Leitner zu acceptiren.«

Ich willigte natürlich sofort ein, da ich seit Jahren mit beiden der Herren persönlich bekannt bin.

Kurz vor halb 5 Uhr beendete ich die letzten Vorbereitungen zur Auffahrt. Ich war förmlich verstimmt. Die Musikcapelle, die von mir den stricten Auftrag hatte, immer nur lustige Weisen, Tänze, Märsche etc. zu executiren, hatte diesmal, ich weiss gar nicht weshalb, eine Menge melancholischen Zeugs gespielt, das mein unerklärliches, dunkles Vorgefühl noch bestärkte, so dass ich, der sonst leichteren Herzens und fro-

heren Muthes in den Ballonkorb steigt, als
ein Anderer in den Omnibus, diesmal mein
liebgewonnenes Weidengeflecht zwar mit
alter gewohnter Entschlossenheit, aber auch
mit der festen Ueberzeugung bestieg, heute
werde es nicht glatt abgehen.

Bald war Alles zur Abfahrt gerüstet;
der Ballon war sammt dem Korbe an die
südöstlichste Ecke des Platzes gebracht
worden, damit wir nur sicher über die hohen
Bäume der gegenüberliegenden Seite hinweg-
kämen, wenn uns der Sturm auch noch so
heftig sofort bei der Abfahrt erfassen
sollte. Ich stand schon in der Gondel und
lud nunmehr die beiden Herren Assistenten
ein, dieselbe gleichfalls zu besteigen. Rasch
nahmen die beiden Herren ihre Plätze ein,
die ich ihnen anwies; ich wog den Ballon
aus, so dass ich gewiss war, derselbe werde
mit ziemlich bedeutender Steigkraft sich
vom Flecke erheben und trotz des Sturmes
sicher über die umstehenden hohen Bäume
hinwegkommen. Alles war gespannt auf
das Commando zur Abfahrt, der Ballon
jedoch schaukelte so heftig und zerrte so
wild an seinen Banden, er neigte sich bei
seinen Schwingungen so weit zur Seite,
dass eine glatte Abfahrt unter solchen Um-

ständen nichts Leichtes war und meine vollste Aufmerksamkeit, sowie die grösste Accuratesse meiner Leute erforderte. Ich musste warten, bis der Ballon in einer seiner Schwingungen sich wieder der senkrechten Stellung näherte; gerade als dies der Fall war, rief ich mein: »Los!«

Rasch und ziemlich gerade erhob sich die »Vindobona« und erst als wir im Korbe uns schon über den höchsten Baumwipfeln befanden, fasste uns der Sturm mit voller Kraft, um uns sofort in rasender Eile seitwärts zu treiben. Als ich auf dem Rande der Gondel stehend, einen Sack mit Papierschnitzeln entleerte und, um das uns zujubelnde Publicum zu begrüssen, den entleerten Sack in der Luft schwang, warf ich mir damit meine Mütze vom Kopfe, die auf ein Magazin der Nordbahn hinabflog. Ich aber sagte mir auf's Neue: »Heute gibt es eine böse Landung!«

Schon vorher hatte ich meinen beiden Begleitern erklärt, dass sie heute eventuell nur auf eine sehr kurze Fahrt rechnen dürften, da ich bei diesem Sturme den ersten besten Platz zur Landung auswählen würde, der mir dazu die nöthige Deckung zu bieten scheint. Ich wiederholte dies den Herren auch oben und liess sofort den Anker hinab, um jeder Zeit bereit zu sein, während wir noch im Aufstieg begriffen waren und ich die Herren bei meiner Arbeit auf alle die unendlichen Schönheiten des Panoramas aufmerksam machte.

Es kam aber diesmal nicht jene behagliche, frohe, freudige Stimmung zum Durchbruch, in der sich sonst meine Begleiter mit mir da oben zu befinden pflegen; es scheint, dass der Gedanke an die Landung den anderen Beiden innerlich schon ebensoviel Sorge machte, als mir, was überhaupt kein rechtes Vergnügen an der Fahrt mehr aufkommen liess.

Als ich mit dem Hinablassen des Ankers fertig war, befanden wir uns schon in Floridsdorf. Bis hieher hatte ich gehofft, der Wind werde uns dem Bisamberge oder dem rechts daneben liegenden Veitsberge zutreiben. In diesem Falle hätte ich den betreffenden Berg gerade noch knapp passirt, um sofort hinter demselben einen möglichst raschen Niedergang zu bewerkstelligen, da sich hinter diesen Bergen einige tiefere Mulden und grössere Terrain-Löcher befinden, in denen man vom Winde so ziemlich geborgen ist und wo ich schon mehr-

'fach bei windigem Wetter Schutz fand, um eine ruhige Landung zu bewerkstelligen. Leider hatte der Wind hiezu nicht die gehörige Richtung; vielmehr jagte er uns in rasendstem Tempo ober jener Donauthalenge hin, welche zwischen dem Leopoldsberge und dem Bisamberge jeden Luftzug, sei es Wind oder Sturm, verdreifacht, indem die beiden obgenannten Berge den Wind für sich zwar absperren, denselben in dem zwischen ihnen gelegenen Donauthale aber potenziren.

•Rasch waren die Enzersdorfer Auen und Lang-Enzersdorf selbst passirt; ebenso schnell flog Korneuburg an uns vorüber, aus dem viele Zurufe zu uns heraufschollen. Das Barometer zeigt hier nur mehr 500 Meter Höhe. Der Ballon trieb nun gerade auf den kleinen Berg zu, auf dem sich die Ruine Kreuzenstein befindet.

Da das Terrain hinter diesem sich ganz gut zu einer Landung eignet, und auch der Berg selbst mir die nöthige Deckung vor dem Sturme zu bieten schien, so bereitete ich hier den Abstieg vor. Ich wies jedem der beiden Herren genau seinen Platz im Korbe an und zeigte ihnen, wie sie sich halten und welche Position sie bei dem

Anprall auf die Erde und dem nachher
zweifellos folgenden Schleifen einnehmen
sollten.

Als wir nur mehr etwa 300 Meter von
der Ruine Kreuzenstein entfernt waren, zog
ich die Ventilleine. Ich liess so viel Gas
aus, um nur gerade noch über den Berg
hinwegzukommen. Der Ballon sank auch
sofort rapid; in kaum 100 Meter Höhe
passirten wir den Kreuzenstein, während
ich schon neuerdings das Ventil öffnete, um
nun nur so rasch und so knapp hinter dem
Berge als möglich, herabzukommen. Als
wir aber hinter dem Berge bis unter dessen
Höhe herabgesunken waren, erfasste uns
sofort eine seitliche Luftströmung, welche
uns in kürzerer Zeit, als es bedurfte, um
zur Erde zu gelangen, seitwärts hinter dem
Berge hervor wieder in jene verhängniss-
volle Sturmlinie des Donauthales brachte,
vor der ich hinter dem Berge Kreuzenstein Schutz zu finden vermeint hatte.
Nunmehr schlug endlich der Anker, dann
bald darauf auch die Gondel auf dem
Boden auf. Der Anprall war nach unten
zu kein besonders heftiger, um so vehementer
war aber der Ruck, mit welchem der in
colossaler Seitwärtsbewegung befindliche

Ballon den Korb zuerst umriss, um ihn sodann im Nu wieder vier Stock hoch mit
empor zu nehmen. Noch knapp bevor die
Gondel den Boden berührte, hatte ich, mit
Linken an einem Tau des Korbes hängend,
mit der Rechten die Ventilleine stramm angezogen, um nunmehr durch unaufhörliches
Entweichenlassen des Gases die Steigkraft
des Ballons so rasch als möglich zu mindern
und endlich ganz ersterben zu machen.

Dem ersten Anprall folgte ein Zweiter.
Rasch kam die Gondel aus ihrer Höhe herab,
diesmal heftiger auf den Boden aufschlagend;
wieder wurde sie im Nu auf die, dem schräg
dahin sausenden Ballon zugekehrte Seite geworfen und ebenso wieder unverzüglich in die
Höhe gerissen. Trotzdem ich mit aller Kraft
die Ventilleine angezogen und sonach das
Ventil fortwährend geöffnet erhielt, machten
wir noch fünf bis sechs solcher Sprünge, bis
endlich der Ballon den Korb nicht mehr vom
Boden zu heben vermochte, wofür er aber
mit demselben nun in wahrer Eilzugs-
geschwindigkeit dahinjagte, indem er ihn in
umgestürzter Lage hinter sich nachschleifte.
Ich muss hier die Bemerkung einfügen, dass
uns bei unserem Niedergange eine Menge
von Bauern zu Hilfe eilen wollten, die aber

keine Hand anzulegen vermochten, weil sowohl Gondel wie Anker in solchen colossalen Sätzen daher gesprungen kamen, dass es nicht nur ein vergebliches, sondern ein geradezu tolles Beginnen gewesen wäre, auch nur den Versuch zu wagen, uns aufhalten zu wollen. Für die Bändigung der furchtbaren elementaren Kraft, die uns vorwärts trieb, hätten auch hier nicht fünfzig Arme hingereicht.

Meine beiden Begleiter hatten sich während der ersten Stösse und Sprünge der Gondel gut gehalten. Sie hatten meine Instructionen befolgt, klammerten sich, so gut sie es vermochten, an die ihnen hiezu bestimmten Taue und kauerten sich, sowie das Schleifen der Gondel in umgestürzter Lage begann, nach meiner Weisung im Korbe zusammen, wo sie vollkommen geschützt waren und sich nur verhältnissmässig wenig zu halten brauchten. Ich selbst stand zu dieser Zeit noch aufrecht, respective hing mit dem Oberleibe noch ausserhalb der Gondel im Tauwerke. Leider war mir bei den tollen Sprüngen der Gondel Herr Leitner auf mein linkes Bein gefallen, auf dem er nunmehr vollständig sass. Da aber bei jeder grösseren Unebenheit des Bodens der Korb einen mächtigen Stoss erhielt, der seinen Inhalt furchtbar durcheinander schuttelte, so fiel bei jedem solchen Stosse Herr Leitner auf's Neue mit voller Wucht auf meinen Fuss, dessen Knöchel im Sprunggelenke mich schon sehr zu schmerzen begannen. Ich musste fürchten, dass mir auf diese Weise bei einem der nächsten Stösse der Fuss unfehlbar gebrochen werden würde; ich hatte daher darauf bedacht zu sein, in meinem, sowie im Interesse der Anderen mich unverzüglich aus dieser fatalen Lage zu befreien. Meine Versuche, den Fuss durch sich selbst zu befreien, blieben erfolglos. Ich bedurfte dazu unbedingt einer meiner Hände. Welche aber sollte ich hiezu verwenden? Mit der Linken hielt ich mich im Tauwerk, an ihr hing mein ganzer Körper, mit ihr parirte und balancirte ich die ganzen Bewegungen des Ballons und des Korbes aus; hier los zu lassen war also ganz undenkbar. In der Rechten hielt ich noch immer mit aller Kraft die Ventilleine, um unausgesetzt das Gas entweichen zu lassen. Diese Leine konnte und musste ich unter solchen Umständen trotz ihrer ausserordentlichen Wichtigkeit auf einige Secunden einem meiner Begleiter anvertrauen. da sie sonst im Falle mir der Fuss gebrochen worden wäre, auch in meiner Hand wohl keinen Werth mehr gehabt hätte. Ich übergab daher diese Leine

dem anscheinend Stärkeren meiner beiden
Assistenten, Herrn Schittenhelm, mit dem
ausdrücklichen Bemerken, dass es die Ventilleine sei, und mit dem Ersuchen, sie einen
Augenblick zu halten und sorgsam darauf
Acht zu haben. So schnell es ging, befreite
ich nun mit meiner Rechten, nicht ohne
äusserste Anstrengung, mein eingeklemmtes
Bein aus seiner Zwangslage und stellte mich
in eine Position, welche mir ein thunlichst
langes Ausharren gestatten sollte. Jetzt wollte
ich die Ventilleine wieder übernehmen, um mich
auf's Neue mit aller Kraft daranzuhängen. Zu
meinem Entsetzen war sie aber fort! Herrn
Schittenhelm hatten die Kräfte verlassen und
er hatte die Leine hinausflattern lassen. —

Damit war mir die Möglichkeit benommen, den Ballon zum Stillstand zu
bringen und während bei fortgesetztem
Ausströmen des Gases unsere tolle Schlitten-
fahrt querfeldein trotz des vehementen
Sturmes in vier bis fünf Minuten durch die
bis dahin vollständige Entleerung des Ballons
ein Ende genommen hätte, waren wir nunmehr gänzlich dem Zufalle preisgegeben
und das Ende unserer Fahrt gar nicht anzusehen.

Was ich da erzähle, vollzog sich schneller, als man es hier nachzulesen vermag. Man kann sich vorstellen, welch' peinlicher Augenblick es für mich war, als ich die Ventilleine einige Meter vor uns herflattern und jede Möglichkeit ausgeschlossen sah, dieselbe wieder zu holen. Da aber meine beiden Gefährten in ihrer Kraft schon erschöpft waren und sich keineswegs mehr in gehobener Stimmung befanden, so hielt ich es für meine erste Pflicht, den Eindruck nicht merken zu lassen, den das Entkommen der Leine auf mich hervorgebracht. Vielmehr suchte ich durch aufmunternde, encouragirende Worte meine beiden Begleiter zu trösten. Dabei jagte aber der Ballon mit uns unausgesetzt in furchtbarer Eile über Stock und Stein dahin, dass die Gondel nur Alles niederriss und dem Erdboden gleich machte, was ihr im Weg kam. Es war eine höllische Fahrt!

Die Reise ging bergan ; nunmehr kamen wir durch Weingärten. Rasselnd und knatternd — nur dem Kleingewehrfeuer einer Schlacht vergleichbar — knickte der dahinsausende Korb die Weinstöcke, die auch zu Hunderten nacheinander an meinem rechten Arm und meiner Schulter ab-

prallten. Als die Weingärten endlich passirt
waren, kamen wir wieder auf Felder, auf
denen wir noch schneller dahintrieben, da
dieselben dem Korbe weniger Widerstand
boten und wir uns nunmehr auf einem Hoch-
plateau befanden, über welches der Sturm
ganz furchtbar hinfegte.

»Das ist ja schrecklich,« klagte Schittenhelm, »wenn wir nur herauskönnten! Wir
sollten herausspringen.«

»Nein,« entgegnete ihm Leitner, der,
obgleich schon ganz entkräftet, sich immerhin resolut verhielt, »das darf nicht sein,
wir müssen beisammen bleiben.«

Inzwischen hatte ich mich gleichfalls in
das Innere des Korbes gesetzt und so
kutschirten wir den alle Drei in dem engen
Raume nebeneinander kauernd und unausgesetzt derb durcheinander geschüttelt
dahin. Beide meiner Begleiter waren total
erschöpft. Leitner aber hielt sich trotzdem
im Fonde der Gondel, während Schittenhelm fortwährend gegen die Oeffnung hin-
rutschte. Auf meine Aufforderung, sich
ebenfalls rückwärts im Korbe zu halten,
wo er ja ganz sicher und vor Allem geschützt sei, was da kommen könne, erklärte
er, dass er sich nicht zu halten vermöge

und unabsichtlich vorrutsche. Ich hatte daher fortan mein volles Augenmerk auf ihn zu richten und ihn unausgesetzt hereinzuzerren, da seine Beine fortwährend nach auswärts strebten.

Wäre es möglich gewesen, das durchzusetzen, so hätte ich Beide ausspringen lassen. Der Ballon hätte sich da mit mir wieder in die Luft erhoben, ich hätte um meine Leine hinaufklettern können und wäre mir um mein Schicksal dann gewiss nicht bange gewesen. Da aber das Ausspringen eines Einzelnen sichtlich nicht mehr hingereicht hätte, den Ballon wieder steigen zu machen, Leitner aber nicht mehr in der Verfassung war, die Kräfte aufzubringen, die zu einem Sprunge aus dem Korbe nothwendig gewesen wären, so wäre durch das Ausspringen des Einen die Situation der beiden Anderen hiedurch nur wesentlich verschlechtert worden, was ich sonach mit Rücksicht auf Leitner nicht zugeben durfte.

Die tolle Fahrt ging unausgesetzt fort. Wir begegneten auf unserer Reise mancherlei Hindernisse, von denen man hätte meinen sollen, dass sie den Ballon endlich zum Stillstande zu bringen vermöchten. Es war aber Alles umsonst; der Sturm war

zu heftig, seine Gewalt zu colossal. Ziemlich
tiefe Gräben, grosse Gesträuche boten nicht
den mindesten Aufenthalt. Der Korb sprang
über sie hinüber, wie von Federn geschnellt.
Ein riesiger Düngerhaufen, auf den jetzt der
Korb gerade zujagte, und von dem ich
dachte, dass sich vielleicht der Korb in ihm
festrennen und dadurch der Ballon zum
Stillstand kommen werde, flog bei unserem
Anpralle wie Spreu auseinander und fort
ging's auf's Neue. Meine Hoffnung basirte
nunmehr darauf, dass sich der Ballon im
Vorbeisausen an einem Baume aufreissen
und dadurch sein Gas verlieren werde oder
dass wir weiterhin in eine Mulde geschleift
würden, wo uns der Sturm nichts mehr an-
haben könne. Als daher vor uns plötzlich
ein grosser Baum auftauchte, auf den wir
gerade zutrieben, was meine Begleiter mit
ernsten Besorgnissen erfüllte, weil sie fürchteten, wir würden an dem Stamm zerschmettert werden, erwartete ich gerade
von diesem Baume, dass er uns aus unserer
kritischen Situation befreuen werde. Binnen
wenigen Secunden war der Baum vom
Ballon erreicht; das Netz fing sich in seinen
Zweigen, nach einem heftigen Ruck hielten
wir einen Moment lang stille. In diesem

Augenblicke war Schittenhelm wie verschwunden. In der nächsten Secunde aber
riss der Ballon den Korb, der nun plötzlich
um 160 Pfunde erleichtert worden war,
heftig empor, das Netz des Ballons wickelte
sich aus den Zweigen des Baumes los und
durch den überaus heftigen Ruck riss nunmehr auch das Ankertau, nachdem sich der
Anker fest in den Baum eingehackt hatte,
der dadurch thatsächlich entwurzelt wurde.
Fort jagte nun der Ballon neuerdings und
mit verdoppelter Heftigkeit uns zwei Zurück-
gebliebenen weiter hinschleifend. Leitner
sass nun links, ich rechts im Korbe. Da mit
einem Male taucht vor uns in dar Entfernung von einigen hundert Metern etwas
Graues auf — wir trauen unseren Augen
kaum, es war leider keine Täuschung,

»Um Gottes Willen,« ruft Leitner mit
matter Stimme, »da kommt jetzt eine Mauer!«

»Jawohl,« entgegnete ich, »das ist eine
Mauer, vielleicht aber kommen wir noch
knapp daran vorbei, denn der Ballon zieht
uns mehr nach links hin.«

Einige bange Secunden vergehen. Secunden von jener Gattung, die Einem zu
Ewigkeiten werden . . .

»Wir kommen nicht vorbei,« haucht Leitner.

»Dann machen Sie es, wie ich.« rief ich ihm zu, »und fangen Sie die Mauer mit den Füssen auf, wie wenn Sie auf ihre Fläche gesprungen kämen. Halten Sie ihre Füsse in gleicher Höhe mit dem Gondelrande, in den Knien leicht gebogen und fangen Sie den Stoss auf, so gut es geht.«

Nur noch zwei Secunden trennten uns von dem kritischen Augenblicke.

Ich gehöre nicht zu den Leuten, die bei irgend einem Ereignisse leicht die Fassung verlieren; ich verlor sie auch hier nicht. Gleichwohl gestehe ich offen, dass mir nunmehr eine Katastrophe schier unvermeidlich schien.

Der Anprall erfolgte endlich. Wie vorherzusehen, war derselbe ein entsetzlicher! Die obere Hälfte des Korbes sah über die Mauer hinweg, die untere Hälfte, in welcher wir uns befanden, traf die Mauer, so zwar, dass die Kante der Mauer die offene Seite des Korbes, mit welcher er anprallte, gerade in zwei Hälften theilte. Ich sprang, wie ich es auch Leitner gerathen hatte, der Mauer mit den Füssen entgegen, so dass ich sie auch in demselben Momente unter meinen Sohlen verspürte, wie die Gondel anflog. Es gab einen furchtbaren Stoss und dann einen Moment des Stillstandes. Doch nur einen Moment! Dann gab die Mauer nach, krachend wichen die Steine unter dem Drucke des Korbes und unter meinen Füssen und was nun beginnt, spottet jeder Beschreibung. Von Grabstein zu Grabstein polterte die Gondel weiter mit rasendster Vehemenz, Alles vor sich umwerfend und niederreissend.

Schon wusste ich vor lauter Stössen und Püffen nicht mehr recht, was geschah, als mit einem Male der Korb einige Meter hoch emporgerissen wurde, worauf er mit einem collossalen Ruck mit mir wie ein Stein zur Erde fiel und — liegen blieb. Bis auf's Aergste zusammengeschüttelt und gestossen, war ich einen Moment wie betäubt. Doch nur einen Augenblick lang, dann kehrte meine volle Energie wieder zurück. Ich suchte Leitner neben mir — er war verschwunden. Beim Anprall an die Mauer hatte es ihn aus dem Korbe und vier Klafter weit auf einen Grabhügel geschleudert. Als ich mich allein sah, wartete ich nur noch eine Secunde, denn ich fürchtete, wieder mit dem Korbe emporgerissen zu werden. Als aber Alles ruhig blieb, sprang ich mit einem verzweifelten Satz aus dem

Korbe und mit einigen weiteren Sprüngen aus dem Netze — ich hatte nun endlich festen Boden unter mir, ich war geborgen! Doch wie steht es mit den Anderen, insbesondere mit Leitner?

Was ich rings um mich erblickte, war ein Bild grauenhaftester Verwüstung: Der Theil des Friedhofes, den wir passirt hatten, sah ärger aus, als ob den ganzen Tag eine Schlacht hier gewüthet hätte. Es war buchstäblich kein Stein auf dem andern geblieben. Einundzwanzig Monumente, darunter grosse Steindenkmale und viele grosse eiserne Kreuze lagen in Trümmern umher; hinter mir lag der Ballon entleert und zerfetzt auf den Grabsteinen; inmitten dieser traurigen Scenerie aber lag bleich und regungslos ausgestreckt Leitner, das Gesicht mit Blut bedeckt! . . . .

Es kamen unverzüglich Bauern herbei, auch Aerzte waren sofort zur Stelle; ich ordnete die Uebertragung Leitner's in ein nahegelegenes Bauernhaus an und setzte mich selbst auf einen Grabhügel, denn nun, da die Aufregung vorüber war, begann es mir selbst im Kopfe etwas wirblich zu werden. Nachdem ich mich zehn Minuten lange erholt, begab ich mich gleichfalls in das Bauernhaus, wo Leitner lag und wo sich inzwischen auch

Herr Schittenhelm eingefunden hatte. Alles Fernere darf ich hier wohl übergehen, da es die Leser schon lange aus den Berichten wissen. Weder Herr Schittenhelm, noch ich selbst hatten eine grössere Verletzung aufzuweisen und auch Herr Leitner hätte keine solche erlitten, wenn er es vermocht hätte, sich gleich mir im Korbe zu erhalten.

Die im Vorstehenden geschilderte Fahrt war die weitaus schlechteste, die ich mitgemacht, sie hätte aber trotz des Sturmes nicht so übel zu enden gebraucht, wenn nicht eine Reihe unglücklicher Zufälle eingetreten wäre, welche aus meiner wahrheitsgetreuen Erzählung wohl zu entnehmen sind.

* * *

Während ich im Momente der ersten Aufregung keine Verletzung verspürte, empfand ich schon nach wenigen Minuten heftigen Kopfschmerz und ein derartiges Unwohlsein, dass ich mich sehr erschöpft auf einen Grabhügel hinwarf, wo ich etwa zehn Minuten wie betäubt liegen blieb, bis mir die Bauern aufhalfen und mich in's Gasthaus von Leitzersdorf führten. Dorthin brachte man auch Herrn Leitner, der wohl bald wieder zum Bewusstsein kam, dessen Zustand aber zu ernsten Besorgnissen Anlass gab. Nach einer Stunde sorgsamster Pflege

seitens der Ortsbewohner entschlossen wir uns,
Herr Schittenhelm, welcher mittlerweile auch
im Gasthause sich eingefunden hatte, und ich,
nach Stockerau zu fahren, woselbst ich
schleunigst veranlasste, dass sofort ein Arzt
nach Leitzersdorf abgehe, um dem dort zurück-
gebliebenen Schwerverwundeten zur Seite zu
stehen.

In Wien angelangt, begaben wir uns
alsbald zu Bette. Ich hatte, wie die ärztliche
Untersuchung ergab, zahlreiche Contusionen,
Zerrungen der Musculatur und der Gelenke,
sowie Quetschwunden im Gesichte erlitten und
musste durch drei Tage das Bett hüten.

Schittenhelm ist fast ganz unverletzt davongekommen.

Am Schlimmsten erging es Leitner, obgleich er ebenfalls keine gefährlichen Ver-
letzungen davontrug. Er erlitt eine Quetschung
der linken Gesichtsschläfe mit Blutaustritt unter
den beiden Lidern des linken Auges und unter
der Bindehaut desselben, einige Quetschungen
und Hautabschürfungen an den beiden Unter-
schenkeln und an den Füssen und einen
Sprung des Wadenbeines und bedurfte sechs
Wochen zu seiner vollständigen Heilung.

Der erste Wiener Luftschiffer.

Der erste Wiener Luftschiffer war Johann Georg S t u w e r, der Urahn der bekannten Wiener Feuerwerker-Dynastie, respective dessen Sohn Caspar Stuwer. Es war im Jahre 1784, als S t u w e r in Wien die ersten aërostatischen Versuche unternahm, welche sich anfänglich blos auf das Steigenlassen kleiner Ballons ohne Belastung beschränkten, noch in demselben Jahr aber zur Anfertigung einer monströsen phantasiereich gestalteten Montgolfiere führten, welche ein grosses, schweres Schiff zu tragen vermochte, auf dem sich vier Personen, der Sohn Georg S t u w e r's und drei seiner Arbeiter befanden. Dieser erste Ballon war ein „Ballon captiv", indem derselbe mit Tauen festgehalten und nur bis zu einer gewissen Höhe emporgelassen wurde. Bei dem dritten Versuche, der mit dieser aërostatischen Maschine unternommen wurde — es war dies

am Donnerstag, den 25. August 1784 —
riss, nachdem sich der Ballon mit Caspar
S t u w e r und seinen drei Begleitern bis
zu einer gewissen Höhe erhoben hatte, in
Folge heftigen Windes das Seil, welches
den Ballon hielt und derselbe erhob sich
frei in die Lüfte! Es war dies somit, wenn
auch u n f r e i w i l l i g unternommen, die
erste freie Luftfahrt in Wien. Der Ballon
trug seine Insassen, die sofort das Feuer
verlöscht hatten, welches die Luft des Ballons
verdünnte, noch knapp über die Donau, auf
deren jenseitigem Ufer sie wohlbehalten
landeten.

In der „Wiener Zeitung" vom Jahre 1784
finden sich über die in diesem Jahre in
Wien stattgefundenen aërostatischen Unter-
nehmungen S t u w e r's die nachfolgenden
Mittheilungen:

»Wiener Zeitung« vom 20. März 1784.

EINLADUNG
zur
Vorstellung eines Luftschiffes im Prater.

Gross ist das Aufsehen, welches die Erfindung der
ärostatischen Maschinen bereits in ganz Europa gemacht
hat, und unverkennbar der Nutzen, der sich hievon anhoffen
lässt, wenn selbe einst auf den erforderlichen Grad ihrer Voll-
kommenheit gelangt seyn wird. — Frankreich hat zwar
in diesem Fache schon solche Versuche geliefert, die, in

Erwegung des Umstandes, dass die Erfindung kaum 18 Monate zählt, in der That bewunderungswürdig sind, und dem Unternehmungsgeiste der Nation Ehre machen. — Dessen ungeachtet wird doch von niemanden in Abrede gestellt werden, dass die bisherigen Erfahrungen noch keinerdings zureichend seyen, und dass es allerdings zu wünschen wäre, wenn mehrere derley Versuche angestellt wurden, um die Wirkungen derselben genauer beobachten, die ferneren Proben darnach einrichten, und sodann auch auf ebenfalls mögliche Verbesserungen fürdenken zu können. — Mit den Rath einiger meiner werthesten Freunden unterstützt, will ich es daher wagen ein hochverehrungs- würdiges Publicum bey herannahendem Frühjahr zur Vor- stellung

eines Luftschiffes

einzuladen, dass viel grösser ist, als jenes, welches Herr Montgolfier unterm 21. November vorigen Jahres zu Paris gezeiget hat: eine Maschine, die 4, und auch 6 Personen mit sich zu führen im Stande ist, und mit welcher ich noch überdies solche Versuche anstellen mich erkühnen werde, die bisher noch nicht gesehen worden, und deren eigentliche Beschreibung ich mich auf das gewöhnliche Ankündigungsblatt vorbehalte. — Ich erkenne zwar nur allzuwohl, dass mein Unternehmen äusserst gewagt sey, gewagt, in Rücksicht meiner geringen Kenntnisse, und zweyfach gewagt, in Erwegung der grossen Unkosten, die ich zur Verfertigung dieser Maschine auf eigene Gefahr übernehme. — Allein, wer Wiens erhabnes Publikum kennt, und von dessen Nachsicht, und Grossmuth schon so viele, und so überzeugende Beweise erhalten hat, wie ich, dem ist nichts gewagt.

Wien, den 17. März 1784.

Joh. Georg Stuwer,
k. k. priv. Kunst- und Lustfeuerwerker.

»Wiener Zeitung« vom 28. April 1784.

„Luftmaschine und Feuerwerk.

Bereits unterm 20. März hatte ich die Ehre einem hochansehnlichen Publikum anzuzeigen, dass ich mich entschlossen habe, e ine Luftmaschine nach Montgolfierscher Anleitung zu verfertigen, die auf eine ganz neue Art gebaut ist, und deren besondern Wirkungen ich mit eben so vieler Ungeduld, als Zuversicht entgegen sehe. Das von Holz zusammengesetzte Schiff, welches zu dieser Maschine gehört und die dazu bestimmte Luftfahrer mit sich führen wird, ist bereits fertig, — es messt 39 Schuhe in der Länge, 13 Schuh in der Breite, und 11 Schuh in der Höhe, und wiegt ohne der künstlichen Wolke, welche sowohl das Schiff, als sich selbst in der Luft erhalten muss, über 1300 Pfund.

Nun bin ich so eben beschäftigt, die nach Verhältniss der anhängenden Last berechnete, und bey 110,000 Cubicschuhe enthaltende Wolke anfertigen zu lassen, welche ich auch binnen kurzer Zeit zu Stand zu bringen hoffe. Da ich dieses so sehr gewagte Unternehmen hauptsächlich aus dem Beweggrunde angefangen, einem hochansehnlichen Publikum zu beweisen, wie erwünscht mir jede Gelegenheit seye, wodurch ich demselben für die meiner Feuerwerkskunst durch mehrere Jahre gegönnte gnädigste Unterstützung meine Dankbegierde erproben könne, so werde ich die in Ehrfurcht versprochene Vorstellung meines Luftschiffes nur erst bei Gelegenheit meines diesjährigen ersten Feuerwerkes geben, und zwar so, dass für den Eintritt zum Feuerwerk das gewöhnliche Leggeld von 20 kr. entrichtet wird. In der zuversichtlichen Hoffnung, dass ein hochansehnliches Publikum mein ehrerbietigstes Anerbieten gnädigst aufnehmen werde, sehe

152

ich mit Sehnsucht dem freudigen Tage entgegen, an dem
ich im Stande seyn werde, dieses herrliche Spektackel
vorstellen zu können.

Joh. Georg Stuwer,
k. k. priv. Kunst- und Lustfeuerwerker im Prater."

»Wiener Zeitung« vom 12. Junius 1784.

„Oeffentliche Ergözungen.

Am 9. d. M. gab der k. k. privileg. Kunstfeuer-
werker, Herr Stuwer, sein erstes diesjährige Feuerwerk
im Prater. Es war bestimmt, das Schauspiel eines von
Hrn. Stuwer verfertigten Luftballons zu begleiten; da
aber dieses wegen einiger annoch an dieser Maschine
vorzunehmenden Verbesserungen länger verschoben werden
musste, so hat Herr Stuwer das Publikum nicht des
Feuerwerkes selbst noch länger berauben wollen, das mit
viel Geschmack angelegt, den besten Erfolg hatte, und
allgemeinen Beyfall fand."

»Wiener Zeitung« vom 3. Julius 1784.

Luftschif und Feuerwerk.

Dienstags den 5. Julius, wenn es die Witterung
zulässt, werde ich die Ehre haben, bey Gelegenheit
meines zweyten diesjährigen Feuerwerks, auch das schon
lang versprochene

grosse Luftschif

zu zeigen, zu dessen Vorstellung mir von allerhöchsten
Orten eine besondere allergnädigste Erlaubniss ertheilet
worden ist, nachdem ich vorläufig die Ehre hatte, die
eigens hiezu ernannten Komissarien einer löbl. k. k.
Polizeyoberdirection mit einem Probversuch zu über-
zeugen, dass meine ärostatische Maschine vollkommen
geeignet sey, ihrer Bestimmung Genüge zu leisten, und
die Erwartung eines verehrungswürdigen Publicums zu

befriedigen. Ich halte mich jedoch um so mehr verbunden, hievon eine kurze Beschreibung hier mitzutheilen, als mir von Seite eines hochverehrungswürdigsten Publikums schon durch vielfältige Stimmen zu erkennen gegeben worden ist, wie sehnlich es wünsche, von dieser sonderbaren Maschine und ihren Wirkungen eine vorläufige Idee zu erhalten, um sodann bey dem Versuche selbst ihre Beobachtungen mit so grösserer Genauigkeit anstellen zu können. — Was also

die Gestalt und Grösse

meines Luftschiffes betrift, so ist selbe von allen jenen, welche bisher in Frankreich, Italien und Deutschland gegeben worden, wesentlich unterschieden. Sie stellt nämlich einen liegenden Zilinder vor, der an den zwey Endflächen mit stumpfwinklichten Kegeltheilen geschlossen ist, und bey vollständiger Ausdehnung über 134,000 Wiener Cubicschuhe Luft enthält. Dieser Zilinder, welcher die Tragwolke formiret, ist ungefähr aus 2500 Ellen Kanevas-Leinwand und Zwilch zusammengesetzt, wiegt beyläufig 800 Wienerpfund, und erreicht in seiner vollen Grösse die Höhe eines Hauses von vier Stockwerken. — Statt des beweglichen Korbes, welchen bisher alle Unternehmer ärostatischer Versuchen ihren Tragwolken mit Stricken angehängt haben, liess ich meinen Zilinder

ein grosses hölzenes Schif

nagelfest anheften, welches in der Mitte ein geraumes Zimmer hat, 89 Schuh in der Länge, 13 Schuh in der Breite, und 8 Schuh in der Höhe misst, und mit aller Zugehör das Gewicht von 1200 Pfunden übersteiget, dergestalt, dass

die ganze Schwere der Maschine

jedoch ohne allen Menschen und Feuervorrath über 2000 Wienerpfund beträgt.

Die Beheitzung der Maschine

geschieht ebenfalls auf eine ganz neue Art. Ich hatte anfangs die Feuerpfanne nach der Parisermethode in der Mitte angebracht; allein

die Erfahrung zeigte, dass sich das Schif nicht heben wollte, und dass noch wenigstens eine Gewalt von 500 Pfunden erforderlich war, um die ganze bestimmte Last in die Luft steigen zu machen. Man untersuchte daher nochmals die Ausmaassen der Maschine, sie wurden mit den Berechnungen, welche die königl. Akademie der Wissenschaften zu Paris öffentlich ausgegeben hatte, vollkommen übereinstimmend befunden, und man sah sich daher veranlasst, den Schluss zu ziehen, dass die Ursache des ungeachtet der richtigsten Berechnungen misslungenen ersten Versuches keine andere seyn könne als dass das Feuer, so ich angebracht hatte und dessen Flamme doch mehr als 50 Cubikschuhe einnahm, dennoch nicht wirksam genug sey, um die in einer so grossen Maschine eingeschlossene Luft auf einen solchen Grad zu verdünnen, dass sie die bestimmte Last noch hätte mit sich führen können. Es blieb daher kein anderer Weg mehr übrig, als auf Mittel zu denken, wie dieser ungeheuren Masse von Luft ein stärkerer Grad von Verdünnung gegeben werden könnte, und da der Zilinder auf der schmälern Seite nicht mehr als 58, seiner Länge nach aber volle 80 Schuh im Durchmesser hatte, so verfiel man auf den Gedanken, 2 Feuer, und zwar in solchen Distanzen anzubringen, dass die Luft von allen Seiten eine gleiche Wärme erhalten könne. Der Erfolg entsprach auch glücklich der vorgefassten Idee, und der nämliche Zilinder, welcher vorher mit einem Feuer nicht 2000 Pfund heben konnte, war nunmehr bey zweyfache Beheitzung im Stande, auch 3000 Pfunde mit aller Leichtigkeit in

die Luft zu ziehen. — Aus allem bisher erwähnten er-
hellet, dass von sämm tl. ärostatischen Versuchen, welche
derzeit in Europa gemacht worden, gegenwärtiger der
grösste sey, das heist, dass man noch mit keiner ärostatischen Maschine eine so schwere Last habe in die Luft
fahren sehen, und dass die Unternehmer des gegen-
wärtigen Versuches die ersten gewesen seyen, welche es
gewagt haben, von der bisherigen Form der Luftmaschine
gänzlich abzugehen, und der ihrigen eine viel bequemere
Gestalt zu geben, welche mit vielen anderen Vorzügen
noch den wesentlichen Vortheil vereinet, dass sie durch-
gehends aus festen Theilen zusammengesetzt ist, woran
jede beliebige Gewalt angebracht werden kann, und von
der sich dann auch hoffen lässt, dass sie allerdings geeignet sey, eine Direction anzunehmen, deren Zustand-
bringung man sich auch eben gegenwärtig vorzüglich
angelegen hält. — —

Nun also zur Erwähnung

der wirklichen Versuchen,

welche mit dieser Maschine werden vorgenommen werden.
— Vor allem wird mittels eines Kanonenschusses das
Zeichen gegeben, dass das Luftschif, welches auf einen
eigends dazu gemachten Wagen ruhet, und rund umher
mit goldenen Franzen und Festonen behänget ist, aus
ihrem Behältnissort auf den Platz geführet werde. Sohin
kömmt selbes zwischen den 2 grossen über 70 Schuh
hohen Bäumen zu stehen, ausser welchen bey der ganzen
Vorstellung kein Gerüstwerk zu sehen ist, dann werden
aller Orten die nöthigen Seile und Schnüre eingehängt,
die Fänchen zu Beobachtung der Windesrichtung aufgesteckt, und die Leinwand der Tragwolke auf eine
solche Art auseinander gefaltet, dass die Maschine ein
förmliches

grosses Zelt

vorstellet, worunter wohl 500 Menschen Platz finden
dürften. Mit dem Schlag 7 Uhr folgt der zweyte
Kanonenschuss!

Die vier Luftfahrer besteigen das Schif, und unter
lautem Geschalle von abwechselnder Feldmusik wird Feuer
in die Pfanne gelegt. — Hier seh ich schon mit freudigem
Entzücken dem Erstaunen entgegen, welches allgemein
seyn wird, wenn die zusammengefaltete Maschine sich zu
entwickeln anfängt, dann zusehends immer mehr auf-
schwillt, und endlich in ein vollkommen ausgespanntes
Gewölb übergehet, desgleichen keines in der Welt sich
befindet, und worin wohl mehr als 70.000eimerige Fässer
gemächlichen Raum finden würden.

Indessen wird das Feuer immer fortgesetzt, Jeder-
mann wird die Heitzung und sonstigen Beschäftigungen
der in dem Schiffe arbeitenden Menschen deutlich sehen
können, und wenn sich dann die Maschine zu heben anfängt, welches ungefähr nach einem halbstündigen Feuern
geschehen dürfte, so wird der dritte Signalschuss gegeben,
nach welchen

das Schif mit den darauf befindlichen
Menschen in die Höhe gelassen wird.

Auffallend und bewunderswürdig muss einem verehrenswürdigsten Publikum vorkommen, die Erscheinung
eines Hausgrossen Körpers, der ober den Köpfen so
vieler Menschen daher schwimmt, und ungeachtet seiner
Schwere von 2500 Pfunden dennoch mit so unglaublicher
Leichtigkeit regieret werden kann, dass, wenn er gleich
im Stande wäre, bis auf die Scheiteln der Zuseher herab
zu sinken, er dennoch niemanden verletzen, sondern mit
aller Leichtigkeit auch nur von 2 Personen an jede beliebige Stelle übertragen werden könnte. — Ich werde

daher meine Maschine abwechselnd bald aufsteigen, und bald wieder absinken lassen; Die Luftfahrer werden zu Bezeigung, dass es ihnen auf ihrer Reise ganz wohl ergehe, zu wiederholtenmalen ihre weisse Fähne schwingen, und wenn dann die Maschine sich lange genug in der Luft erhalten haben wird, um von einem verehrungswürdigsten Publikum zur Genüge betrachtet zu werden, soll sie mit dem Seile, woran sie immer gehäftet bleibt, zur Erde gezogen, und von 18 Männern, die selbe auf ihre Schultern nehmen, so dichte an der Galerie vorbeigetragen werden, dass gesammter hoher Adel sowohl, als übrige verehrteste Zuseher die ganze Maschine in der möglichsten Nähe besehen, und sowohl die Heitzuug als übrigen Operationen mit aller Gemächlichkeit beobachten können, wornach sie dann wieder auf den Wagen zurückgesetzt, und unter freudigem Jubelfeuer in ihr Behältniss geführet wird. — Dann folgt die Vorstellung meines zweyten diesjährigen Feuerwerks unter dem Titel:

Denkmal der Ehre auf die Erfindung der Herrn Montgolfier,

wovon ich der Kürze wegen nur so viel erwähne, dass es mit hinlänglichen Geschmack und Niedlichkeit angeordnet sey, um mir die allgemeine Zufriedenheit eines hoch- und verehrenswürdigsten Publikums zum Voraus versprechen zu dürfen.

Unterthänigst gehorsamster

Joh. Georg Stuwer,

k. k. pr. Kunst- und Luftfeuerwerker.

»Wiener Zeitung« vom 7. Julius 1784.

Gestern machte Herr Stuwer bey Gelegenheit seines zweyten diesjährigen Feuerwerkes mit seinem grossen

158

Luftballon den ersten Versuch für das Publikum, das bey dem schönsten Wetter sich ungemein zahlreich im Prater einfand. Bei 15.000 Personen wurden allda gezählet. Alle Gallerien und Parterre waren von Zuschauern besetzt, als um 7 Uhr die Maschine sich zu schwellen anfing: in Zeit von einer halben Stunde erschien sie in ihrer ganzen ungeheuren Grösse. Hierauf bestiegen Caspar Stuwer, der Sohn des Feuerwerkers, Daniel Hackmillner, Architekt, Michael Schmalz, und Johann Hiller, Schreiner und Gehilfen des Hrn. Stuwer — die daran befestigte Gondel. Nachdem sie ihr Feuer vermehret hatten, sah man die Maschine bald nachher sich erheben, und ihren Standort verlassen: sie wurde durch Seile in die Mitte des Platzes gebracht, und von hier aus erhob sie sich vollkommen senkrecht, sank und stieg zu wiederholtenmalen, je nachdem die Luftschiffer ihr Feuer vergrösserten oder verminderten. Sie erreichte jedesmal eine ansehnliche Höhe, so weit nämlich die daran befestigten Stricke sie steigen liessen. Endlich wendete sie sich wieder ihrem vorigen Standorten zu, und kam genau an selben zu Boden. Das Publikum äusserte eine ungemeine Zufriedenheit mit diesem durchaus wohlgerathenen Versuche, den ersten in Deutschland, durch welchen Deutsche die Luftreise gemacht haben. Den Beschluss des Schauspieles machte ein Feuerwerk, das den Hofnungen, die das Publikum gewohnt ist, sich von des Hrn. Stuwers Eifer und Fähigkeit zu machen, auf das vollkommenste entsprach.

Des Erzherzogs Franz K. H. haben dieses Schauspiel mit Dero Gegenwart beehret. Des Kaises Maj. und des Erzherzogs Grossherzogs K. H. haben einen Spazierritt im Prater vorgenommen.

»Wiener Zeitung« vom 21. Julius 1784.

Luftschif und Feuerwerk.

Vor allem erkenne ich mich verbunden einem verehrungswürdigsten Publikum meinen innigsten und lebhaftesten Dank hiemit abzustatten, nicht allein für den
besonders gnädigen Zuspruch, mit welchem dasselbe die
letzthinnige Vorstellung meines Luftschiffes beehrte,
sondern auch, und zwar vorzüglich für die huldvolle
Nachsicht und Güte, mit welchem es diesen in seiner
Gattung ersten Versuch aufzunehmen die Gnade hatte. —
Durch diesen Erfolg aufgemuntert, wage ich es, ein hoch-
und verehrenswürdiges Publikum zur zweyten Vorstellung
meiner Luftmaschine einzuladen, die ich an dem feyer-
lichen Annentage, als den 26. dieses Monats zu geben
gedenke, und welche ich — dem gesammten schönen
Geschlechte zu Ehren — mit einem so geschmackvollen
Feuerwerk begleiten werde, dass es die Erwartung der-
jenigen, die mich mit ihrem geneigten Zuspruch beehren
wollen, zuversichtlich entsprechen solle. — An der
Maschine selbst habe ich einige merkbare Abänderungen
getroffen, die theils zu ihrer Verschönnerung, theils aber
auch zur wesentlicheren Absichten bestimmt sind, und
ist hiebei unter andern ein seegelartiges Ruder angebracht, um zu versuchen, ob es nicht möglich ist, das
Schif in der Luft zu wenden und umzudrähen. — Ich
sage jedoch nur Versuch, dann da mir die Zeit mangelt,
mit diesem neuen Maschinentheile vorläufige Erfahrungen
anzustellen, so wage ich es, den ersten Versuch in Gegenwart eines gesammten verehrtesten Publikums vorzunehmen,
und von demselben entweder verdienten Beyfall — oder
— gnädige Belehrungen für die Zukunft zu erwarten. —
Da ich bey meiner letzthinnigen Vorstellung durch ganz

unversehbare Zufälle verhindert worden bin, mein Luftschif zu jener Höhe aufsteigen zu lassen, die ich mir
gleich anfangs festgesetzt hatte, so habe ich diesmal eine
besondere Zugmaschine eigens dazu verfertiget, und das
Schif auf eine weit beträchtlichere Höhe auflassen zu
können, und überhaupt solche Anstalten getroffen, dass
ich mir auch über diesen Punkt die einstimmigste Zufriedenheit verspreche.

Joh. Georg Stuwer,
k. k. priv. Kunst- und Luftfeuerwerker.

»Wiener Zeitung« vom 31. Julius 1784.

Das für den Annentag bestimmte, wegen des ein-
gefallenen Regenwetters aber nicht abgebrannte Feuerwerk
des Herrn Stuwer, ist Donnerstags den 29. d. M. in
Gegenwart Sr. Majestät des Kaisers, des Erzherzogs
Franz, des Herrn Grafen v. Hoya, eines zahlreichen
Adels, und vieler anderer Zuschauer abgebrannt worden.
Der Versuch mit dem grossen Luftschiffe hat wegen des
widrigen Windes nicht Statt haben können.

»Wiener Zeitung« vom 7. August 1784.
Ankündigung.

Ich nehme mir die Freiheit ein hochverehrens-
würdiges Publicum auf den 24. dieses Monats
zur dritten und letzten Vorstellung
meines grossen Luftschiffes
um so mehr einzuladen, als dieser Versuch eigentlich der
vollständigste und stärkste seyn wird, indem ich an
diesem Tage meine Maschine nicht allein zu einer sehr
beträchtlichen Höhe aufsteigen, sondern auch mit selben
verschiedene Wendungsproben anstellen zu lassen gedenke, die vielleicht in mehr als einem Betracht interessant sein dürften. — Da es jedoch möglich ist, dass

auch an diesem Tage die Witterung, wenn sie gleich
dem Feuerwerk nicht entgegen ist, dennoch zur Production der Luftmaschine nicht tauge, so wird jeder-
mann, der mein Feuerwerk diesesmal besucht, ein besonderes Billet erhalten, welches in den Händen des Zu-
sehers bleibt, und in dem Fall, dass das Luftschif an
diesem Tage nicht steigen könnte, für den ersten schönen
Tag gültig ist, an welchem die Vorstellung der Maschine
insbesondere, und ohne mit einem Feuerwerk begleitet
zu seyn, zuversichtlich gegeben werden wird. — Bei
dieser Gelegenheit erbietet sich auch mein Sohn die
gnädigste Erlaubniss, mit einem ganz neuen Feuerwerk
von seiner eigenen Zeichnung und Zusammensetzung auf-
zutretten, um zu versuchen, ob er wohl hoffen darf, dass,
da er nun einmal bestimmt ist, seinen bereits erlebten
Eltern nach Möglichkeit unter die Arme zu greifen, auch
ein verehrenswürdigstes Publicum seine Bemühungen mit
der gewohnten Nachsicht und Grossmuth aufzunehmen die
hohe Gnade haben werde.

Joh. Georg Stuwer,
k. k. pr. Kunst- und Luftfeuerwerker.

»Wiener Zeitung« vom 28. August 1784.

Am 25. d. M. machte Hr. Stuwer für dieses Jahr
zum dritten und letztenmale den öffentlichen Versuch mit
seinem grossen Luftschiffe, wobei der Wunsch des
Publicums, diese ärostatische Maschine frey fliehen zu
sehen, wirklich durch einen Zufall erfüllet wurde. Durch
eine eigens dazu verfertigte Maschine wurde das Haft-
seil, an welchem der mit 4 Luftfahrern beladene, und
gegen 3000 Pf. schwere Luftballon geheftet war, los-
gewunden; der Ballon erhob sich mit bewunderungs-
würdiger Schnelligkeit, da aber der heftigere Wind der
oberen Atmosphäre das Schif über das Feuerwerksgerüste

Im Ballon. 11

zu tragen, und dessen Zurückziehung unmöglich zu machen
drohte, musste das Seil auf der Stelle angehalten werden;
allein die steigende Kraft eines so mächtigen Körpers,
vereint mit der Heftigkeit des darein wirkenden Windes,
sprengte plötzlich das Seil, ungeachtet seiner Stärke, und
nun erhob sich das von seinen Banden freye Luftschif
mit ausserordentlicher Schnelligkeit und Haltung des vollkommensten Gleichgewichtes in einer diagonalen „Richtung gegen Norden“ zu einer beträchtlichen Höhe. Da
hierauf die 3 Pöller losgebrannt wurden, welche ver-
abredetermassen das Zeichen zur Dämpfung des Feuers
und zum Herabsinken waren, so befolgten die Luftfahrer
alsogleich dieses Signal, und man sahe sie bald, nachdem
sie eine ziemliche Strecke wagerecht über die Stadtgutaue
hingefahren waren, abwärts sinken. Da sie nun aber erst
die Absprengung des Seilles bemerkten, und keinen
andern nahen, und von Bäumen freyen Landungsort als
das jenseitige schmale Ufer des grossen Tabor-Donau-
armes erblickten, so trugen sie auch ihre Landung dahin
an; nachdem sie aber schon zu tief gesunken waren,
konnten sie doch, ungeachtet der stärksten Feuerung ihr
Ziel nicht sogleich erreichen; sie kamen aber doch endlich
mit Hilfe des Windes an das jenseitige Ufer. Die Ge-
lassenheit und Gegenwart des Geistes des jungen Hrn.
Stuwer, und seiner 3 Reisegefährten, bey diesem Versuche, womit sie ihren Ballon in vollkommenem Gleich-
gewichte erhielten, gereicht ihnen zur besonderen Ehre.
Sobald sie herab gekommen waren, eilten sie nach dem
Prater zurück, um sich allda dem Publikum zu zeigen,
das sie mit lauten Freudensbezeugungen begrüsste. — Es
wurde hierauf das Feuerwerk abgebrannt, so der junge
Hr. Stuwer angeleget, und ausgeführet hat. Sein Probe-
versuch hat allgemeinen Beyfall verdient und gefunden.

Die erste freie Luftfahrt in Wien.

Die erste wirkliche freie Luftfahrt, welche in Wien unternommen wurde, fand am 6. Juli 1791 statt, und zwar war es der berühmte französische Aëronaut B l a n c h a r d, welcher dieselbe am genannten Tage vom k. k. Prater aus vollführte.

Es war dies im Ganzen die 38. Ascension, welche dieser Luftschifffahrer unternahm, der zu jener Zeit alle grösseren Städte Europa's bereiste und überall je eine Auffahrt machte. Es ist selbstverständlich, dass diese erste freie Luftfahrt in Wien das ausserordentlichste Aufsehen erregte und derselben ungezählte Tausende von Zuschauern anwohnten.

Ueber den Verlauf dieser ersten Wiener Luftfahrt erschien zu jener Zeit ein »Ausführlicher Bericht« in Brochurenform, welcher interessant genug erscheint, denselben in Nachstehendem vollinhaltlich folgen zu lassen:

11*

Ausführlicher Bericht

der

mit höchster Bewilligung Sr. k. k. Majestät in Wien
den 6ten July 1791

unternommenen

38ten Luftreise

vom

Herrn Blanchard

adoptirter Bürger von Calais und Grossenzersdorf, Pensionär Sr. allerchristlichsten Majestät.

— —

Es war nach meiner Uhr gerade Mittag, als ich
mich im Prater von der Erde in die Luft erhob, meine
Auffahrt geschah nicht ganz senkrecht und nicht allzu-
schnell, denn das Maas der Steigkreift war nach der
Schwäche des Windes berechnet. Nachdem ich Ihro
K. Hoheiten mit meiner Fahne, welche das Wappen
Ihro k. k. Majestät führte, begrüsst, und der hochan-
gesehenen und zahlreichen Versammlung, welche mit all-
gemeinem Beyfall mich zu beehren würdigte, meine Dank-
sagung bezeigt hatte, beschäftigte ich mich mit einigen
zu meiner Reise nöthigen Zubereitungen. Sechs Minuten
nach zwölf Uhr, weydete ich meine Blicke auf den, mir
noch sichtbaren unermesslichen Erdkreis, und suchte mit

der grössten Begierde den Ort meiner Auffahrtb, ich entdeckte ihn auch wie einen Punkt, und die zahlreiche
Versammlung, die ich nochmals begrüsste, schien mir nur
eine kleine Gruppe von Menschen zu seyn, die ich kaum
zu unterscheiden vermochte. Die Stadt Wien mit ihren
weit ausgebreiteten Vorstädten stellten sich mir als ein
prächtiges Mignatur-Gemälde vor, und die weitläufigen
mit den schönsten Farben gezierten Landschaften zeigten
meinem entzückten Auge das verfübrerischte, und durch
die angenehme Jahrszeit verschönerte Naturgemälde. —
Das Ganze der Erde schien mir eine künstlich gezeichnete
Landkarte, und die Flächen mit grünen Tapeten bedeckt zu
seyn. Damals war es, wo mein Entzücken über meinen
Aufenthalt in den Lüften in eine himmlische Wonne
übergieng und die Stimmung der Seele, die sich in diesen
angenehmen Augenblicken allmählig empor schwingt, und
in dieser so erwünschten Lage glaubte ich alles wagen zu
dürfen, daher ergrief ich ein Blatt und Reissbley und
schrieb an Ihre k. k. Majestät die unverfälschte Gesinnungen meines Herzens ohngefähr in folgenden Aus-
drücken: *)

Ihro k. k. Majestät!

„Ein schwacher Sterblicher, der gerade jezt die Lüfte
durchschwebt, erkühnt sich dem grössten und mächtigsten
der Fürsten zu huldigen. Ihro k. k. Majestät allerhöchste
Gnade bestimmt mein dermaliges Daseyn, und die himmlische Wonne der ich jezt geniesse; im Taumel des
süssesten Gefühls Ihrer unermesslichen Wohlthaten werfe
ich mich vor Ihren geheiligten Throne und bin in tiefster
Ehrfurcht

In der Luft   allerunterthänigster
den 6. July 1791   Blanchard.“

---

*) Dieser Brief ist im Prater den 8. July gefunden, und
Ihro Kön. Hoheit dem Erzherzog Franz überreicht worden.

Ich umwickelte dieses Papier mit einigen Bändern und überlies es dem Schicksaale in der Luft. Ich befand mich jezt nah an einer Wolke, begrüsste das versammelte Publikum zum drittenmale, und bald darauf raubte mir der dicke Nebel, welcher den Ballon umhüllte, den angenehmen Blick der sämmtlichen Erdfläche dermassen, dass ich mit Mühe meinen Anker, den ich nur auf etliche Klaftern heruntergelassen hatte, unterscheiden konnte; Ueber die vollkommene Freude entzückt, hatte ich gänzlich den Lauf meines Fahrzeuges zu beobachten vergessen, und da es nicht rathsam, war, auf geradewohl von einem Winde, dessen Geschwindigkeit mir unbekannt war, getrieben, länger über den Wolken herum zu irren, so arbeitete ich, um aus selbige zu kommen, und bald darauf sah ich die Erde wieder, und versicherte mich der zu befahrenden Strasse, worzu mir die Richtung meines Ankers zum Absehen dienen musste. — Kaum hatte ich der Erde noch ein Lebewohl zugewinkt, so fand ich mich in dicke Wolken eingeschlossen, deren Entfernung von der Erde ohngefähr 1200 Klaftern betragen haben mag, diese Wolken waren so dicht, und sie verfinsterten das Innere des Ballons so sehr, dass ich nicht im Stande war, als ich meinen Kopf durch den Schlund das Balls, welcher von brennbarer Luft anschwoll, steckte, und hineinsah, einen Punkt seiner inneren Sphäre, ja nicht einmal den Strick der obern Klappe, welchen ich in Händen hielt, zu erkennen. Eingetaucht in diese nasse Wolken, die mich ganz befeuchteten, versuchte ich solche schnell durchzuschneiden, ohne dass ich nöthig hätte, einen Theil meines mitgenommenen Ballast auszuwerfen, es gelang mir auch sehr gut, indem ich den Schlund des Ballons gut zuband; dieses würkte, dass die brennbare Luft ganz eingeschlossen, den Ballon zur vollkommensten Kugelrunde ausdehnte, und

alle die Falten, die er bey meinem Aufbruche hatte, mit
einem beträchtlichen Gerassel öfnete, welches mir jedoch
keine Sorge machte, weil mir die Ursache davon bekannt
war. — Der erweiterte Umfang des Ballons verschaffte
einen schnellen Flug, indess hatte ich dennoch länger zu
thun, um durch die Wolken zu dringen, als es mir sonst
zu geschehen pflegt; diese Wolken schienen mir von
einer ungemeinen Dicke zu sein, ich konnte sie aber mit
Zuverlässigkeit nicht bestimmen, weil das Quecksilber
meines Barometers und Thermometers mit kleinen Luft-
Bläschen untermengt war, doch schätzte ich deren Dicke
auf mehr als 400 Klaftern. Als ich nun über diese
feuchten Nebel gestiegen war, die mich so lange des An-
blicks des Himmels und der Erde beraubten, und über
selbe ohngefehr *) 800 Klaftern zurückgelegt hatte, genoss
ich des vollkommensten hellen Lichts, der Himmel war
rein und heiter, und die unbewölkte Sonne vergoldete den
Ball mit ihren schimmernden Strahlen. Nichts war
schöner anzusehen, als das Innere des Ballons, welcher
vorher dunkel, mit einmal hell und durchsichtig wurde.
Die Wolken, welche mir in dem Augenblicke, als ich auf
ihre Oberfläche kam, ungleich und aufgethürmte Berge
schienen, kamen mir nun in dieser Höhe vollkommen
vereint vor, und dünkten mich ein ruhiges Meer, über
das ich ganz sanft hinwegschwebte. Wäre ich nicht ein
Erdensohn, mir würde ihr Daseyn in dieser Lage ein
Geheimniss gewesen seyn. — Ohnerachtet der starken
Abnahme der herausdringenden brennbaren Luft stieg ich
doch noch sehr stark, aber meine kränklichen Umstände
erlaubten es nicht, mich länger der Kälte auszusetzen, ich
entschloss mich daher, da sich die Kälte dem Gefrier-

---

*) Dieses macht im Ganzen eine Entfernung von 2100 Klaftern
von der Erde.

Punkt näherte, herabzusteigen, ich bemerkte auch, dass
weder über noch unter den Wolken der Luft-Strohm eine
gewisse Richtung hatte, und da die ganz gelindwehende
Winde die Maschine bald vor, bald rückwärts trieben, so
sah ich die Unmöglichkeit ein, eine weite Reise vorzunehmen und entschloss mich, herabzulassen; ich nahm
dieserwegen alle Verzierungen meiner Gondel ab, als
Falbanen, goldene Quasten etc. Ich legte sie in Ordnung
und verwahrte sie. Zu verschiedenen Mahlen gestattete
ich der brennbaren Luft einen Ausgang aus dem Balle,
und so gerieth ich denn im heruntersteigen wieder in die
Wolken, der untere Theil war in Regen aufgelöst, so
dass ich beym Austritte aus denselben ausserordentlich
durchnässt wurde; jetzt erblickte ich die Erde wieder
und entdeckte unter mir eine grosse Fläche, dieses ver-
kündigte mir eine glückliche Anlandung; als ich etwas
tiefer kam, stellten sich mehrere Dörfer und eine kleine
mit Mauern umgebene Stadt meinem Auge dar. — Ich
war noch ungefehr 100 Klaftern über derselben, als ich
ein grosses Frohlocken und Freudengeschrey der Einwohner
vernahm; ich entschloss mich daher, mitten zwischen
ihnen herabzulassen, aber ein sanfter Wind trug mich
auf eine benachbarte mit Schnittern bedeckte Ebene, sie
waren alle beschäftigt und wurden mich nicht gewahr;
um schlimmen Folgen zuvorzukommen, liess ich mit der
einen Hand die Schnure meines Ankers herab und in der
andern hielt ich etwas von den bey mir führenden Ballast,
mein Anker, den ich nach Willkühr leiten konnte, um-
klammerte eine Korn-Garbe, die er blos umstiess, bemächtigte sich aber, von dieser abgeschnellt, einer andern,
welche er mit sich fortführte, der nah dabeystehende
Schnitter, ganz erstaunend seine Garben auf diese Art in
Bewegung und durch unsichtbare Hand fortgetragen zu
sehen, erblickte endlich das Seil, und da er vollends an

dessen Ende eine kolossalische Maschine wahrnahm, liess
er zitternd seine Sichel fallen und rufte aus vollem Halse
seine Gefährten herbey, die aber nicht minder erschrocken
als er, sich nicht zu nahen wagten. — Mit dem Schlag
1 Uhr berührte ich die Erde, und da ich den meisten
Theil des mitgenommenen Ballast von 50 Pf. noch bey
mir hatte, der Ballon auch sich wieder zu erheben be-
strebte, so wäre es ein leichtes gewesen, weiter zu fahren,
wenn ja die Landleute mich schlecht zu empfangen Mine
gemacht hätten; sie bewafneten sich zwar anfangs mit
ihren Werkzeugen, aber da sie sich mehr zurückzogen
als vorrückten, schien mir ihre Absicht nicht so böse und
ihr zur Vertheidigung eingerichtetes Betragen eine blosse
Wirkung der Furcht zu seyn. Ich hielt also für nöthig,
sie auf deutsch so gut ich nur wusste, zu ruffen, komm
komm mei gute Freund, sie liessen auch sogleich ihr
Gewehr fallen, und eilten mir zu. Ich zeigte ihnen das
Beglaubigungs-Schreiben, mit welchen mich die hoch-
löbliche Regierung zu versehen geruhte, einer von ihnen
las solches mit lauter und vernehmlicher Stimme den
versammelten Bauern vor, worauf mir auch alle ihre
Freundschaft, ja sogar Ehrerbietung bezeugten, und wett-
eiferten mir allen Beystand zu leisten. Well ich zur Zu-
sammenlegung meines Ballons ihrer Hülfe bedürftig war,
so hatte ich mich mit mehreren deutschen Zetteln versehen, auf welchen geschrieben war, was sie mir für
Dienste zu leisten hätten, diese lies ich sie lesen, und
alles gieng gut von statten.

Während der Zeit kam auch der Herr Pfarrer aus
Stadt Gross-Enzerstorf, welcher französisch sprach in Be-
gleitung des Herrschafts-Verwalters und Stadt-Richters
dahin, und in weniger als 12 Minuten war der Ball in
Falten, und in die Gondel gelegt und alles war fertig.
— Der Herr Pfarrer und seine Herren Begleiter forderten

mich im Namen der Einwohner auf, mich mit ihnen in die Stadt zu verfügen, ich nahm ihren Vorschlag mit Freuden an, aber wie wurde ich überrascht? Die Vorsteher der Stadt hatten zu meinem Einzug schon Befehl ertheilt, schon an dem Thore der Stadt wurde ich mit Musik empfangen, und unter grossem Freudengeschrey zum Herrn Herrschafts-Verwalter geführt, von da zum Herrn Pfarrer, woselbst ich zu Mittag speisste; während diesem wurde die ausführliche Beschreibung meiner Niederlassung schriftlich aufgesetzt, und von den Fürnehmsten der Stadt unterzeichnet, die mich auch alle einstimmig ersuchten, dass meine Fahne in ihrer PfarrKirche zum ewigen Andenken dieser so seltenen Begebenheit aufgesteckt würde; Mit wahrem Vergnügen erfüllte ich den eifrigen Wunsch dieser verehrungswürdigen Vorsteher der Stadt, um mir ihre Achtung noch thätiger zu bezeigen, ertheilten sie mir sogleich das Bürgerrecht. und ich wurde einhellig bey dem Schall der Musik für ihren Mitbürger ausgeruffen, der Bürger-Brief ward öffentlich vorgelesen, und mein Nahme mit der mir so werthen neuen Würde ordentlich in das Stadt-Buch eingetragen. Auf Anordnung dieser Herren ward mein LuftFahrzeug nach Wien überführt, gegen mich aber äusserten sich die Herren Vorsteher der Stadt, dass sie mich als ihren neu aufgenommenen Mitbürger in ihrer Kutsche nach der Hauptstadt begleiten würden. Wir traten unsere Reise aus der Pfarre mitten durch die versammelten Einwohner um halb 4 Uhr an, und trafen den nehmlichen Tag Abends halb 7 Uhr in Wien ein.

Wien den 7. July 1791.

Blanchard

Bürger der Stadt Gross-Enzersdorf, Pensionair Sr. Allerchristlichsten Majestät und Mitglied verschiedener Akademien.

P. S. Als meine werthen Herrn Begleiter der Herr Pfarrer, Herrschafts-Verwalter und Stadt-Richter von mir in Wien Abschied nahmen, um ihre Rückreise wieder anzutreten, machten sie mir einen so grossmüthigen Antrag, dass ich mich verpflichtet sehe, ihre edle Gesinnungen hiermit öffentlich bekannt zu machen. Der Herr Pfarrer drückte sich ohngefehr in folgenden Worten aus:

„Mein Herr und schätzbarster Mitbürger: Die Kunst der Sie sich widmen, setzt Sie so manchem Unfalle aus, sollten Sie wider Vermuthen irgend einem unterliegen, o! dann, so kommen Sie zu uns, leben Sie in dem Zirkel ihrer Mitbürger, sie werden Sie mit offenen Armen empfangen, Sie trösten, und Ihnen thätige Beweise ihrer Freundschaft geben, überzeugt, dass selbst die grösste Kunst Unfällen nicht trotzen könne."

* * *

Ich habe nicht für nöthig gehalten, hier von der Art zu reden, mit der ich meinen Ball gefüllt hatte, ganz Europa weiss, dass ich, als der erste Luftschiffer in den Journalen schon damals die wahren Mittel, die man anwenden musste, beschrieben habe. Es wäre daher vollkommen unnütz, wenn ich mich bemühen wollte, meinen durch Thaten erworbenen Ruhm, gegen die Verleumdungen fliegender Zeitungs-Blätter zu vertheidigen, Verleumdungen, welche sogar von aller Wahrscheinlichkeit entblösst waren, und auf denen ohnehin kein vernünftiger Mensch würde geantwortet haben.

Inhalt derer aus der Luft herabgeworfenen Billets:

„Dem verehrungswürdigen Wiener-Publikum.

Dank sey es der allerhöchsten Gnade Seiner Kayserl. Königl. Majestät, welche mich gnädigst zu erlauben geruheten, dass ich das Unglück, welchen die ärostatischen Versuche ausgesetzt sind, wieder vergüten könnte.

172

Ich habe die Ehre dieser verehrungswürdigen Versammlung durch die That zu beweisen, dass nur mein einziges Bestreben war, ihre Achtung und Beyfall zu verdienen, wie mir auch solches in ganz Europa wiederfahren ist. Trotz dem Unglück das mich zweymal betroffen hat, obgleich meiner Pflicht heute in vollkommenster Erfüllung sehe, werde ich doch der glücklichste Mensch seyn, wenn ich das Glück erhalte, einen allgemeinen Beyfall zu erwecken. Dieses ist mein einziger Wunsch, den ich mir vorgenommen habe.

Wien, den 6. July 1791.

Blanchard.
etc. etc.‟

Von der k. k. Landes-Regierung im Erzherzogthume Oesterreich unter der Ens.

Seine Majestät haben dem Johann Peter Blanchard einen Versuch seiner Luftreise allermildest gestattet; und da derselbe heut in der untenangesetzten Stunde von hier, aus dem Prater mittelst seines Luftballs in die Luft auffährt, der Landessprache aber nicht kundig ist, so wird ihm gegenwärtiges Zeugniss in der Absicht ertheilet, dass er bey der Obrigkeit, dem Beamten oder Vorsteher desjenigen Territoriums, wo er sich aus der Luft wieder herablassen wird, damit legitimire; wornach ihm alle nur mögliche Hülfe und Vorschub zu leisten seyn wird, um mit seinem Luftballon hieher zurückkehren zu können.

Wenzel Graf Sauer,
N. Oe. Reg.-Präsident
(L. S.)
Ex conf. Reg. inf. Austriae.
Wien, den 6. July 1791
um 12 Uhr.
Ferd. Jos. v. Sartori.

Ex. offic. Von der Hochfürstl. Freysing. Herrschaft
Stadt Grossenzerstorf in N. Oest. an der Donau des P. U.
M. B. wird hiemit dem Herrn Johann Peter Blanchard
auf Ersuchen beurkundet, dass derselbe von seiner den
6ten des Monates July 1791, mit allerhöchster Bewilligung
in der k. k. Haupt- und Residenzstadt Wien um 12 Uhr
Mittags im sogenannten Prater mit einem aerostatischen
Luftballon unternommenen Luftreise beyläufig eine Viertelstunde von Stadt Grossenzerstorf auf dem Felde, nachdem
er beyläufig eine Viertelstunde lang über die Stadt ge-
schwebt hat, unter Zusammenlauf einer grossen Volksmenge sich um 1 Uhr darauf mit vieler Behutsamkeit und
wohlbehalten niedergelassen habe. Zu mehrerer Urkund
dessen das hinuntergestellte gewöhnliche herrschaftliche
Insiegel und Amtsfertigung. Geben

(L. S)

Sr. Hochfürstl. Freysing. Amtskanzley Stadt Gross-
enzerstorf den 6ten Monats July 1791.

Johann Jakob Magg, Herrschafts-Verwalter.

Leopold Mörwald, herrschaftl. Justit. und Hofschr.

Franz Leopold Fischer, Stadtrichter allda.

Johann Widtmann, Rathsbürger.

Dass Herr Johann Peter Blanchard sich mit seinem
Luftballon um halber 1 Uhr Mittags über unsere Stadt
gezeiget, und auf geschehenes Zuwinken, mit welchem
ihn Unterzeichneter begrüsste, um drey Viertel auf 1 Uhr
sich ganz gemach herabzulassen angefangen und etwas
vor 1 Uhr aus seinem Schiffe unweit der Stadt gestiegen
sey, beurkunde ich mit meiner Fertigung.

Stadt Grossenzerstorf den 6ten July 1791.

(L. S)   *Franz Ludwig Nowacsek*, Stadtpfarrer.

Nachdem Herr Johann Peter Blanchard sich über die ihm hier bey seiner Niederlassung aus der Luft bezeigte freundliche Aufnahme, und das hier erhaltene Bürgerrecht ganz gerührt fand, übergab er uns zum ewigen Denkmale seine Fahne, mit welcher er den 6ten July 1791 von Wien aus in die Luft abreisste und sich eben diesen Tage hier niederliess, welches angenehme Geschenk wir auch dankbar angenommen und schätzbar aufbewahren werden in unserer Pfarrkirche.

Stadt Grossenzerstorf den 6ten July 1791

(L. S)

Franz Ludwig Nowaczek, Stadtpfarrer.

Nota.

Ueber die Luftreise des Herrn Blanchard.

Als Herr Blanchard am 6. July gegen 12 Uhr Mittags seine Luftreise zu Wien unternahm, wurde der Ballon um halb 1 Uhr Mittags zu Stadt Gross-Enzerstorf von den Kindern auf der Gasse mit dem Ausrufe entdeckt: „Ein seltsamer Vogel! Ein seltsamer Vogel!" Auf die Frage, wo dieser Vogel sey, antworteten sie: „Da in der Höhe ist der Vogel, er ist ganz rund." Man bemerkte, dass es der Ballon sey, wodurch allgemeiner Zusammenlauf geschah. Der Ballon schien nicht grösser, als eine Kugel eines Schuhes im Durchmesser zu seyn. Er kam über das Brauhaus; nahm seinen Weg über den Pfarrhof und dessen Garten; floh gegen Asparn; von da kam er über unsere Brach- und Waizen-Felder zurück: und begann sich herabzulassen. Die Schnitter standen nach ihrem eigenen Geständniss, bey dessen Anblicke in der Luft ganz erschrocken da, weil sie glaubten, es sey ein von Gott geschicktes Zeichen, wodurch der Welt ein grosses bevorstehendes Unglück angedeutet werde: einige von ihnen machten das Kreutz über sich und den Ballon! andere schickten Seufzer gen Himmel, dass das Unglück doch nicht über ihre Häupter (weil der Ballon über denenselben schwebte) geschehen möchte. Indessen sank der Ballon tiefer herab, und desto grösser wurde bey den Schnittern der Schrecken, weil sie unter den Ballon einen sich bewegenden Körper mit einem Gesichte wahrnahmen. Keiner konnte zu dem andern mehr ein Wort reden. Der Ballon kam endlich auf die Erde, und keiner der so sehr nahen Schnitter hatte das Herz hinzuzutretten.

Endlich sahen sie den Pfarrer der Stadt herzueilen, und dachten, er als ein Priester werde bey dieser ihnen, so schreckbaren Erscheinung das Beste zu thun wissen. Nachdem sie aber auch mehreres Volk von der Stadt herbeieilen sahen, fasste nur ein und anderer der Schnitter das Herz, hinzuzugehen. Da sahen sie nun einen Menschen, der ihnen wegen seinen schönen Anzuge, und freundlichen Gesichte ein vom Himmel gekommener Mensch schien, der nichts böses, sondern gutes von oben herab gebracht habe. Ob ihnen nun schon von dem Pfarrer die ganze Sache umständlich erkläret worden, können sie doch die Möglichkeit hievon nicht begreifen, und baten demselben, er wolle ihnen bey ihrer Abreise nach Schlesien und Mähren, woher die meisten derselben sind, ein schriftliches Zeugniss von der ganzen Sache mitgeben, weil es ihnen sonst niemand zu Hause glauben würde, was sie hier gesehen haben.

N. B. Dies sind indessen einige Umstände, mit welchen ich dienen kann.

Stadt Gross-Enzersdorf, den 12. July 1791.

Franz Lud. Nowaczek,
Pfarrer.

Die Wiener Luftfahrten von 1791—1853.

Die nächste Luftfahrt in Wien, nach
jener Blanchard's im Jahre 1791, war
die, welche die beiden Aëronauten Männer
und Kraskovits am 21. Juli 1816 unternahmen. Es war also inzwischen eine Pause
von vollen fünfundzwanzig Jahren verstrichen,
bezüglich welcher sich wenigstens in den
von uns durchforschten Quellen der Wiener
Localchronik nichts von einer Luftfahrt
vorfindet.

Die Auffahrt von Männer und Kraskovits am 21. Juli 1816 war die siebente,
welche diese Luftschiffer überhaupt bis
dahin unternommen hatten; dieselbe fand
ebenfalls vom Prater aus statt und verlief
ganz glatt.

Im Jahre 1820 war es eine Madame
Reichard, welche in Wien zwei Luftfahrten unternahm. Es waren dies die 15.
und 16. Fahrt dieser Aëreonautin.

Im Jahre 1826 kam die berühmte und beispiellos verwegene Demoiselle E l i s e G a r n e r i n nach Wien, allwo dieselbe unter colossalem Andrange des Publicums am 28. August aufstieg. Ihr Ballon hatte 14.000 Kubikschuh Inhalt und war mit Wasserstoffgass gefüllt; weiter war derselbe mit einem Fallschirme versehen. Als die Aëronautin eine Höhe von 370 Klaftern erreicht hatte, trennte sie sich vom Ballon, um sich mittelst des Fallschirmes zur Erde zu lassen, welche sie auch glücklich und wohlbehalten erreichte. Der Ballon erhob sich hierauf bis zu einer Höhe von über 5000 Klaftern und fiel schliesslich bei Znaim wieder zur Erde.

Wieder folgen nun neunzehn volle Jahre, aus welchen uns keinerlei Nachricht über irgend eine Luftfahrt in Wien vorliegt.

Im Jahre 1845 ist es der deutsche Luftschiffer C h r i s t i a n L e h m a n n, welcher in Wien eine Ascension unternimmt. Der Ballon L e h m a n n 's war sehr klein; derselbe fasste blos 5600 Kubikfuss Wasserstoffgas. L e h m a n n unternahm in diesem Jahre zwei Luftfahrten, und zwar am 16. October und am 26. October.

178

Im darauffolgenden Jahre kam L e h - m a n n mit einem grösseren Ballon, welchen er als »Gesellschafts-Luftballon« bezeichnete und der den Namen »Der Adler von Wien« führte. Dieser Ballon hatte einen Fassungs- raum von 17.154 Kubikfuss und vermochte sonach, mit Wasserstoffgas gefüllt, eine Last von 900 Pfunden zu tragen. Vor der ersten Auffahrt war dieser Ballon in der k. k. Winterreitschule durch sechs Tage zur öffentlichen Schau aufgestellt. Mit diesem Ballon unternahm L e h m a n n 1846 zwei Fahrten in Wien, und zwar am 20. April und am 23. Mai. An der ersten dieser beiden Fahrten nahm ein junger Wiener Gelehrter, Herr Dr. N a t t e r e r, theil. In der Leipziger »Illustrirten Zeitung« Nr. 158, Jahrgang 1846, findet sich über diese Fahrt folgende Beschreibung:

„In Wien war man um das Leben des Herrn Dr. N a t t e r e r durchaus nicht besorgt, und zwar aus dem einfachen und bekannten Grunde, „weil noch kein Gelehrter vom Himmel gefallen sei." Der Ausflug fand vom Stuwer'schen Feuerwerksplatze im Prater angesichts einer zahllosen Zuschauermenge statt. Die beiden Rei- senden bestiegen den Kahn, der Eine kühn und ent- schlossen, der Andere m u t h i g e r g e b e n; die Pöller- Signale knallten und der Ballon schwang sich, seine Last federleicht tragend, majestätisch, ein echter Aar, in die

Lüfte. In wenigen Secunden schwebten die Reisenden bereits in so ansehnlicher Höhe, dass sie mit dem ihre Personen tragenden Korbe in Eins verschwammen. Im Ganzen hatten die Luftreisenden eine Höhe von ungefähr 9000 Fuss erreicht. Dort aber wurden sie von einer 8 Grad starken Kälte, Schneegestöber und von sich herabwälzenden Wolken empfangen. Die Athmungsbeschwerden wurden zwar nicht zu lästig, um so gehemmter war das Hören. Die Schwankungen des Kahnes konnten ertragen werden, der Flügel- oder vielmehr Ruderapparat liess aber nur einen bedingten Gebrauch zu, dürfte jedoch bei einiger Verbesserung für Luftschiffe von Nutzen sein. Beim Untergange der Sonne erschien der Kahlenberg bei Wien nur wie eine unbedeutende Erhöhung über dem Erdboden, erglänzten die fernen Berghäupter der Steiermark und streifte der Blick, den sich wie ein Silberband hinschlängelnden Lauf der Donau folgend, bis zum Neusiedlersee Ungarns hin. Wie interessant hätte der Genuss des Sonnenaufganges sein müssen, wenn die Luftsegler, wie es anfänglich auch beabsichtigt schien, und worauf die getroffenen Vorbereitungen hindeuteten, die Nacht in der Schwebe zwischen Himmel und Erde zugebracht hätten. So aber betraten die Reisenden letztere bereits wieder nach 7 Uhr Abends, in der Gegend von Floridsdorf jenseits der Donau. Herr Dr. Natterer hatte sich mit verschiedenen physikalischen Instrumenten versehen, um wissenschaftliche Untersuchungen vorzunehmen. Zu gleicher Zeit wurden auf verschiedenen Wiener Punkten trigono- und mikrometrische Messungen vorgenommen."

Im Jahre 1849, und zwar am 9. October unternahm der Luftschiffer Carl Kirsch mit einem 8000 Kubikfuss fassenden Ballon,

12*

betitelt »Stadt Prag«, eine Auffahrt. Es war dies im Ganzen die 107. Luftfahrt dieses Aëreonauten.

Im folgenden Jahre fuhr derselbe Luft-schiffer am 2. September mit einem neuen, grösseren Ballon, Namens »Astraea«, auf, welcher 13.500 Kubikfuss Inhalt hatte.

Die nächsten Wiener Luftfahrten, waren jene Godard's 1853, welchen das nachfolgende Capitel gewidmet ist.

Die Fahrten Godard's 1853.

Im Jahre 1853 kam E u g ê n e G o d a r d
zum ersten Male nach .Wien, woselbst er
mit dem in Graz erbauten Ballon »L a
v i l l e d e G r a z« eine Reihe von Auffahrten,
und zwar vom Garten des Sofienbades auf
der Landstrasse aus, unternahm. Der ge-
nannte Ballon hatte einen Kubikinhalt von
28.600 Kubikschuh und wurde mit Leuchtgas gefüllt. Godard's erste Auffahrt in Wien
war seine 175. überhaupt; dieselbe fand am
Dienstag den 16. August um $1/_2$7 Uhr Abends
statt und nahmen daran ausser dem Aëronauten noch drei Personen theil, unter
welchen sich ein Assistent der k. k. Central-
Anstalt für Meteorologie, namens B u r k h a r d,
behufs Aufnahme wissenschaftlicher Beobachtungen, befand. Der Ballon nahm bei
völliger Windstille und anfangs in sehr geringer Höhe seinen Weg zunächst gegen
die Lobau, dann nach Aspern, Esslingen,

und nach längerem Aufenthalte daselbst nach Jedlesee, wo die Reisenden um ³/₄10 Uhr, also nach drei Stunden, wohlbehalten landeten.

Am Montag den 22. August fand die zweite Fahrt statt, an welcher wieder zwei Gäste theilnahmen. Die Landung erfolgte nach 1¹/₂ Stunden bei Muckendorf nächst Ernstbrunn.

Die dritte Fahrt fand am 28. August statt und endete bei Hollabrunn; an derselben nahmen ein Herr und eine junge Dame theil.

Am 1. September fand die vierte Fahrt statt, bei welcher wieder zwei Herren, darunter ein Physiker, theilnahmen. Die Landung erfolgte diesmal in Bruck a. d. Leitha und zwar unter dem Jubel der Bevölkerung mitten in der Stadt. Die durch das unerwartete Schauspiel überraschte Einwohnerschaft erbat sich den Aëronauten auf den ganzen folgenden Tag zu Gaste.

Am 11. September fand bei schönstem Wetter und völliger Windstille die fünfte Fahrt statt, an welcher Herr und Frau Müller aus Sachsen und Herr Schmiedbauer aus Wien theilnahmen. Die Abfahrt erfolgte um 6 Uhr, um 7 Uhr passirte der

Ballon Jedlesee, worauf bei Strebersdorf gelandet wurde. Hierselbst stieg jedoch nur das Ehepaar Müller aus, wofür der Gendarm Johann Mischek von Floridsdorf mitgenommen und auf's Neue die Reise angetreten wurde. Nach einer weiteren Stunde wurde zwischen Königsbrunn und Enzersfeld die Reise endgiltig beendet.

Zu der am 16. September stattfindenden sechsten Auffahrt hatte sich eine ganz besonders grosse Zuschauermasse eingefunden. Es war nämlich angekündigt worden, dass der Bruder Godard's mit aufsteigen und sich im Fallschirm herablassen werde; das Gerücht hatte hinzugefügt, dass der jüngere Godard in der Luft Trapezkünste ausführen werde, wie in Paris. »Der Bruder unseres bekannten Luftschiffers stieg zwar« — so berichtete »Die Presse« damals über diese Fahrt — »in dem angehängten Fallschirm mit auf und wird sich wohl auch herabgelassen haben; wir aber haben nichts davon gesehen!« Der Ballon entfernte sich mit grosser Schnelligkeit in südwestlicher Richtung, als eben die Sonne untergegangen war. Um 6½ Uhr senkte er sich zwischen Lainz und Speising auf einen Kleeacker, wo der jüngere Godard abstieg, der ältere

allein in der Richtung gegen Perchtolds-
dorf weiterfuhr.

Für die am 21. September stattfindende
und als »letzte« annoncirte siebente Auf-
fahrt war versprochen worden, dass »der
Fallschirm sich noch im Gesichtskreise des
Zuschauerraumes zur Erde senken werde.«
Um 6 Uhr erhob sich der Ballon mit dem
Fallschirm, an welchem unten eine zweite
kleine Gondel hing, in welcher der jüngere
Godard sass. Der Ballon schwebte nur
einige Klafter hoch über das Hauptzollamt
und dann gegen die Leopoldstadt, wo der
Fallschirm losgelassen wurde und, sich weit
ausbreitend, beim Marienbade nächst dem
Universum langsam zur Erde senkte. Der
Ballon erhob sich hierauf zu sehr bedeutender
Höhe und verschwand in der Richtung
gegen Jedlesee aus dem Gesichtskreis, erreichte eine Höhe von über 2000 Fuss und
kam um 6:40 bei Floridsdorf zur Erde.

Die achte Auffahrt, welche am 25. September stattfand, war eine Nachtfahrt, an
welcher ausser den beiden Brüdern Godard
noch die Herren Bernau und Hofzinser
theilnahmen. Ueber diese Fahrt erschien
die nachfolgende ausführliche Schilderung
im Drucke:

Schilderung

der ausserordentlichen

LUFTFAHRT

welche Herr **Josef Bernau** den 25. bis 26. September 1853
mit dem Luftschiffer Eugen Godard zu Wien, vom Sophien-
bad aus, unternahm.

Von **Josef Bernau.**

Nachdem ich Herrn Godard bereits auf seinen zwei-
maligen Luftfahrten in Graz, nämlich am 24. Mai d. J.
mit dem daselbst verbrannten Ballon „Europa", dann mit
seinem neuen Ballon „Graz" am 17. Juli, dem Tage seiner
festlichen Einweihung begleitet hatte, wo mir die
paradiesischen Gefilde des herrlichen Steiermarks unver-
gessliche Bilder ihrer romantischen Alpenwelt hinter-
lassen hatten, vermochte ich den Wunsch nicht zu unter-
drücken, den bewährtesten Luftschiffer unserer Zeit auch
auf einer Nachtfahrt zu begleiten; in welcher Absicht ich
mich nach Wien begab, wo ich das Vergnügen hatte,
Herrn Godard mit mir einverstanden zu finden, insoweit
nicht atmosphärische Hindernisse demselben entgegentreten würden. Nachdem diese glücklicherweise nicht vorhanden waren, erfolgte die Auffahrt des Ballons in Wien,
Sonntags am 25. September, um 5½ Uhr Nachmittags,
vom Garten des Sofienbades, in Gegenwart einer un-
gewöhnlichen, zahlreichen Menge von Zuschauern.

Begleiter des Herrn Godard waren sein Bruder
August, Herr Hofzinser und ich. Nachdem Herr August
Godard mit einer noch nie dagewesenen Sicherheit seine
gymnastischen Vorstellungen unterhalb der Gondel des
Ballons zum Staunen der Tausende von Zuschauern in

Nähe und Ferne ausgeführt hatte, bewährte der ältere Herr Godard seine Wissenschaft und Kraft in der Kunst, den Ballon zu lenken, indem er ihn, ganz langsam über der innern Stadt fortschwebend, nicht höher als 80 Fuss oberhalb der Dächer dahingleiten und ihn dann plötzlich zu der Höhe von 4520 Fuss steigen liess. Nach einer durch den herrlichen, windstillen Abend besonders begünstigten Fahrt sank der Ballon um 7¼ Uhr in dem 1½ Stunde entfernten Neuwaldegg bei Dornbach herab, wo wir von einer jubelnden Menge uns schon lange mit den Blicken verfolgender Zuschauer begrüsst wurden und darauf die Gondel verliessen. Herr Eugen Godard, von seiner Artigkeit gegen das weibliche Geschlecht und dem lieblich schönen Abend dazu bewogen, machte jetzt, jedes Mal von drei Damen begleitet, mehrere kleine Auffahrten von dem Platze, wo der Ballon sich gesenkt hatte, bis zu einer Höhe von 300 Fuss, wobei sein Bruder den Ballon an einem Seile hielt, um ihn zur bestimmten Zeit wieder herabzuziehen.

Als hierauf die schaulustige Menge sich einigermassen zerstreut hatte, ward der Ballon in ein dem nahen Fahrwege zunächst gelegenes Thal gebracht, um vor dem sich jetzt erhebenden Winde mehr geschützt zu sein, und dort der Fürsorge des Herrn August Godard überlassen, während wir Andern um 9 Uhr unter Begleitung einer jubelnden Menge, die Fahnen schwenkend, nach Dornbach zogen, wo wir im Gasthause „zur Kaiserin von Oesterreich" eine in Speise und Trank wohlbestellte Mahlzeit hielten, bei welcher ein grosser Theil dortiger Bewohner uns Gesellschaft leistete.

Aufgeregt durch das fröhliche Mahl und zahlreiche auf die Luftschiffer und die Wiener ausgebrachte Toaste, drang ich wiederholt in Herrn Godard, die Luftreise alsbald wieder fortzusetzen, der jedoch meinen nur aus Unerfahrenheit entspringenden Antrag zurückwies: dass es unklug sein würde, in einer ihm unbekannten Gebirgsgegend dieselbe vor Aufgang des Mondes zu unternehmen. Als jedoch um Mitternacht der im vollen Glanze sich erhebende Mond sein Silberlicht ergoss, fuhren wir in Begleitung von zehn Wägen, gefüllt mit den freudelustigen Genossen unseres Mahles, nach dem Orte, wo wir den Ballon gelassen hatten.

Die ganze Gegend ruhte in lieblicher Stille, und obgleich der Mond im letzten Viertel stand, war die Beleuchtung zur Fortsetzung der Fahrt ganz hinreichend.

Herr Eugen Godard begann nun seine Vorkehrungen zu dieser zu so ungewöhnlicher Zeit unternommenen Reise, welche in Kurzem vollendet war. Noch viele herzliche Händedrücke und Lebewohl an die frohe uns begleitende Gesellschaft, welcher noch hundert Andere sich zugesellt hatten, und wir erhoben uns im ruhigsten Mondlichtglanze um die erste Morgenstunde des jungen Tages in würdiger Stille gegen den sternbesäeten Himmel. Der Wind, welcher bei unserer Abreise von Wien südöstlich wehte, war später ganz südlich geworden. Wir schwebten oberhalb Kierling, liessen Weidling am Bach, Klosterneuburg und Kornenburg zur Rechten, während die mit den Obelisken bei Hadersfeld gekrönte Bergkette, in dem Masse, als wir uns erhoben, immer mehr in eine Fläche zu verschwimmen schien. Nachdem der Ballon jetzt eine Höhe von 5000 Fuss erreicht hatte, änderte sich der Wind und wurde südwestlich.

In Folge häufigen Gasverlustes des Ballons bei der Fahrt von Wien aus war ein grosser Theil desselben leer geworden, worauf aber jetzt aus Ursache der Verminderung des atmosphärischen Druckes das Volumen des Gases sich vermehrt hatte, so dass der Ballon wieder ganz gefüllt war und uns zu einer Höhe von 10.025 Fuss brachte. Wir hatten die Donau überschritten und befanden uns oberhalb Leobendorf, wo sich uns eine der herrlichsten Natur- erscheinungen darbot. Den ganz wolkenlosen Himmel färbte das reinste Dunkelblau, in ferner Tiefe schien das in Gasflammen strahlende Wien herauf zu leuchten, während südlich und südwestlich die malerische Alpen- kette von Oberösterreich, Salzburg und Steiermark hervor- trat, welche am fernsten Horizonte die Riesenspitzen Tirols im reinsten Umriss überragten. Von diesem un- beschreiblichen Gemälde an vermochten wir die Gegenden, über die uns nun der Ballon trug, nicht mehr zu erkennen, wozu noch der Umstand kam, dass Herr Godard, als er seine ihm dazu nöthige Karte hervornehmen wollte, die Entdeckung machte, dass man sie ihm während unseres Aufenthaltes in Dornbach entwendet hatte. Uns blieb daher allein der Compass, welcher die von Nord und Nordost ändernde Richtung, je nachdem wir auf- oder niederstiegen, anzeigte. Um $2^1/_2$ Uhr leerten wir eine Flasche des köstlichsten Champagners, brachten den lieben Wienern ein Lebehoch und speisten unter dem glänzendsten Sternenlicht ein paar Brathühner, erfüllt von dem Gedanken, dass sich wenige Sterbliche des Genusses in solcher Umgebung werden rühmen können! Herr Eugen Godard genoss hierauf ein wenig schwarzen Kaffee, den wir von Dornbach in einer Flasche mitgenommen hatten, um dem Schlafe widerstehen zu können.

Als wir uns um $3^1/_2$ Uhr gegen 1000 Fuss der Erde näherten, vernahmen wir die Stimme mehrerer auf einer Strasse dahinziehenden Personen, wobei sich vor uns ein bedeutender, mit weisslichem Wolkendunst be- deckter Berg erhob, während der ältere Herr Godard eine flüchtige Zeichnung der sichtbaren Ortschaften, der Strasse, der Lage des Gebirges und eines bedeutenden Dorfes, welches sich zu unserer Linken befand, aufnahm,

wobei er namentlich mit Hilfe des Compasses die Linie
von Nord nach Süd bestimmte. Dies war für den be-
währten Luftschiffer genügend, um auf unserer Rückreise diese Orte und Gegenden wieder zu erkennen. Eines
dieser Dörfer war Bergen und jenes bedeutende zur
Linken Danowitz, zwischen denen die erwähnte Strasse
hinzog, und der Berg vor uns der Maidenberg. Um 4 Uhr
Morgens befanden wir uns 670 Fuss über dem Dorfe
Wisternitz, in dessen Nähe wir ein bedeutendes, von
den dortigen Wasserfällen herrührendes Geräusch vernahmen. Herr Godard liess jetzt, um dem nahen Gebirge
auszuweichen, den Ballon wieder steigen, während sich
der Wind etwas änderte und uns oberhalb Auspitz führte,
worauf der Ballon, durch die bisherige Annäherung an
die Erde etwas entleert, jetzt in Folge der entgegengesetzten Richtung sich wieder füllte und uns Morgens
4¹/₂ Uhr zu der höchst bedeutenden, nur von Herrn Godard
erreichten Höhe von 15.727 Fuss brachte. Von diesem
Augenblicke an vermochten wir nicht mehr zu bestimmen,
in welcher Richtung wir uns befanden, indem die Erde,
so weit unsere Blicke reichten, in die dichtesten Wolkenmassen gehüllt war und in diesen aller Vergleichspunkte
entbehrenden Räumen auch der Compass keinen Nutzen
gewährte. Der angenehmsten und günstigsten Temperatur
war nun plötzlich durchdringende Kälte gefolgt und unerträgliche Beklommenheit bemächtigte sich unser. Nur
mit Mühe vermochten wir zu athmen und mussten alle
Gewalt aufbieten, um nicht in Schlaf zu sinken, wobei
Herr Godard häufig Kaffee zu sich nahm. Auch sahen
wir uns genöthigt, unsere Stimmen beim Sprechen bedeutend anzustrengen, indem ein beständiges Sausen vor
den Ohren stattfand. Nur gegen Osten waren die
Wolkenschichten nicht so gewaltig und wir konnten eine
lange Zeit hindurch, obgleich bedeutend entfernt, den

Gasschimmer der später deutlicher hervortretenden Stadt Brünn erkennen.

Obgleich diese gegenwärtige Lage nicht unter die angenehmen Reiseeindrücke zu zählen war, wollte Herr Godard den Ballon doch nicht vor Sonnenaufgang herablassen, um das Gas zu erhalten, indem wir nur noch wenig Ballast, ein Haupthinderniss bei der Luftschifffahrt, hatten.

Mir wurde der Kopf schwer, ich sank in leisen Schlummer, den Herr Godard durch 25 Minuten gestattete, welche ihm aber lang erschienen, indem auch er nicht allein gegen Kälte und Schlaf und gegen starke Beklommenheit zu kämpfen hatte, die nur dadurch erleichtert wurde, dass ihm das Blut aus Mund und Nase rann, was seinen Schmerz bedeutend milderte.

Bei keiner seiner vielen bisherigen Luftreisen hatte derselbe eine so mächtige Beklommenheit empfunden, obgleich er bereits zweimal in gleicher Höhe sich befand, was jedoch stets bei Tage stattfand, während diesmal die Nacht ihren Einfluss fühlbar machte.

Als die ersten Anzeigen des Tages merkbar wurden, ward ich von Herrn Godard geweckt, um dieses unbeschreiblich schöne Schauspiel in solcher Höhe bewundern zu können.

Wie eine unbegrenzte nebelgleiche Fläche breiteten sich die Wolkenmassen unter uns aus, während allein die Spitzen ferner Alpen von der in voller Pracht aufsteigenden Herrscherin des Tages vergoldet wurden, wobei die günstigste Witterung für unser Herabsteigen sich in Aussicht stellte. Herr Godard liess den Ballon nun nach und nach sinken, indem er die Höhe von 3000 Fuss zu halten suchte, um einen günstigen Platz für das Herablassen zu erforschen.

Mir jedoch schien es, als wenn der Ballon sehr schnell sinke, was ich an dessen Schatten, der mit reissender Schnelligkeit sich bewegte, bemerkte und worauf ich Herrn Eugen Godard aufmerksam machte. „Eben diese Erscheinung ist es," gab dieser zur Antwort, „die mich zu dem Herablassen bestimmt, indem nicht der Ballon, sondern die Wolkenschichten unter uns mit grosser Schnelligkeit sich fortbewegen." Ich äusserte nun die Bemerkung, dass bereits seit 20 Minuten das Rasseln eines Wagens, das Läuten einer Glocke, sowie Hundegebell vernehmbar sei, was ihm den Beweis zu liefern schien, dass wir uns nicht vom ersten Standpunkte entfernt hatten. Herr Godard liess nun den Ballon bis dahin, wo er die Wolken berührte, herab, was mir jedoch als ein Steigen erschien. Diese bildeten ein wahres Meer, zwischen Bergen und Thälern auf- und niederwogend, in deren Mitte wir festgebannt schienen. Als aber keiner jener Töne mehr vernommen wurde, kamen wir zur Ueberzeugung, dass die Wolken uns mit sich fortgezogen, während die Tageshelle immer wuchs und der Ballon mit Zunahme der Temperatur von Neuem im Steigen begriffen sei, wozu das glänzendste Sonnenlicht die weite Oberfläche des Wolkenmeeres unter uns vergoldete, nachdem der untergehende Mond dem neu ersteigenden Tagesgestirn gewichen war.

Herr Godard, in der Absicht, den Einfluss der Sonnenstrahlen auf das Gas im Ballon zu mildern, begann nun seine Anstalten zum Herabsteigen, während er der mittleren Wolkenschichte, 1900 Fuss über der Erde, sich näherte.

Plötzlich jedoch umfing uns ziemlich dichte Finsterniss, sowie undurchsichtiger Nebel; wir sanken immer mehr und der Ballon, welchen uns der Nebel nicht einmal sehen liess, wurde heftig hin- und hergetrieben. Endlich vernahmen wir ein Getöse, welches in dem Masse, als wir

herabkommen, immer zunahm. Auf meine Frage: „Was
dies zu bedeuten habe?" bemerkte Herr Godard, „dass es
ein ungünstiges Zeichen, nämlich der durch die Bäume
eines Waldes brausende Wind sei, ober welchem wir
schwebten. Die Erfahrungen und Sicherheit des kühnen
Luftschiffers, dessen grösster Feind der Wind bleibt,
wusste auch in dieser, allerdings sehr ernsten Lage uns zu
trösten; da jener ihm viel Hindernisse bereiten würde,
wie er selbst zugab, zumal ihm, wie bereits erwähnt, sehr
wenig Ballast geblieben, so rieth er, mich in die Gondel
zu legen, da er jetzt, um der Heftigkeit des Windes zu
entgehen, sich im Walde niederlassen werde. Während er
in seinem Gespräche umherblickte, ob sich nicht die Erde
zeige, sowie den Stand des Barometers, um darnach das
Herabsinken zu bestimmen, beobachtete, empfanden wir,
mehr als 1200 Fuss von der Erde, plötzlich einen heftigen
Stoss. Auf meine Frage, nach dessen Ursache, ward mir
die Antwort, „dies sei die Wirkung des Strickes vom
Ballon, welcher die Bäume berühre." Auf die Aeusserung
meines Zweifels, da der Strick doch nur 250 Fuss Länge
habe, erhielt ich den Bescheid, „dass wir uns oberhalb
eines Gebirges befanden".

Und so war es auch, plötzlich sahen wir uns ausser-
halb der Wolken, und alsbald darauf am Abhange eines
Berges, welchen der Strick berührt hatte und dessen
Spitze bis an die oben verlassene Wolkenschichte zu
reichen schien. Die Umgebung bildete rings dichte
Waldung.

Es regnete und der Wind trieb den Ballon mit solcher
Schnelle, dass kein Gegenstand genau sich erkennen und
unterscheiden liess. Godard, einen Lichtschein (ungefähr
500 Schritt vor uns) bemerkend, gab die Anweisung, jetzt
die Stricke zu erfassen. Er öffnete nun sofort mit aller
Kraftanstrengung das Ventil und wahrhaft pfeilschnell

stürzten wir gegen die Erde herab, worauf alsbald ein durchdringendes Krachen uns anzeigte, dass wir im Walde niedergefallen waren. Eugen Godard, in keinem Augenblick von seiner Geschicklichkeit und Kaltblütigkeit verlassen, gab dem Ballon am Fusse eines Baumes einen Halt, und wir Zaghaften sahen uns geborgen. Nachdem wir nun so viel Gas, als unser Gewicht betrug, ausgelassen, entstiegen wir der Gondel und betraten um 6 Uhr 15 Minuten Morgens die seit 5 Stunden verlassene Erde.

Obgleich Regen und Wind sehr heftig waren, befestigte Herr Godard dennoch den Ballon mit staunenswerther Geschicklichkeit an vier Eichenbäumen, zwischen denen er herabgekommen, während der ausgeworfene Anker, in der Entfernung von 120 Fuss, am Gipfel eines starken Baumes festsass. Nach einer Viertelstunde kamen eine Menge Landleute, um die aus den Lüften herabgekommene Erscheinung zu besichtigen, welche uns berichteten, dass wir bei Neuschloss in Mähren uns befanden, eine Meile von Lutschowitz und drei Meilen von Austerlitz. Die Stelle, wo wir zur Erde gekommen, liegt noch 800 Fuss über Wien, und die von uns durchschnittene Wolkenschichte, welche wir Anfangs zum Theil für Nebel gehalten, hatte eine Dichte von 900 Fuss. Die erfreuten und erstaunten Landleute halfen nach Kräften den Ballon, der übrigens trotz der heftigen Stürme unverletzt war, wieder zusammenlegen. Nachdem dies geschehen und wir von Herrn Müllermeister Doleschan und dessen Gattin die zuvorkommendste Aufnahme und Bewirthung genossen, fuhren wir auf einem Leiterwagen nach Lutschowitz, wo der fürstlich Liechtenstein'sche Amtsverwalter uns die fürstliche Equipage zur Benützung stellte, um uns damit über Austerlitz, wo wir das schöne fürstlich Kaunitz'sche Schloss besichtigten, nach Brünn fahren zu lassen. Daselbst, mit unseren Fahnen in der

Hand, im Gasthofe „zum Kaiser von Oesterreich" angelangt, wurden wir von mehreren hochgeachteten
Männern auf das Schmeichelhafteste empfangen, welche
gleiche Ehre uns auch auf der Fortsetzung unserer Rückreise nach Wien zu Theil ward.

Am 29. September fand die n e u n t e,
— die d r i t t e »letzte« — Auffahrt statt,
welcher Seine k. k. Hoheit Herr Erzherzog
L u d w i g V i c t o r beiwohnte, und an welcher
zwei Grafen W e s t p h a l e n theilnahmen.
Die Reise ging bei schönstem Wetter zunächst nach Aspern, woselbst August Godard, der Akrobat, abgesetzt wurde, worauf
die übrigen Drei noch eine weitere kurze
Fahrt bis nach H a r i n g s e e bei Gross-
enzersdorf unternahmen, woselbst sie landeten.

Am 2. October fand die z e h n t e Fahrt
statt, welche nach 51 Minuten bei F i s c h-
a m e n d endete.

Am 9. October fand eine D o p p e l f a h r t
statt. Eugêne Godard fuhr mit den Herren
L e n z, Carl W e i s s und Eduard von H e i m
im grossen Ballon »Ville de Graz«, Godard jr.
mit dem kleinen Ballon »Prag« auf. Beide
Fahrten verliefen auf das Glücklichste. Der
kleinere Ballon, welcher nur 8778 Kubikfuss
Gas fasste, landete um 7 Uhr in J e d l e s e e,
der grosse Ballon flog zuerst nach Simme-

ring, woselbst er die Erde berührte und einer der Passagiere ausstieg. Nach zehn Minuten wurde wieder aufgestiegen und um $\frac{1}{2}$7 Uhr in Schönbrunn mitten auf dem grossen äusseren Schlossplatz gelandet. Nach kurzer Rast erhob sich der Ballon von hier neuerdings, worauf um $\frac{1}{2}$8 Uhr bei Weidlingau die Reise beendet ward.

Ueber die Landung zu Schönbrunn liegt von einem Theilnehmer der Fahrt folgender Bericht vor:

„Als wir uns Schönbrunn näherten, theilte uns Herr Godard mit, wie es schon lange sein lebhafter Wunsch sei, sich einmal dort mitten im Hofe niederzulassen, und dass er dieses Mal alles Mögliche anwenden wolle, um sein Vorhaben auszuführen. Mit wirklich ganz erstaunlicher Gewandtheit und Präcision in der Behandlung des Ballastes kamen wir glücklich und ungefähr gerade oberhalb des k. k. Wachposten-Hauses zu stehen, und da Herr Godard alle nothwendigen Vorkehrungen zum Herablassen getroffen hatte, warf er ein langes Seil aus der Gondel auf die Erde, um mittelst diesem nöthigenfalls von dort aus dem Ballon die Richtung in das Innere des Hofraumes zu geben und denselben auf diese Art vor Schaden an den Häusern oder den Bäumen zu bewahren. Diese Massregel scheint jedoch von der versammelten Volksmenge, die uns immer folgte und unterdessen auch herangekommen war, ganz missverstanden worden zu sein, denn augenblicklich ergriffen viele Hände das Seil und waren bemüht, den Ballon zur Erde nieder zu ziehen. In

demselben Momente hatte Herr Godard jedoch schon sein
Ventil geöffnet, das Gas strömte aus und wir stürzten mit
bedeutender Schnelligkeit gerade auf das Dach der linken
am Haupteingange befindlichen Gebäude los; ein Sturz,
welcher nur ernste Folgen gehabt hätte. All' unser
Schreien: „Auslassen! Auslassen!" war umsonst, man
verstand uns nicht und jeder Augenblick war gefahr-
bringender, denn wir näherten uns schon mit reissender
Schnelligkeit dem Gebäude; da zog Herr Godard schnell
sein Messer und schnitt den Strick durch, welcher der
erstaunten Menge zu Füssen fiel. Eine leichte Er-
schütterung folgte nun und wenige Augenblicke später
kamen wir wohlbehalten und mitten unter der über dieses
Manöver erstaunten Menschenmasse zur Erde, welche uns
sogleich wieder umringte und den Ballon festhielt, bei
einer demselben beim Niedergehen jedoch eigenthümlichen
Bewegung plötzlich ausliess und uns auf diese Art in eine
kritische Lage versetzte. Der Ballon war bei dieser neuen
Auffahrt nämlich nicht gerade gegangen, sondern hatte
eine etwas schiefe Richtung angenommen und den Boden
gestreift, so dass unsere Gondel sich unter den
heftigsten Schwingungen abermals erhob, und Herr
Godard, welcher seinen Gondelplatz bereits wieder mit
dem oberhalb in dem Netze und auf dem Ringe ver-
tauschte, nur Zeit hatte auszurufen: „Tenez, vous bien,
Messieurs!" Wenige Minuten später befanden wir uns
wieder einige hundert Fuss in der Luft. Herr Godard
beschloss dennoch, ein drittes Mal mitten im grossen
Hofe und zwischen den vier Gascandelabern niederzugehen.
Um 6 Uhr 30 Minuten kamen wir wohlbehalten zwischen
den vier Gascandelabern zur Erde. Nachdem Se. Majestät
der Kaiser auf geschehene Anfrage dem Luftschiffer frei-
gestellt hatte, seinen Ballon zu entleeren oder wieder
aufzufahren, entschloss sich Herr Godard zu letzterem,

was auch allergnädigst gestattet wurde. Der Ballon wurde nun auf Herrn Godard's Wunsch von einigen rüstigen Männern gehoben, fortgetragen und in geringer Entfernung von dem kaiserlichen Balcon niedergesetzt, auf welchen sich während dieser Zeit die Allerhöchste kaiserliche Familie von der Tafel aus zu begeben geruht hatte. Alle nur entbehrlichen Gegenstände wurden zurückgelassen, es ergab sich aber dennoch die Nothwendigkeit, noch einen Passagier auszusetzen, da die Tragfähigkeit des Ballons durch die Gasentströmungen bei den Niederfahrten bereits zu sehr geschwächt worden war. Ich entschloss mich daher, obwohl mit schwerem Herzen, meinem Begleiter, als dem leichteren von uns, den Platz abzutreten und verliess den Ballon, welcher sich dann sogleich vor den Augen des Allerhöchsten Hofes um 7 Uhr 25 Minuten neuerdings in die Lüfte emporschwang."

Am 16. October, bei der zwölften Fahrt, war es so stürmisch, dass die beiden Godard's allein fahren mussten; sie landeten nach 50 Minuten nicht ohne Schwierigkeiten bei Klein-Stetteldorf nächst Oberhollabrunn.

Ueber diese Fahrt liegt folgende Schilderung vor:

„Der starke Wind liess eine unruhige Fahrt vermuthen, daher der kleine Ballon zurückgelassen und die Begleitung der Vergnügungsreisenden abgelehnt wurde. Die beiden Godard's erhoben sich um 4 Uhr 35 Minuten allein mit dem grossen Ballon „Graz", flogen rasch in die Höhe, passirten die Donau und wurden über Floridsdorf längs des Bisambergs gegen Korneuburg getragen. Zwischen diesem Orte und Stockerau liessen sie sich nach einer starken Viertelstunde bei der Ruine Kreuzenstein herab und warfen den Anker aus, derselbe blieb aber auf der dortigen Ebene wegen des heftigen Windes nicht fest und schleifte der Ballon die Gondel in furchtbaren Sätzen dahin. Da die Aëronauten aber noch Ballast genug zur Verfügung hatten, gelang es ihnen, sich wieder mit dem Ballon zu erheben. Sie kamen nun zwischen zwei Wolkenschichten, einer lichteren ober ihren Köpfen, und einer dunklen zu ihren Füssen, aus welcher einzelne Schneegipfel der steierischen Gebirge wie Inseln im sturmbewegten Meere auftauchten. Die untere Wolkenmasse machte den täuschenden Eindruck der hochgehenden See, war aber so dicht und schwarz, dass es schien, als wäre schon finstere Nacht über die Erde gelagert. Der Ballon hatte die Höhe von 7 bis 8000 Fuss erreicht und nun trat ein Moment ein, den Godard selbst für höchst merkwürdig erklärt."

„Bei einer milden und höchst angenehmen Temperatur fehlte den Seglern alles Bewusstsein, ob das Vorüberjagen der Wolken nur scheinbar sei, und sie selbst dahin flögen oder ob sie umgekehrt in einer ruhigen Luftschichte seien und die Wolken unter ihnen vom Sturme getrieben würden. Nur das Hundegebell, welches aus der Tiefe heraufdrang, gab ihnen den Anhaltspunkt, denn wie dieses von Zeit zu Zeit wechselte, erkannten sie, dass auch sie über andere Orte hinschwebten und es wurde ihnen endlich klar, dass sie mit einer sozusagen rasenden Schnelligkeit dahin fuhren. Godard liess jetzt den Ballon sinken, der Sturm blieb aber in der tieferen Region gleich und von der Erde war durch die schweren Wolkenhaufen nichts zu erspähen. Ein Herablassen auf das freie Feld war bei solchen Luftströmungen zur Unmöglichkeit geworden und nur unter Bäumen konnte es gelingen, den Ballon fest zu halten. Godard senkte sich

immer mehr und lavirte, als das eigentbümliche Rascheln
von Zweigen und Blättern im Winde zu ihm drang,
zwischen den Baumwipfeln, bis durch das Auswerfen des
Ankers und des von diesem herabhängenden Seiles, verbunden mit der fortwährenden Ausströmung des Gases,
der Ballon endlich so viel von seiner Flugkraft verlor,
dass sich August Godard an dem Seile herablassen und
ein Festhalten versuchen konnte. Wohl riss ihn das
sturmgepeitschte Luftschiff noch an 30 Fuss in die Höhe,
doch beirrte dieser Salto mortale den unverzagten Akro-
baten nicht, er lies nicht los und endlich gelang es durch
der Brüder vereinigte Anstrengung und Kunstfertigkeit,
am Saume des Waldes sich niederzulassen. Sie waren des
feindlichen Elementes nach mancher Fährlichkeit mit
heiler Haut Meister geworden, und wunderbarer Weise
hat auch der seidengewobene Luft-Leviathan nicht den
geringsten Schaden genommen. Nun erfuhren die Luftschiffer, dass sie sich in der Nähe von Kleinstetteldorf
bei Oberhollabrunn befanden."

Die wirklich »letzte« — die d r e i z e h n t e
— Auffahrt erfolgte am 23. October; es war
wieder eine Doppelfahrt. Mit Eugène Godard
stiegen im Ballon »Graz« drei Passagiere
auf und zwar die Herren F. H. und A.
R., sowie Frau B e a t r i x B a t i t s c h. Die Landung dieses Ballons erfolgte zwischen K i e r -
ling und H a d e r s f e l d, unweit K l o s t e r -
n e u b u r g. August Godard landete mit dem
Ballon »Prag« bei O b e r h o l l a b r u n n.

Die Mitfahrt einer Dame gab dem bekannten Humoristen S a p h i r Gelegenheit

zu dem nachstehenden Gedichte, das am
31. October 1853 im Montagsblatte des »Humorist« erschien.

„Die Modistin in der Luft.

Eine halb-ellische brühfade Depesche aus der Milchstrasse.
Von *Dr. Debeck*.

Eine Modistin der Naturforscherei und Wetterkunde,
Mitglied der „orientalischen Akademie der türkischen
Bunde,"
Thät steigen im Kunst-Interesse, wie man hofft,
Verschichenen Sonntags kühn in die Loft!
Um zu erfahren, ob sie da Oben eben so tragen,
Die Schmisetten, Mantillen, Patschen und Kragen,
Und ob „die Jungfrau" trägt eine Bili oder Spargelhut,
Ob ihr, der vom „Mädchen von Marienburg" oder von
der „Prevôt" steht gut,
Und ob „die Venus" trägt einen Kragen mit Zurken;
Und ob an „der Aurora" ein Cul de Paris ist zu be-
murken,
Und von dort zu bringen die neuesten Moden,
Für Wien, Mödling, Vöslau und Boden,
Und daneben hoffte sie vielleicht mit irgend einem Ko-
meten
In eine nähere, commercielle Verbindung zu treten.
Zum Zeugen und Ehrenwächter nahm sie mit die ganze
Stadt Graz,
Auf dass sie mit Männer sei allein nicht immer und stats.
Sie nahm sich mit ein Paraplui und einen Barometer,
Einen Gugelhupf, ein Bauchröckerl und einen Thermometer.
Eine Nadel, eine Scheer und ein kleines Heferl aus Erz,
Um sich oben an der Sonne zu kochen einen Sterz.
Und so ist sie mit noch einigen Forschern der Natur
In die Höhe gefahren mit dem allermodernsten Hamur;

In den Korb ist sie mit Anstand und Grazie gekraxelt
Und hat den Perspectiven nicht das Mindeste enthaxelt.
Es war gerade so zwischen Ein Uhr und zwischen Sechse,
Sie thutete nicht fürchten, dass bräche Gemeinde-Rad
oder Aechse.
Sie fuhr in die Luft ohne einige Klafter Wärme
Und fühlte sich nicht befangen von Kummer und Härme.
Da unten standen lange noch basteiliche Dalken,
Und schauten, bis sie sich verlor in die Walken!
Da ergriff das erdige Menschenthum, welches das sahe,
Zuerst Staunen, dann Bangen, Jammer und Wahe!
Sie aber stieg empor und herunter klang es wieder:
„Johanna steigt und niemals kommt sie nieder!"
Und stieg in die Höhe wie eine leichte Feder,
Und kam dem Himmel immer nä'der und nä'der,
Und als sie erreichte die gewisse mittelste Schichte,
Wo kaum Luft mehr schnappen Karpfen, Gareissel und
Hichte,
Da sah sie unter sich liegen wie vier neugebor'ne Mopperl,
Afrika, Amerika, Asien und Europerl!
Und um die Nas' von Europerl wie eine summende Fliege,
Sah sie summen und brummen die orientalische Frige
Und Depeschen und Noten ohne Furcht und ohne Tadel
Jagen sie hin und her mit dem Fliegenwadel,
Und die zwei vereinigten Flotten in den Dardanellen,
Sie kamen ihr vor wie zwei kleine Wickelsardellen,
Die Stadt Wien aber war so winzig und man thät sie
gar nicht bemerken,
Als nur die Spitze von Hans Jörgel's sämmtlichen Werken.
Da kam ein günstiger Windstoss und trieb sie noch weiter
hinauf
Und sie hielt sich einen Augenblick bei dem „grossen
Fuhrmann" auf.
Dort fand sie ganz allein 14.831 Pränumeranten

Von den 17.000 Wiener Presse-Abonnanten!
Und dann hörte sie im Vorüberfahren bei dem „grossen
                                                    Hund",
Dass es auf diesen Stern auch schon war kund,
Dass die „Presse" hat gar so wenig Inserate
Und dass sie deshalb gar so gewaltig stosst in die Kriegs-
                                                    trompate!
Und als sich die Modistin gerade dem Zodiek naht,
Wählten sie den „Krebs" grad einstimmig zum Ge-
                                                    meinderath,
Und da fühlte die Modistin einen rückwärtigen Wind,
Und sie liess etwas atmosphärisches Gas aus geschwind,
Und das rauchte dem „Steinbock" stark in die Schnauz'
Und es stiess ein Loch in die Stadt Gräz, Graz oder
                                                    Grauz,
Sie kriegte ein Loch und fiel, o dass der Himmel erbarm',
Den „Wochenkrebs" g'rad hinein in den offenen Arm,
Wie aber die Modistin ist heruntergekommen von oben,
Darüber haben die Abendblätter noch gar nichts ge-
                                                    schroben."

Von 1853—1881.

In der langen Zeit von 1853—1881, somit durch einen Zeitraum von achtund-
zwanzig Jahren, hatte Wien keine grösseren
Luftfahrten mehr zu verzeichnen. Alles was
in dieser Epoche hier an Luftfahrten unternommen wurde, ist theils missglückt, theils
waren es so herzlich unbedeutende Fahrten
mit armseligen Kirchtag-Ballons, dass darüber wohl so viel wie nichts zu sagen ist.
Im Jahre 1867 glaubte ein auf anderen
Gebieten erfolgreicher Wiener Ingenieur
eine grosse Erfindung gemacht zu haben,
indem er mehrere kleine Ballons zusammen-
koppelte. Es ging ihm jedoch, wie so vielen
anderen Theoretikern, die auf aëronauti-
schem Gebiete die schönsten Erfindungen
— auf dem Papiere machen und in jeder
Westentasche einen unfehlbaren Plan zu
einem lenkbaren Luftballon bei sich tragen,
mit von Zahlen und Formeln durchspicktem
Kopfe jeden gewöhnlichen Luftschiffer über
die Achsel ansehen, sich aber — ausser in
ihren Träumen — niemals auch nur sechs

Schuh hoch über den Boden zu erheben vermochten! Die öffentlichen Versuche Mayerhofer's endeten geradezu kläglich. Der Erfinder vermochte mit seinen Ballons nicht aufzusteigen, und das Publikum, das sich in seinen Erwartungen arg getäuscht sah, benahm sich eben nicht sehr glimpflich, so dass dem Erfinder jede Lust verging, sich weiter auf diesem Gebiete zu versuchen.

Jm Jahre 1872 unternahm ein französischer Luftschiffer und zugleich Gymnastiker, Namens Beudet, von Schwender's »Neuer Welt« in Hietzing aus eine Anzahl von Auffahrten mit einem kleinen und ziemlich primitiven Ballon, an dem gar keine Gondel, sondern blos ein Trapez befestigt war, auf welchem der Gymnastiker-Aëronaut während der Auffahrt seine Künste zeigte. Er blieb mit seinem Ballon stets höchstens 10—12 Minuten in der Luft und landete jedesmal innerhalb Büchsenschussweite vom Aufstiegorte.

Im Jahre 1873 wurde von einem Consortium anlässlich der Wiener Weltausstellung ein grosser Ballon *captif* hergestellt, dessen Kosten sich auf mehr als 50.000 fl. beliefen und der sich gerade an dem Tage,

da er schon vollgefüllt war und seinen Dienst
antreten sollte, in Folge eines Sturmes von
seinen Banden losriss und auf und davon
nach Ungarn flog, wo ihn die Bauern, die
ihn auffingen, in tausend Stücke zer-
schnitten.

In den ersten Siebzigerjahren war es
auch, dass Victor Ritter von Ofenheim,
der bekannte Eisenbahnmann, eine Reihe
grösserer Versuche unternahm, welche dahin zielten, den Luftballon für militärische
Zwecke besonders dienstbar zu machen.
Eine ganze Anzahl grösserer Ballons wurde
hergestellt und nach und nach eine Summe
von weit über hunderttausend Gulden auf-
gewendet, ohne zu dem gewünschten und
erwarteten Erfolge zu führen. Die Versuche
wurden schliesslich aufgegeben und die
Ballons, mit denen man es nie auch nur zu
einer einzigen ordentlichen Fahrt gebracht,
verfaulten in verschiedenen Magazinen.

Im August 1877 producirte sich zuerst
im Prater im ehemaligen Thiergarten, später
in der »Neuen Welt« in Hietzing, ein Fräulein Mathilde Erickson mit einem
Ballon »Amerika«, welchen sie einen
»Riesen-Luftballon« nannte, der aber kaum
14000 Kubikfuss Gas fasste.

Die Fahrten Godard's 1881.

Im Herbste 1881 — 28 Jahre nach seinem ersten Hiersein im Jahre 1853 — kam Eugêne Godard zum zweiten Male nach Wien, diesmal mit seinem siebzehnjährigen Sohne Leon. Er unternahm in diesem Jahre im Ganzen vierzehn Auffahrten in einem Ballon, welcher den Namen »Nouveau monde« führte und tausend Kubikmeter Gas zu fassen vermochte.

Die erste Fahrt, welche am 21. August stattfand und an der drei Wiener Journalisten, die Herren Oswald Boxer von der »Presse«, Julius Kohn von der »Allgemeinen Zeitung« und Carl Winter vom »Tagblatt« theilnahmen, verlief nicht ganz glatt und gab auf diese Weise den Herren von der Feder Gelegenheit, recht romantische Schilderungen ihrer luftigen Erlebnisse zu veröffentlichen. Der Ballon gerieth, nach diesen Mittheilungen, zwischen zwei Gewitter und Mr. Godard vermochte nur unter

Schwierigkeiten in der Stiftsau zwischen Kritzendorf und Klosterneuburg zu landen, nachdem man schon befürchtet hatte, nähere Bekanntschaft mit der Donau zu machen.

Am 25. August erfolgte die zweite Auffahrt, an welcher sich Prinz Alexander Solms und Herr Armin Eugêne Wolf betheiligten. Diese Fahrt verlief vollkommen glatt und endete bei Rannersdorf nächst Schwechat.

An der dritten Fahrt, welche am 30. August stattfand, nahmen Fürst Wrede und Herr August Patka theil. Die Landung erfolgte bei Niederschleinz nächst Limberg.

Die vierte Fahrt, an welcher die Herren k. k. Rittmeister Graf Hugo Kalnocky, Johann Eyller und Alfred Kurz theilnahmen, fand am 1. September statt. Der Niederstieg erfolgte zu Strass bei Hadersdorf.

Am 4. September kam die fünfte Fahrt zur Ausführung, welche Fürst Alfred Liechtenstein und Herr O. Lieder mitmachten. Der Wind trug diesmal die Reisenden nach Sachsengang bei Gross-Enzersdorf.

Am 6. September folgte die s e c h s t e
Ascension, an welcher sich die Herren
Wilhelm B o s c h a n, Josef G a u s s und
Gustav S c h a r m i t z e r betheiligten und
welche nächst W o l l e r s d o r f bei N e u-
A i g e n (auf dem Tullner Boden) endete.

An der s i e b e n t e n Auffahrt, welche
am 8. September stattfand, nahmen ausser
dem Aëronauten und dessen Sohn Leon,
noch Herr Josef H u t z k i und der Heraus-
geber dieses Buches theil. Es war eine
äussert glatte Fahrt und sanfte Landung
bei S t. A n d r ä - W ö r d e r n.

An der a c h t e n Fahrt am 13. September,
bei welcher die Reisenden nach D e u t s c h-
W a g r a m kamen, nahmen Frau Caroline
M u r a u und Herr K l o g e r theil.

Die n e u n t e Reise am 15. September
führte den Aëronauten mit den Herren
Baron F e l l n e r v. F e l d e g g, Dr. Hermann
F ü n k h und Professor Edmund N e m i n a r
in die Gegend von L a x e n b u r g.

Die z e h n t e Auffahrt erfolgte am
18. September und nahmen an derselben
Frau Caroline M u r a u und Herr Dr. F ü n k h,
sowie der Sohn des Aëronauten theil. Dieselbe endete nächst P e t t e n d o r f bei
T u l l n.

Am 25. September wurde die e i l f t e Ascension unternommen, bei welcher die Herren Carl K n o t z e r und Hugo T h i m i g als Passagiere mitfuhren. Der Abstieg erfolgte zu V ö s l a u nächst dem Bahnhofe.

An der z w ö l f t e n Fahrt, welche am 29. September stattfand und an der sich die Herren Oberlieutenant Graf B e t h l e n und Dr. F ü n k h betheiligten, endete bei B r u n n am Gebirge.

Die d r e i z e h n t e Fahrt, am 2. October, bei welcher die Herren Fritz S z o n t a g h und Paul H e t s e y den Aëronauten begleiteten, erfolgte bei ganz gleicher Windrichtung, wie die vorige und geschah auch der Niederstieg in derselben Gegend.

Die v i e r z e h n t e und l e t z t e Fahrt, welche am 11. October stattfand und an welcher Frau Caroline M u r a u und Se. D. Fürst L i e c h t e n s t e i n theilnahmen, war die weiteste der ganzen Serie. Die Reisenden kamen bei derselben bis nach A c s a d in Ungarn, wo sie des Nachts mitten im Walde landeten und zuerst grosse Schwierigkeiten hatten, mit der Gondel von den Bäumen zur Erde zu kommen, dann aber, sich zu orientiren und Leute zur Hilfe herbei zu holen. ·

Im Ballon. 14

Von London nach Nassau.

Der Aëronaut, dem es vorbehalten war, die weiteste Ballonreise zu unternehmen, war der Engländer G r e e n, der bis in sein hohes Alter hinein mannigfache und äusserst zahlreiche Ascensionen unternahm.

Der Ballon, mit dem die Reise unternommen wurde, fasste 2500 Kubikmeter und stieg am 1. November 1836 von L o n d o n auf; in dem Korbe sassen ausser Mr. G r e e n noch die Herren H o l l a n d und M o n k- M a s o n. Alle drei hatten sich, da sie nicht wussten, wohin die Winde sie tragen würden, mit Pässen für alle europäischen Staaten versehen. Um halb zwei Uhr am genannten Tage erhob sich der Ballon majestätisch, nahm seinen Cours in südöstlicher Richtung und um vier Uhr erblickten die Reisenden das Meer. Der Wind drehte sich nun plötzlich und drohte den Ballon gegen die Nordsee hin zu verschlagen; Mr. G r e e n wagte es nicht, sich

GREEN UEBERSETZT DEN CANAL.

bei einbrechender Nacht in jener Richtung forttreiben zu lassen und warf einen Theil seines Ballastes aus. Der Ballon stieg in Folge dessen und gelangte in eine günstigere Luftströmung, die ihn auf Dover zutrieb, wo er den Canal übersetzen zu wollen schien.

»Es war vier Uhr achtundvierzig Minuten«, erzählt einer der Reisenden, »als wir die ersten Wellen ausnahmen, wie sie sich am Strande unter uns brachen und wir konnten nun wirklich sagen, dass wir uns von der Erde losgerissen hatten und über den bis dahin so gefürchteten Regionen des Meeres schwebten. Unmöglich konnte man theilnahmslos bleiben bei der Schönheit des Schauspieles, das sich nun unseren Blicken bot. Hinter uns begannen die weissen Küsten Englands sich langsam im Dunkel zu verlieren, während an denselben immer mehr leuchtende Punkte auftauchten, unter denen der Leuchtthurm von Dover besonders hervorragte, der uns lange Zeit als Anhaltspunkt diente, um den Cours unseres Ballons zu bestimmen. Das Meer unter uns zeigte eine ununterbrochene Reihe von ineinander verschlungenen Wellen, die sich so weit zu beiden Seiten ausdehnten, als die immer wachsenden Schatten der Nacht unseren Blicken vorzudringen gestatteten.«

14*

»Uns gegenüber baute sich vom Meere aus
eine dichte Wolkenschichte auf, die einer
Festungsmauer mit phantastischen Thürmen und
Bastionen glich und die uns den Weg ver-
sperren zu wollen schien. Wenige Minuten
später hatten uns die feuchten Dunstgebilde
in ihre Umarmung gezogen, die Dunkelheit
nahm zu, je weiter wir darin vordrangen und
je näher die Nacht heranrückte und lautlose,
feierliche Stille umgab uns. Das Geräusch
der Wellen, die sich an den Küsten brachen,
war verstummt und der Lärm, den die Bewohner der Erde verursachen mochten, konnte
längst schon nicht mehr bis zu uns dringen.«

Eine Stunde später konnten die Reisenden
schon das Licht des Leuchtthurmes von Calais
ausnehmen.

»Die Dunkelheit war nun vollständig und
konnten wir nur hoffen, durch die entweder
vereinzelten oder in Gruppen beisammen-
stehenden Lichter, die wir auf allen Seiten
unter uns wahrnehmen, uns ein annäherndes
Bild von den Dörfern und Städten, sowie von
der Configuration des Bodens entwerfen zu
können. Den Anblick, der folgte, ist unmöglich zu beschreiben. Die ganze Oberfläche der Erde zeigte uns auf Meilen in der
Runde, soweit das Auge reichen konnte,

nichts als verstreute Lichter, die an Glanz und Anzahl nahezu mit den Sternen am Himmelszelte über uns rivalisirten, und die den Beweis ablegten, dass eine wachende Bevölkerung unter uns thätig sei. Von Zeit zu Zeit sahen wir ganze Lichtklumpen beisammen, die uns den Eindruck von ungeheueren Feuersbrünsten machten; sowie wir uns jedoch näherten, nahm die Ausdehnung derselben zu, dann aber zerfielen sie in viele Theile und als wir uns unmittelbar darüber befanden, waren es blos mehr leuchtende Linien und Punkte, die uns den genauen Plan der Städte, in kleinerem oder grösserem Massstabe, je nachdem wir uns in grösserer oder geringerer Höhe befanden, bezeichneten.«

»Es ist unendlich schwer, die Eindrücke zu schildern, die eine solche Scene unter solchen Umständen hervorbringt. Durch die Schatten der Nacht dahinzufliegen, unbekannt und unbeachtet, lautlos und geheimnissvoll, seinen Weg über ganze Königreiche wegzunehmen und die Ländereien, Städte und Dörfer zu beobachten, wie sie mit Windeseile dahin zu fliegen scheinen, so dass sie eine eingehende Besichtigung gar nicht gestatten, das alles ist mehr als genug, um Scenen zu erhabenen zu gestalten, die an sich selbst vielleicht weniger

Interesse bieten würden. Fügt man nun noch
die stetig zunehmende Ungewissheit bezüglich
des Ortes, wo wir uns befinden und der Richtung, die wir verfolgen, hinzu, so kann man
sich einen ungefähren Begriff unserer Gefühle
machen!«

»Der Ballon legte während dessen circa
zehn Meilen per Stunde zurück und um Mitternacht flog er über Liége weg, so dass unsere
Reisenden dessen Strassen und hervorragende
Bauwerke beim Licht des Gases ausnehmen
konnten; doch war jetzt die Zeit nahe, wo
sich die Erdenbewohner zu Ruhe begeben, wo
alle Lichter verlöschen und wo die Erde in
undurchdringliche Finsterniss gehüllt ist.«

»Bis zum Anbruch des Tages« — erzählt Mr. Mason weiter — »konnten wir
wenig mehr ausnehmen von den unter uns
dahineilenden Landschaften und unsere Beobachtungen beschränkten sich auf die ge-
heimnissvollen und unbestimmten Eindrücke,
welche die Dunkelheit und die vielen
Ungewissheiten unserer Expedition auf uns
hervorbrachten; der Mond zeigte sich nicht
und der Himmel, der sich von den höheren
Regionen aus ohnedem immer düsterer ausnimmt, als wenn man ihn von der Erdoberfläche aus betrachtet, schien uns nahezu

schwarz, so dicht war die uns umgebende Nacht. Im Gegensatze hiezu wieder verdoppelte sich der Glanz der Sterne, die auf dem rabenschwarzen Gewölbe ober uns schimmerten. Ein unergründlicher schwarzer Abgrund umgab uns von allen Seiten und wir empfingen ganz den Eindruck, dass wir uns einen Weg bahnten, durch einen ungeheueren Marmorblock, der uns umgab und der, einige Zolle von uns entfernt, schon starr, sich nur erweichte, um uns tiefer in seinen feuchten kalten Schooss aufzunehmen. Die bengalischen Lichter, welche wir von Zeit zu Zeit aus der Gondel warfen, verdichteten die uns umgebenden Schatten mehr, als sie sie erhellten und schienen sich durch die Hitze, die sie verbreiteten, ihren Weg zu bahnen.«

Die Reise nahm nun ihren ruhigen Verlauf, als plötzlich der Aërostat durch drei rasch aufeinander folgende Explosionen erschüttert wurde. Die Höhe, in die sich der Ballon erhoben hatte (4000 Meter), und die Feuchtigkeit des durch die Kälte steifgewordenen Netzes, hatte diese Explosionen hervorgerufen, die übrigens ganz ohne nachtheilige Folgen blieben. Zur Erklärung dieses Vorganges diene, dass das feuchte Netz in einer gewissen Höhe gefroren war, und dass dieses steifgefrorene Netz, als der Ballon sich in höhere Regionen erhob und sich demzufolge mehr ausdehnte, nur langsam, sozusagen ruckweise sich der veränderten Form des Ballons anbequemen konnte, was eben den erwähnten Lärm hervorrief.

Endlich erschienen die ersten Vorboten des Tages und lassen wir nun wieder Mr. Mason das Wort.

»Von Zeit zu Zeit schoben grosse flockige Wolkenmassen, die in den niedrigen Regionen schwebten, zwischen uns und die Erde und wir konnten uns nur mit vieler Mühe und gestützt auf das Nachdenken sowie auf eine genaue Kenntniss der Richtung, die wir verfolgten, von dem Gedanken losmachen, dass wir uns wieder über dem Meere befänden, wozu noch der Umstand beitrug, dass aus diesen Dunstschichten von Zeit zu Zeit ein Lärm zu uns heraufdrang, der ganz jenem glich, welchen Wellen verursachen, wenn sie sich am Strande brechen. Das immer zunehmende Licht half uns jedoch, bald Herr dieser nicht ganz angenehmen Illusion zu werden und wir konnten bald anstatt der gleichmässigen Oberfläche des Meeres, die Umrisse cultivirten Landes ausnehmen, in dessen Mitte ein majestätischer Fluss dahinströmte, der, nachdem er die Landschaft in zwei Theile getrennt hatte, sich in den Nebelmassen verlor, die unsern Horizont noch immer einschränkten.«

Dieser Fluss nun war der Rhein und unsere Reisenden landeten im Herzogthume Nassau um halb acht Uhr Morgens. Durch ein sehr sonderbares Zusammentreffen von Umständen war B l a n c h a r d auch schon in derselben Gegend gelandet und zieren die Flaggen beider Aëronauten den herzoglichen Palast.

G r e e n und seine Begleiter hatten sonach England, Frankreich, Belgien und Preussen überflogen und waren über den Städten London, Canterbury, Dover, Calais, Ypres, Courtrai, Lille, Brüssel, Namur, Liége und Coblenz weggeschwebt.

Eilftausend Meter hoch!

Am 5. September 1862 um 1 Uhr 3 Minuten Mittags stieg der englische Gelehrte Glaisher mit dem Aëronauten Coxwell behufs wissenschaftlicher Beobachtungen zu Wolverhampton in England auf. Die Temperatur betrug auf der Erde 15⁰ Celsius. Die Abreise fand jedenfalls mit colossalem Auftrieb statt, denn binnen 18 Minuten stieg der Ballon bis auf 3218 Meter. Hier war die Temperatur schon auf Null gesunken. Um 1 Uhr 39 Minuten, also nur 36 Minuten nach der Abfahrt, war schon die colossale Höhe von 6437 Meter — die Höhe des Chimborasso — erreicht! Das Thermometer zeigte hier 13⁰ u n t e r Null. Noch immer aber steigt der Ballon und erreicht endlich die unglaubliche Höhe von 11.000 Metern!

Nun aber wird Glaisher o h n m ä c h t i g — um 1 Uhr 54 Minuten, bei 3663 Pariser Fuss Höhe, machte er seine letzte Notiz.

Auch C o x w e l l wäre bald den Eindrücken und Wirkungen der Kälte, wie
der verdünnten Luft erlegen und schon
vermochte er seine Hände nicht mehr zu
gebrauchen, als er sich noch mit aller
Energie aufraffte, um, da ihm die Arme
den Dienst versagten, mit den Zähnen das
Ventil zu öffnen.

Mit dem Sinken des Ballons und dessen
Uebergang in mildere Regionen kam auch
Glaisher wieder zu sich und konnte derselbe um 2 Uhr 17 Minuten seine Beobachtungen wieder aufnehmen. Ein sehr
empfindliches Minimal - Thermometer, das
Glaisher mit hatte, zeigte, dass sie auf dem
höchsten Punkte eine Kälte von 25^0 unter
Null vorgefunden hatten. Mit der Temperatur
der Erde verglichen, gibt dies sonach
einen Unterschied von v i e r z i g Graden,
den die Reisenden in einer Stunde erlebt
hatten. Im Ganzen hatten sie nach den
Messungen und Berechnungen Glaisher's eine
Höhe von 37.000 englischen Fuss = 34.750
Pariser Fuss = 11.227 Meter erreicht.

Sie landeten schliesslich wohlbehalten,
nur bedurften sie einiger Tage der Er-
holung von den Strapatzen der h ö c h s t e n
Luftreise.

Von Paris nach Hannover.

N a d a r , einer der unternehmendsten, genialsten und erfinderischesten Köpfe in dem an solchen gewiss nicht armen Paris, N a d a r , der in seinem Leben ein wenig von Allem versucht hatte und eben darum für oberflächlich galt, der mit dem Studium der Medicin nur begonnen hatte, um ihm bald wieder den Rücken zu kehren, der von der Physik und Chemie nie viel gewusst oder fast Alles vergessen hatte, der aber, nachdem er Carricaturen-Zeichner und Romancier gewesen, sich auf die Photographie warf und sie, die bis dahin blos ein Handwerk gewesen, zu einer Kunst erhob, dieser selbe N a d a r überraschte im Juli des Jahres 1864 die gelehrte Welt durch eine Abhandlung über die Luftschifffahrt, worin er dem Luftballon die Lenkbarkeit absprach, dagegen aber die Möglichkeit der Erfindung einer lenkbaren Flugmaschine betonte, die dadurch, dass sie schwerer ist als die Luft — nicht leichter, wie der Ballon! — derselben einen gewissen Widerstand entgegensetzen und nicht jeder Luftströmung eine ungeheure Angriffsfläche darbieten würde, auf welche eine ganz unbedeutende leichte Brise schon eine derartig vehemente Wirkung ausübt, dass sie jeder Kraft spottet, die ihr vom Ballon aus entgegengesetzt werden könnte.

Die bezeichnete Abhandlung, welche in »La Presse« vom 31. Juli 1864 erschien, war nicht das Werk Nadar's allein, sondern es hatten sich ihm M. M. G. de la Landelle und Ponton d'Amécourt zugesellt, die das gleiche Ziel verfolgten und die im Vereine mit Nadar das Problem lösen zu können glaubten, welches darin besteht, eine Maschine herzustellen, die es einem Menschen ermöglicht, sich in die Luft zu erheben und sich in ihr nach seinem eigenen Willen und nach einer von ihm selbst bestimmten Richtung fortzubewegen. Zur Erreichung dieses Zieles aber war es vor Allem nöthig Geld aufzutreiben, um die Kosten für die nöthigen Experimente decken zu können. Nadar verfiel nun auf die Idee, den Luftballon selbst — den er doch

durch seine Versuche entthronen und von
der Stellung herabstossen wollte, die er als
das einzige Verkehrsmittel für die Luftwege
einnahm und einnimmt — in Contribution
zu setzen zur Beschaffung der nöthigen
Summen, indem er einen Riesenballon construiren liess, durch dessen Schaustellung
und Auffahrten grosse Einnahmen erzielt
und dem gedachten Zwecke zugeführt werden sollten.

Nadar wirkte nun wahre Wunder.
Ohne Geld zu besitzen, liess er den theuren
Ballon herstellen; trotzdem er politischer
Gegner der Regierung war, verschaffte er
sich das Champ de Mars für seine Zwecke,
eroberte sich administrative Erleichterungen,
wie sie selbst in dem liberalen Paris nur
selten zugestanden wurden, wusste sich und
seinen Ballon zum Gegenstand ganz besonderer Begünstigungen von Seite der
Gasgesellschaft zu machen und applanirte,
getragen von seinem Enthusiasmus, mit dem
er Alles fortriss, Schwierigkeiten und Hindernisse, die unübersteiglich schienen. In
unglaublich kurzer Zeit (4. October) war
Alles für den ersten Aufstieg fertig. Der
»Geant« — dies der wohlverdiente Name
des Ballons — dessen Hülle aus doppeltem

weissen Taffet bestand, war mit 6000 Kubikmeter Gas gefüllt und stand zur Abfahrt
bereit. Die Höhe des Ballons betrug 40 Meter.
Die Gondel bestand aus zwei Stockwerken
(einem geschlossenen unteren Raume und
einem offenen Verdeck) und wog 1200 Kilogramm. Dreizehn Personen bestiegen dieselbe. Die erste Luftfahrt fand statt, die
Reise verlief ganz ruhig, doch musste die
Landung schon bei Meaux, ganz in der
Nähe von Paris bewerkstelligt werden.

Nadar wollte nun möglichst rasch eine
zweite längere Reise antreten und wurde
für dieselbe der 18. October angesetzt. An
dieser Fahrt nahmen neun Personen Theil.
Die Lenker des Ballons waren Louis
und Jules Godard. Diesmal landeten
die Reisenden nicht in der Nähe von
Paris, sondern die Reise ging über Senlis,
Compiegne, Noyon, Chauny, St. Quentin
und Avesnes weg, bei Erquelines wurde die
belgische Grenze passirt, dann flogen sie
über Belgien weg nach Holland, übersetzten
den Rhein und landeten schliesslich nach
einer Fahrt von 16 Stunden und einigen
Minuten in Hannover, circa 370 Meilen vom
Auffahrtsorte entfernt. Hier begann der
tragische Theil der Reise, indem der Ballon

während langer Zeit von dem herrschenden
Sturme in der entsetzlichsten Weise geschleift
wurde, so dass diese Fahrt, wenn sie auch
keine Verluste an Menschenleben erheischte,
doch zu den fürchterlichsten gezählt werden
muss, die in der Geschichte der Aëronautik
verzeichnet stehen. Nadar hat die einzelnen
Peripetien dieser Landung in sehr packender
Weise beschrieben und glauben wir, dass
diese Beschreibung gerade jetzt für viele
unserer Leser von umso grösserem Interesse
sein dürfte, als der vor kurzer Zeit unter
ganz ähnlichen Umständen erfolgte Unfall
der »Vindobona«, der die Gemüther auf das
lebhafteste erregte, noch frisch in aller Ge-
dächtniss ist. Wir geben im Nachstehenden
Nadar's eigener Beschreibung Raum und
beginnen dieselbe bei einem Zeitpunkte, wo
die Katastrophe schon im Anzuge ist:

— — — — — — — — — — — — — —

»Der Geant, dessen Tauwerk von der Feuchtigkeit der Nacht wieder zu trocknen begann,
und dessen Gasfüllung sich unter den Strahlen
der aufgehenden Sonne ausdehnte, stieg rasch
und wir befanden uns bald 4000 Meter über
der Erdoberfläche. Den ausgedehnten und
üppigen Triften folgte uncultivirtes Marsch-
land; bald aber können wir von dem un-

geheuren Teppich, den der Westwind unter uns entrollt, nur mehr unbestimmte Contouren ausnehmen. Da ist ein grosser See mit zwei Flüssen, deren Glanz uns in den Augen schmerzt. Boussole und Karte scheinen uns auf Dümmersee und die Yssel zu deuten; es könnte aber auch die Weser sein. Wir konnten uns darüber keine Gewissheit verschaffen. Nun ist eine grosse Stadt in Sicht. Jemand räth auf Bentheim oder Münster.

Alles an Bord ist sehr ermüdet. Louis, Jules und Yon, denen unsere Sicherheit anvertraut war, wollten sich während der Nacht nicht ablösen. Füge ich zu der Ermüdung dieser Nacht jene hinzu, welche uns der Tag des Aufstieges bereitete, sowie die rastlose Arbeit und die Nachtwachen, die wir Alle während der beiden letzten Monate durchgemacht, so fällt es mir nicht schwer zu begreifen, dass die ganze Bemannung des Ballons, anstatt wie ich es hoffte, noch eine Nacht in den Lüften zuzubringen, verlangen wird, so bald als möglich zu landen, um die Allen so nöthige Ruhe zu finden. Auch die Unsicherheit, bezüglich des Punktes wo wir uns befinden, trägt das Ihrige zu dieser Stimmung bei, denn trotzdem wir sehen, dass sich festes Land unter unseren Füssen be-

findet, ist doch der Gedanke an das Meer
ein Schreckgespenst, das Allen vorschwebt.
Jetzt macht Jemand den Vorschlag zu landen
und hat offenbar die Majorität für sich; als
noch dazu Derjenige von uns, dem die Boussole
und die Karten übertragen sind, den Aus-
spruch thut, dass wir uns blos sechs Meilen
von der Meeresküste entfernt befinden, zeigt
sich auch nicht mehr das mindeste Zaudern.

Ich für meine Person hielt diese Ortsbestimmung für durchaus nicht genau, doch
beschäftigte mich seit einiger Zeit ein anderer
Umstand auf das Lebhafteste. Je mehr wir
stiegen, desto mehr dehnte sich das Gas im
Ballon aus und sah ich, wie die Hülle sich
in erschreckender Weise zu dehnen begann.
Ich hatte während der Construction des
Ballons schon mit G o d a r d, der denselben
baute, die heftigsten Controversen wegen
der Grösse des Ventiles gehabt. Nun wurde
es klar, dass auch die untere Oeffnung viel
zu klein war und dass sie dem Ueberschuss
dieser 6000 Kubik-Meter Gas nicht Abzug
verschaffen konnte, welches sich unter der
doppelten Wirkung der Sonnenstrahlen und
der immer dünner werdenden Luft ausdehnte.
In diesem Augenblicke warf ich wieder
einen Blick empor und sah, dass die Spannung,

welche die Hülle des »Geant« auszuhalten
hatte, geradezu beunruhigende Dimensionen
annahm, dass die Maschen des Netzes tief
einschnitten und die Hülle überall zwischen
denselben hoch aufgebauscht war. Nun hätte
das Platzen eines Ballons in einer Höhe
von 50 bis 100 Meter nicht viel auf sich,
indem dann der Stoff von selbst einen Fallschirm bildet und die Schnelligkeit des
Sturzes mildert: aber von der fürchterlichen
Höhe, in der wir uns befanden, wäre ein
solcher Zwischenfall sicher uns allen ver-
derblich- geworden. Ich forderte also Louis
auf, ein wenig an der Ventilleine zu ziehen,
wäre es auch nur, um die Erde etwas näher
zu sehen. Unsere Reise ist viel zu schön.
als dass wir sie bereits beendigen sollten;
der Himmel ist vollkommen heiter und der
Wind trägt uns immer fort in gerader Linie
nach Osten. — Ich sage zu mir selbst, dass
wir, wenn die Windrichtung sich in den
unteren Regionen nicht wendet, bis nach
Berlin oder nach Sachsen getrieben würden,
wenn wir nur die Furcht vor dem Meere
überwinden könnten. Dies Alles ist aber
blos ein schöner Traum und ich sehe bald,
dass es mit unserer Reise zu Ende geht.
Louis hat so sehr an der Leine gezogen,

dass wir bereits mit grosser Schnelligkeit fallen. Die Erde nähert sich uns rapid und wir befinden uns Alle wie in einem Vorgefühle dessen, was kommen sollte, auf dem Verdecke. Niemand hat die Idee, den inneren Raum aufzusuchen, der mit verschiedenen Gegenständen angefüllt, keinen sicheren Anhaltspunkt bietet und im Falle von Stössen wohl der allergefährlichste Aufenthalt gewesen wäre.

Es gelingt schon mit Ballons von gewöhnlichen Dimensionen blos sehr selten, ohne Hilfe von aussen ganz ohne Stösse zu landen, und dies erscheint ganz natürlich, wenn man bedenkt, wie schwierig und zeitraubend schon eine genaue Berechnung und Abwiegung der aufsteigenden Kraft ist, die doch mit dem Ballast ganz genau regulirt werden kann. Wie aber steht es erst bei der Landung, die durch das Auslassen des Gases bewerkstelligt wird, welches bei der Raschheit, mit der man bei einigermassen ungünstigen Verhältnissen vorzugehen gezwungen ist, nie so ganz zutreffend berechnet werden kann, dass der Korb die Erde blos ganz sanft berührt?

Mit den riesenhaften Proportionen des »Geant« nehmen alle diese Schwierigkeiten

noch bedeutend zu und selbst unter ganz
ausnehmend günstigen Verhältnissen — vollkommen geeignete Oertlichkeit, gänzliche
Windstille — konnte man kaum hoffen, dass
eine Last von 4500 Kilo, die in einer Höhe
von 3—4000 Meter zum Fallen gebracht
wurde, sich ganz langsam und gemüthlich
zu Boden niederlasse. Alles wies also hier
auf ganz besondere Vorsichtsmassregeln hin
und erwartete ich, dass die technischen
Leiter unserer Expedition jedenfalls, in der
der Nähe der Erde angelangt, dem Fallen
Einhalt zu thun trachten werden, um dann
einen geeigneten Platz für die Landung
auszuwählen und zuerst den Guide - rope
(eine Art Versuchsanker), die kostbare
Erfindung Green's, auszuwerfen, der, den
Gang des Ballons erst in ganz geringem
Grade hindernd, die beste Vorbereitung
für die Wirkung des Ankers selbst bildet.

Anstatt dessen aber sehe ich, wie plötzlich Louis Godard unter Jules Godard's Commando ganz ohne alle Präliminarien, den
ersten Anker auswirft! —

Das Seil wickelt sich ab und läuft
knirschend an dem Weidengeflecht unserer
Bordwand entlang, während vom Guide-
rope oder Ballast, der doch bereit lag,

auch nicht die Rede war. Und während
dem treibt es uns mit wüthender Schnelligkeit weiter.... Das ist kein Sinken mehr,
es ist ein Fallen...!

Die Erde nähert sich uns mit erschreckender Schnelligkeit, kaum trennen uns noch
etwa dreissig Meter von ihr — in zwei
oder drei Secunden müssen wir sie berühren und ich sehe, wie sich unter uns
die Bäume vor der Heftigkeit des Sturmes
biegen. —

Ja, aber warum thut denn unser Führer
dem rasenden Fallen nicht Einhalt, was er
doch recht leicht durch Auswerfen von ein
wenig Ballast könnte, von dem wir noch
ungefähr zwanzig Säcke besitzen? Was
drängt ihn denn so sehr zum Landen? —

Doch für alle diese Erwägungen ist es
bereits viel zu spät, und wir haben keine
Secunde mehr zu verlieren! Ich ziehe rasch
meine halb besinnungslose Frau in eine Ecke
des Verdeckes, placire eine jede ihrer Hände
auf eines der Seile, welche den Korb mit dem
Ballon verbinden und ergreife diese Seile
dann selbst derart, dass ich meine Frau mit
meinem eigenen Körper decke.

. . Und nun erwarte ich die Ereignisse.
Der Wind bläst in der Nähe der Erde

mit solcher Heftigkeit, dass die anfangs verticale Direction unseres Falles verschoben wird und wir uns der Erde in schräger Richtung nähern, die immer mehr und mehr in die horizontale übergeht . . .

Nun ertönt der bei jeder Landung übliche Ruf: »Haltet Euch fest!« »Haltet Euch fest!«

Jetzt erfolgt der Stoss, und zwar mit solcher Heftigkeit, dass alle Hände von den krampfhaft umklammerten Seilen losgerissen und mehrere von uns zu Boden geschleudert werden. Der unterste Theil des Ballons, der sich irgendwo verfing, wurde wie mit einem Sensenhieb abgeschnitten, als der Aërostat sich gleich nach dem Stosse wieder von Neuem in die Lüfte schwang und liegt nun auf dem Stern des Reifens wie eine Fahne, deren Träger in der Schlacht gefallen ist. Das Verdeck der Gondel, die dem Ballon neuerdings in die Höhe gefolgt ist, bietet das Bild unbeschreiblicher Verwirrung. Alle aber haben rasch wieder ihre Plätze ein- genommen, errathend, dass die Partie erst begonnen habe.

»Achtung!« heisst es auf's Neue, »Haltet Euch fest!«

Dörfer und Obstgärten fliegen unter uns weg wie im Traume . . . »Haltet Euch fest!«

.... Jetzt erfolgt der zweite Stoss, nicht weniger heftig als der erste und der »Geant«, der doch nur die Rückwirkung davon verspürt, erzittert davon in seinem Tauwerk. Das Seil unseres ersten Ankers ist wie ein Bindfaden zerrissen und wir haben nicht einmal etwas davon gemerkt!

Der wüthende Sturm, der uns fortgepeitscht, verdoppelt seine Heftigkeit. In diesem Momente bemerke ich, dass Jules und Yon auch unseren zweiten Anker ausgeworfen haben!.....

Aber sind denn diese Leute verrückt? —

Glauben sie denn, dass diesesSeil, an dem ein Anker von 60 Klgr. Gewicht hängt, im Stande sei unsere Masse, die mit einer Wucht von mehreren tausend Pferdekräften dahinfliegt, aufzuhalten? Dieses Seil, das kaum zwei Finger dick ist? Zehn solcher Seile zusammengeflochten wären kaum hinreichend!

Ich lehne mich über die Bordwand hinaus und sehe unseren Anker, der die Brachäcker aufpflügt, in den wahnsinnigsten Sprüngen hinter uns her tanzen und eine Staubwolke hinter sich aufwühlen. Jetzt nähern wir uns abermals der Erde.

»Haltet fest!«

Alle Muskel sind angespannt und die Hände umklammern wieder krampfhaft die Stricke. Jetzt erfolgt der Stoss, dann ein zweiter und noch einer und so fort.

»Unser zweiter Anker ist fort,« ruft Jules — »Wir sind verloren!!!« Der Zusatz ist vollkommen überflüssig, die Thatsache ist uns Allen klar, denn nun beginnt dieses wüthende wahnsinnige Rennen, das man »Trainage« (Schleifen) nennt! Um die Schnelligkeit, mit der wir dahinfliegen, noch zu vermehren, drückt sich der untere Theil des bereits bis zu ein Dritttheil geleerten Ballons noch nach innen und bildet ein Segel!

Die Stösse folgen jetzt so rasch aufeinander, dass man sie nicht mehr zählen kann und die Gondel macht Sprünge von fünf und zehn bis zu dreissig, vierzig und vielleicht fünfzig Meter Höhe. Durch einen verhängnissvollen Mangel an Voraussicht war die Gondel noch ungleichmässig belastet, indem sich der ganze lebende Ballast, rathlos und unerfahren auf eine Seite begeben hatte. auf welche wir nun immerwährend auffielen, so dass es vorauszusehen war, dass jeder einzelne der Stösse

uns direct und mit voller Wucht treffen
werde. Und mit welch' schwindelerregender
Schnelligkeit flogen wir dahin! In wie kurzen
Zwischenräumen folgten sich die Stösse!
Alle unsere Muskel, sowie unsere ganze
Willenskraft waren bis auf's Aeusserste
angespannt, denn die geringste Unaufmerksam-
keit oder ein momentanes Erschlaffen konnte
verderblich werden. Und jeder neue Stoss
macht sich uns in schmerzhafter Weise
fühlbar, zerrt unsere Sehnen und droht unsere
Arme aus den Gelenken zu reissen! Da ich
für zwei Körper Sorge zu tragen habe, ist
meine Aufgabe die schwierigste und bei
jedem erneuerten Stosse fürchte ich, dass es
der letzte sein werde, den ich zu ertragen
im Stande bin. Aber das arme Geschöpf,
das ich gegen meine Brust drücke, das ich
mit meinen Armen umfange, die an den
Seilen wie festgeschmiedet sind, entfacht
meinen gesunkenen Muth und meine Kraft
immer wieder von Neuem. Bei jedem Blick,
den mir das arme, gebrochene, aber still-
ergebene Wesen zuschickt, fühle ich, dass
unser Beider Leben eins ist, und dass uns
der Tod nicht trennen, sondern nur zusammen
ereilen kann! Gibt es denn keine Rettung
mehr für uns?

Nein, auch der letzte Hoffnungsschimmer sollte uns geraubt werden!

So klein und unzureichend auch die Oeffnung unseres Ventiles ist, das Gas musste doch endlich seinen Abgang durch sie nehmen und die Reihe dieser fürchterlichen Stösse konnten dann ihr Ende finden, bevor wir noch Alle zermalmt waren. Das unerbitterliche Geschick aber lässt uns auch diesen Trost nicht. War es die Verwirrung oder eine momentane Anwandlung von Schwäche oder sonst eine unberechenbare Zufälligkeit, kurz die Ventilleine war den Händen unserer Führer entschlüpft und peitschte nun über unseren Häuptern die Luft!.....

So werden wir also ohne Hilfe, ohne Hoffnung fortgeschleift werden bis zu unserem letzten Augenblick?

Aber warum denn so viel tausend Tode leiden? Gibt es denn kein Mittel, sich dem zu entziehen?

Nachdem der Sturm mit solcher Heftigkeit bläst und unsere Anker verloren sind, — nachdem uns nicht einmal mehr die Hoffnung auf unser winziges Ventil geblieben, warum versuchen wir es denn nicht, das Reich der Lüfte wieder zu gewinnen, das uns gastlich aufnehmen und wo auch der

wüthendste Orkan kaum kosend mit unseren
Locken spielen würde? Warum werfen wir
nicht etwas Ballast aus, von dem wir noch
zwanzig Mal mehr mit uns führen als genügt,
um unseren Ballon so weit zu entlasten, dass
er uns in die Lüfte zurückführt. Es wäre ja
dann leicht möglich gewesen das Ende des
Sturmes abzuwarten! Der »Geant« mit seiner
doppelten Hülle gibt nicht viel Gas ab und
einmal wieder in der Luft, konnten wir leicht
die so günstige Abendstunde abwarten, wo
meistens der Sturm sein Ende findet oder doch
bedeutend nachlässt. Was konnten wir denn
verlieren, wenn wir unsere Reise noch ver-
längerten und was kann uns denn Aergeres
begegnen als diese fortgesetzte mörderische
Schleifung? — — — — — — — — — — —
— — — — — — — — — — — — — — —

Man wird sagen, dass — nachdem ich
doch in Luftfahrten kein Neuling mehr war,
ich die Initiative ergreifen und für Jene
handeln hätte sollen, die nicht genug
Geistesgegenwart dazu besassen. Und man
hat Recht! Allein ich muss doch sagen,
dass ich mir ja einen Menschen aufnahm,
dessen Metier und einzige Sorge es war, die
Fahrt zu leiten, um mich nicht um alle Zwischen-
fälle kümmern zu müssen. Es war mir schon

peinlich genug gewesen, als ich in der ver-
gangenen Nacht gezwungen war, zu inter-
veniren — in einem Falle, den ich voraus-
gesehen hatte — und man kann doch nicht
einen Reisegefährten fortwährend mit dem
Revolver bedrohen! Der Zwischenfall aber
kam mir so unerwartet; am hellen Tage,
mit der enormen Menge von aufsteigender
Kraft oder Ballast (was ganz gleichbedeutend
ist) zur Landung gezwungen zu sein, war
etwas, an das ich erst dachte, als wir blos
mehr zehn Meter über dem Boden waren
und die Besorgniss um meine Frau, die man
erklärlich finden dürfte, war eine so lebhafte,
dass sie mir den klaren Ueberblick raubte,
der mich sonst in Momenten der Gefahr
nicht verlässt.

Doch zurück zu unserer höllischen Fahrt!

Nur dem Umstande, dass wir uns in einer
gänzlich unfruchtbaren und in Folge dessen
auch sehr dünn bevölkerten Gegend befanden, ist es zuzuschreiben, dass wir noch
nicht ein verticales Hinderniss begegneten,
an dem wir zermalmt worden wären. Die
Schnelligkeit, mit der wir fortrasen, erlaubt
uns kaum einige Eindrücke von der Gegend
zu empfangen. Nur hie und da begegnen
wir einem vereinzelten Baume, der mit

Blitzesschnelle auf uns zukömmt; — wir
zerbrechen ihn wie ein schwaches Rohr,
ohne dass er uns nur einen Moment aufzuhalten im Stande ist! Ein Paar scheue
Pferde mit weit vorgestreckten Köpfen, die
Mähnen wild im Winde flatternd, versuchten
im Carrière vor uns zu fliehen. Doch was
ist ihre Schnelligkeit gegen die unsere!
Sie sind schon weit hinter uns, noch bevor
wir sie recht gesehen. Jetzt setzen wir mit
gewaltigem Sprunge über eine erschreckte
Schafheerde weg, die wir kaum wie im
Traume sehen.

Nun aber naht uns eine Gefahr, eine
schreckliche Gefahr. In dem Augenblick, wo
wir schon sterbensmüde sind und gewisse Anfälle von Krämpfen und Erstarrung empfinden,
die jede Bewegung paralysiren, in diesem
Augenblicke bemerken wir vor uns drohend
auf einem hohen Damme — eine Locomotive
mit Tender und zwei Waggons heranbrausen,
die unseren Cours gerade in rechtem Winkel
durchschneidet und mit der wir offenbar gerade
zusammenstossen müssen! Das ist also das
Ende! Unseren Kehlen entringt sich ein
Schrei, aber welch' ein Schrei! Wir werden
gehört und der scharfe Pfiff der Locomotive
antwortet uns. Sie geht langsamer, bleibt

stehen, scheint zu zaudern, fährt dann langsam zurück und lässt uns gerade Platz, um vorbeizukommen, während der Maschinenführer grüssend seine Mütze schwenkt. Achtung auf die Telegraphendrähte!! In der That, da sind sie gerade über uns, vier Drähte, jeder einzelne eine Guillotine! Wir ducken uns Alle nieder. Glücklicherweise streifen wir in diesem Momente sehr niedrig über dem Boden hin und so kommt der Reifen beinahe allein mit diesen Messern in Berührung. Einige von den Seilen, die uns mit dem Ballon verbinden, werden aber doch durchschnitten und wir ziehen sie nach wie eine Schleppe mit den endlos langen Drähten und einigen Stangen, die wir mitgerissen haben.

Wie lange wird denn diese Agonie noch dauern? Wenn wir doch nur die unglückselige Ventilleine in Händen hätten!

In der Zeit, während welcher wir alle die Qualen erlitten, hätte der Ballon doch einen grossen Theil des Gases abgeben müssen! Und auch die Strickleiter ist nicht an ihrem Platze, die Delessert vorbereitet hatte, die aber ruhig im Zwischendecke schlummert, nachdem sie Louis Godard als eine überflüssige Neuerung verachtete.

240

Vergebliche Reue. Die Leine scheint unser zu spotten und peitscht die Lüfte, als wollte sie den Sturm auffordern, noch schärfer zu blasen, um die Eindringlinge, die sich in seinen Bereich gewagt, rascher zu bestrafen.

»Jules steige in den Reifen!« ruft nun Louis Godard.

Der junge Mann schlägt die Augen auf und senkt dann entmuthigt den Kopf.

»Unmöglich!« antwortet er mit erstickter Stimme.

Allerdings, die Sache scheint unmöglich, selbst für den geübtesten Turner. Wie sollte er auch während der wahnsinnigen Sprünge, die wir beschreiben, die nöthige Ruhe finden, um die drei Ellen hinaufzuklettern, die uns vom Reifen trennen? Gleichwohl ist dies der einzige Hoffnungsschimmer, der uns noch leuchtet.

»Steig' hinauf!!« befiehlt Louis nochmals.

Der Jüngere gehorcht; er wagt den Versuch, wird aber im nächsten Augenblicke zurückgeschleudert.

»Steig' hinauf!!«

»Ich bin's nicht im Stande,« sagt der Andere, »ich bin zu müde.« Er versucht es nochmals — um wieder zurückzufallen.

Nadar's „Géant", vom Sturme geschleift.

Es war ja vorherzusehen. Warum denn
dieser wahnwitzige Versuch? Unser Schicksal
ist ja doch besiegelt und keine Macht der
Erde kann uns ihm entreissen! Und wir
Alle haben uns ja schon damit abgefunden.
Wozu also uns trennen und diesen Einzelnen uns Anderen vorausschicken? Es
ist das nicht Hingebung, die von ihm ver-
langt wird, es ist Selbstaufopferung.

»Steig' hinauf!« sagt der Aeltere nochmals. »Steig' hinauf!«

Zwei Stimmen rufen: »Thun Sie's nicht,
Jules, es ist ihr Tod.«

Thirion hat denselben Gedanken gehabt
und er spricht davon, mit seinem Revolver
in den Ballon zu schiessen. Ich rufe ihm
zu, es nicht zu thun; was vermöchten auch
sechs armselige kleine Kugeln in dem ungeheueren Ballon — ganz abgesehen von
der Möglichkeit, das Gas durch das Feuer
zum Explodiren zu bringen.

Zum dritten Male wagt der Jüngling
den Versuch; er stützt sich auf die Schultern
von Yon und Thirion, den Gelenkigsten und
Kräftigsten unter uns, denen es gelungen
war, sich ihm zu nähern. Die lebende Leiter
hilft ihm wirklich, er kömmt höher hinauf.
Noch eine letzte Anstrengung! Jetzt ist er

oben. Es fällt uns wie Centnerlast von der Brust. Bald hält er die rebellische Leine in den Händen und reicht sie seinem Bruder und Yon. Wir haben sie endlich wieder; sie wird sofort straff gespannt und festgemacht. Wie lange aber wird es noch dauern, bis die ungeheuere Menge Gas bei der mikroskopischen Oeffnung ihren Ausgang gefunden haben wird? Werden unsere erschöpften Kräfte noch so lange Stand halten? Und wie lange wird der Korb noch im Stande sein, uns zu tragen, der schon jetzt aus allen Fugen zu gehen und beim nächsten Hindernisse in Atome zu zerfallen droht? Der Kampf wird jetzt noch dazu ein viel unmittelbarerer. Der Ballon, der schon von seinem Gase abgegeben hat, ist nicht mehr im Stande, uns in die Luft zu heben und berührt schon selbst mehrmals die Erde. Wir aber machen in Folge dessen keine grossen Sprünge mehr, sondern schleifen dicht an der Erde hin, ohne dass unsere Schnelligkeit sich vermindert hätte. Nun noch eine neue Qual! Wir sind halb erblindet und ersticken buchstäblich in dem dichten Staube und dem Schlamme, den wir abwechselnd in dem Moorland aufwirbeln und aufpeitschen.

Es gibt offenbar viel Wild hier, wir haben soeben einen Hasen zermalmt, der vergebens versuchte, vor uns her zu fliehen. Hier ist noch einer und da schon wieder einer. Wie schnell sie laufen und doch sind wir schneller! Nun kommt aber etwas Ernsthafteres. Was kann dieser Punkt zu bedeuten haben, der seit einiger Zeit vor uns aufgetaucht ist? Er kömmt näher und näher; er ist roth, roth wie vergossenes Blut. Dieser düstere Punkt, der von Secunde zu Secunde grösser wird, wie eine finstere Drohung, kommt noch immer in gerader Linie auf uns zu. Es ist ein grosses und hohes Haus! Das ist der Tod! Aber nein, im letzten Momente noch ist es anders geworden, wir rasen knapp daran vorbei, und ehe es uns noch recht zum Bewusstsein kommt, dass die Gefahr überstanden, sind wir schon wieder weit fort!

Der Sturm scheint unwillig darüber, dass seine Aufgabe, uns zu vernichten, noch immer nicht erfüllt sei, denn er weht nun wieder stossweise und hebt den Ballon mit der Gondel wieder hoch in die Luft, um sie gleich darauf abermals zu Boden zu schleudern. Aber ist es denn wirklich der Wind, der das Spiel von Neuem beginnt?

Wir haben ja doch schon von unserem Gas
abgegeben und eben sagte noch der alte
Godard: »Es geht besser, diese Höllenfahrt
wird doch ihr Ende nehmen.«

Trotzdem vergrössert sich nun wieder
unsere Schnelligkeit, die bereits nachgelassen
hatte! Ja was geht denn vor?

Ich blicke um mich und sehe zu meinem
unsäglichen Schrecken, dass wir nicht mehr
alle beisammen sind! Wir waren doch eben
noch neun, nun sind wir nur mehr acht.
Ah. welche Niedertracht! Einer von uns,
dessen Namen ich nicht wissen, noch nennen
will, hat also den Muth gehabt, eine so ab-
scheuliche Feigheit zu begehen! Er hat den
todten Punkt erspäht, wo die Gondel eben
den Boden berührt und noch nicht Zeit gehabt hat zum neuen Sprunge auszuholen,
um zu desertiren und hat seine Gefährten
gemordet, um sich selbst zu retten.

Nun fehlte also nichts mehr, um das
Drama zu vervollständigen; es fehlte jetzt
neben dem entsetzlichen Unglücke auch
nicht die Infamie, der Verrath!

Jedem Leser, auch dem, der nie eine
Luftfahrt unternommen, muss es ja klar sein,
was diese Handlungsweise in unserer Lage

bedeutete. Die mörderische Kraft, die uns dahin trieb, erschöpfte sich mehr und mehr in demselben Grade, als das Gas des Ballons bei dem geöffneten Ventil ausströmte. Die Sache konnte nicht mehr lange dauern, und war die grösste Gefahr, die wir augenblicklich liefen, die, dass unsere Gondel durch irgend eine Zufälligkeit entlastet werden und dem Ballon dadurch wieder eine grössere Gewalt über dieselbe eingeräumt werden könnte. Doch daran war ja kaum zu denken, denn während der Dauer dieser Schleifung war alles Bewegliche von unserem Verdecke bereits verschwunden und wenn nur unsere Kräfte nur eine kurze Zeit noch ausreichten, so waren wir Alle gerettet. Und in einem solchen Momente nun, wo wir durch die gemeinsam überstandenen Gefahren gleich- sam verbrüdert waren, wo wir nur mehr wenige Minuten vereint auszuhalten hatten, um dann gemeinsam Gott für unsere Rettung danken zu können, in einem solchen Momente fand sich Einer, der alle seine Gefährten — unter denen ein Weib! — preisgab, um sich allein zu retten und der damit alle seine Genossen in's sichere Verderben trieb!

Wo ist die irdische Gerechtigkeit, die ein solches Verbrechen rächt?

Doch nun zu den Consequenzen dieses Streiches! Ein Schrei ertönt, ein halb-erstickter, schmerzerpresster Schrei. »Haltet ein! Haltet ein!« Anhalten? Armer Narr!

Es ist der unglückliche S a i n t F e l i x, der, schwach und gebrechlich, wie er ist, durch einen der nun wieder mit verdoppelter Heftigkeit erfolgenden Stösse über Bord geschleudert wurde und den die Gondel eben im Begriffe ist zu zermalmen! Nun verschwindet er unter derselben.

Noch fürchterlicher klingt der Hilferuf, der jetzt ertönt. Es ist M o n t g o l f i e r, der nun seinerseits von der Höllenmaschine erfasst wird; ich sehe blos seinen Oberkörper. Wird er denn entzweigerissen werden? Seine grossen schwarzen Augen, vor Schreck weit aufgerissen, sind mir zugewendet. Er ist noch ein wahres Kind, und doch, wie viel Muth und Entschlossenheit hat er gezeigt und wie inständig hat er mich angefleht, ihn mitzunehmen, weil einmal — vor mehr als einem halben Jahrhundert, in 1783 — Jemand gesagt habe, die Montgolfier's hätten keinen Muth. *) —

---

*) Die Brüder Montgolfier, denen die Erfindung des Luftballons zuzuschreiben ist, begnügten sich damit, die Erfindung gemacht zu haben und trugen nie das Verlangen, sich einem Ballon anzuvertrauen.

Jetzt verschwindet noch Einer!

Ja, nimmt denn das kein Ende? Das Verdeck ist schon beinahe leer .... Die Einen wurden hinausgeschleudert und die Anderen desertirten, nachdem einmal die Bande der Disciplin gerissen waren. Sie dachten wohl es thun zu können, nachdem einmal der Erste es versucht hatte. Sie übersahen dabei nur Eines, dass Jemand zurückbleiben würde, der nicht im Stande ist, so wie sie, hinauszuspringen ....

Ich glaubte mich bereits allein mit ihr. Da ertönt plötzlich eine schwache Stimme:

»Monsieur Nadar, lassen sie doch Madame auch hinausspringen!«

Es war der ältere Godard, der in einem Winkel zusammengekauert lag; dieser war also noch geblieben. Aber hat er denn den Verstand verloren? Die zerschundenen und aufstehenden Weidenruthen unseres Korbes würden sich in einem Frauenkleide verfangen und es nicht loslassen, bevor es nicht sammt der Trägerin in Stücke gegangen wäre. Will er denn das letzte Opfer seiner Unvorsichtigkeit und Hartnäckigkeit zerrissen sehen? — Gottlob, jetzt ist auch dieser fort und ich bin seiner Rathschläge ledig. Unsere wahnsinnige Jagd aber geht nun ärger als je fort! Wir sind ganz allein und fliegen der Ewigkeit zu . . . . Denn wir Beide sind hier festgeschmiedet und es sieht aus als ob nichts mehr uns aufhalten könnte. Wir sind noch immer in derselben Stellung, in der ich mein Weib so gut wie möglich mit meinem eigenen Körper decke und dieser Schutz, so unzureichend er auch sein mag, ist nun nöthiger als je, denn unser Korb wird jetzt fortwährend in horizontaler Richtung fortgeschleift und liegt dabei immer auf der einen Seite, an der wir uns befinden. Diese Bordwand aber, so fest und elastisch sie war, ist nicht im Stande gewesen bis zum Ende zu widerstehen; sie ist abgenützt und durchgerieben, zum grössten Theile bereits verschwunden! Der Korb hält nur mehr durch die Stricke zusammen, die ihn durchziehen, und jede Unebenheit des Bodens, jede Wurzel, jeder Kiesel trifft nun schon direct meinen Körper. Meine Beine leiden am meisten, doch ist es eine grosse Wahrheit, dass man sich an Alles gewöhnt. denn nachdem ich eine Zeit lang die fürchterlichsten Schmerzen ausgestanden, werden meine Beine ganz gefühllos und ich kann mich nur nicht von dem Gedanken losmachen, dass mir meine

Füsse, wenn sie mir durch ein Wunder gerettet werden sollten (der Mensch hofft
in Zeiten höchster Gefahr immer noch auf
Wunder) — wohl amputirt werden müssten
— dass ich eine solche Operation bei
meinem Alter aber nicht überleben werde.

Das Terrain verliert nun seine Ein-
förmigkeit; eben haben wir einen Bach
übersetzt, jetzt erscheint ein Baum, noch
einer und noch mehrere! Ist das nicht ein
Wald dort hinten? Nun kommt wieder
Wasser; diesmal ist es schon ein kleiner
Fluss, durch den wir müssen ... Schon sind
wir bis an den Hals drinnen und wir hören
das Kochen und Brausen des Wassers, das
uns natürlich sofort bis auf die Knochen
durchnässt hat. Und doch dieses Wasser,
das uns zu ersticken droht, sollte es nicht
möglicherweise die Rettung für uns bedeuten, indem es den Ballon derart belastet,
dass er uns nicht mehr weiter schleifen
kann? Wir kommen bereits an's andere
Ufer und die Langsamkeit, mit der wir das
Wasser verlassen, ist in der That be-
ruhigend ... Der Ballon ist also endlich
überwunden; unser Korb richtet sich langsam auf und bewegt sich blos langsam
weiter ... Sie ist gerettet!!... Ich mache

mir diese Langsamkeit der Bewegung zu
Nutze, löse uns Beide aus den Seilen, die
uns festhalten, und lasse mich einfach mit
ihr aus der Gondel gleiten. Der Ballon mag
gehen, wohin er will, man wird ihn immer
irgendwo wiederfinden. Doch noch immer
waren unsere Leiden nicht zu Ende, noch
standen uns die bittersten Schmerzen bevor!
Es war nicht das Gewicht des Wassers,
welches wir aufgenommen hatten, das den
Ballon aufhielt, sondern die Formation des
Ufers, das steil anstieg, auf dem aber der
noch immer halbvolle Ballon bereits emporzu-
klimmen begann und die Gondel nach sich
zog. Dieses tausende von Pfunden schwere
Fahrzeug musste also über uns weggleiten,
das heisst, uns zermalmen. Zuerst kamen
unsere Beine in die Mühle. Ich hatte die
meinigen schon ganz empfindungslos ge-
glaubt und doch, welche Schmerzen litt ich
nun! Langsam steigt der Druck, höher und
höher, nun sind schon unsere Knie gefangen und keine Möglichkeit sich los-
zumachen. Der Ballon zieht langsam, aber
unerbitterlich weiter und würde eher die
zwanzig Leinen zerreissen, die ihn mit dem
Korbe verbinden, als nachlassen. Diese
Leinen aber ziehen die Centnerlast, die

uns zermalmen muss, immer höher und höher
an uns hinauf. Nun drückt sich ein spitzer
Stein in meinen Schenkel und reisst mir
buchstäblich das Fleisch vom Knochen ...
Nun liegt die Last ganz auf uns ... Ich
athme kaum noch und versuche vergebens
meine Arme, mit denen ich meine Frau
umfange, zu strecken, um sie vor dem
fürchterlichen Drucke zu bewahren .....
Lächerlicher Versuch! Nicht zwanzig Arme,
wie die meinigen, wären dies im Stande
und mir wird die fürchterliche Gewissheit,
dass ich selbst sie, die ich so gerne retten
möchte, erdrücken werde durch das colossale
Gewicht, das auf mir lastet! Ich höre sie
röchelnd einen halberstickten Klageruf aus-
stossen, — es ist die erste und letzte Klage,
die sie während der Dauer dieser Folter
laut werden liess, — dann wird mein Kopf
wie von einer Eisenfaust erfasst und hart
gegen den ihrigen gedrückt, ihr aufgelöstes,
nasses Haar dringt mir in den Mund und
droht mich zu ersticken, ich fühle einen
fürchterlichen Druck auf der Brust, sehe
noch wie ein Blutstrom ihrem Munde ent-
quillt, dann wird es Nacht um mich — die
Nacht des Todes? — Ich habe nicht mehr
die Fähigkeit zu denken. — Ich fühle

nichts mehr!« -- — — — -- — -

— — — — — — — — —

Hier brechen die Aufzeichnungen Nadar's
ab, doch können wir zur Beruhigung unserer
Leser hinzufügen, dass er dieselben später
wieder aufnimmt und weisen wir überhaupt
auf den Umstand hin, den wir gleich ein-
gangs erwähnten, dass nämlich diese Fahrt,
so tragisch sie sich auch im Ganzen anliess,
doch kein Opfer an Menschenleben erheischte.

Nadar hatte in der Folge zwei Monate
lang das Bett zu hüten, wobei er die fürchterlichsten Schmerzen litt; während dieser
Zeit gingen ihm von vielen Seiten — und
aus hohen und höchsten Kreisen — zahlreiche Zeichen lebhafter Sympathie und
Theilnahme zu, doch waren auch seine
zahllosen Feinde in der Zwischenzeit nicht
müssig und benützten dieselben die Unmöglichkeit, in der er sich befand, ihnen
entgegentreten zu können, um ihn nach
Herzenslust herunterzumachen. Die Haupt-
spitze der Angriffe richtete sich dahin, dass
Nadar wohl nicht mehr wagen werde, sich
dem »Geant« anzuvertrauen.

Nun, Nadar hat seine Angreifer glän-
zend dementirt und am 26. September 1864,

dem vierunddreissigsten Jahrestage der Un-
abhängigkeits - Erklärung Belgiens, erhob
sich der »Geant« vom Jardin zoologique
in Brüssel aus, unter donnerndem Beifall
der tausendköpfigen Zuschauermenge, zum
dritten Male unter Nadar's Leitung in
die Lüfte, um vier Stunden später nach
ruhiger Fahrt bei Ypres, in der Nähe von
Nieuport, an der Küste des Meeres niederzugehen.

Vielleicht haben wir noch einmal
Gelegenheit, die ferneren Schicksale des
»Geant« zu verzeichnen; für diesmal bleibt
uns blos zu constatiren, dass derselbe den
Hauptzweck, zu welchem er angeschafft
wurde — die nöthigen Geldmittel zur An-
stellung von Experimenten mit Flug-
maschinen hereinzubringen — nicht erfüllte,
indem sein Besitzer immer mit einem bedeutenden Deficit zu kämpfen hatte.

Von Paris nach Norwegen.

Es ist bekannt, welche grossartige Verwendung die Luftschifffahrt während des
deutsch-französischen Krieges in Paris fand.
Fast jede Nacht stieg während der Belagerung ein Ballon auf, der in der Dunkelheit über die deutschen Linien hinausflog
und auf einem, nicht vom Feinde besetzten
Theile des Landes sich mit Tausenden von
Depeschen und Briefen niederliess.

Es war am 24. November, 15 Minuten
vor Mitternacht, als der Ballon »La ville
d'Orleans« unter der Leitung des Aëronauten Paul Rolier aufstieg, den ein
Offizier der Franctireurs, Namens Deschamps begleitete, welcher als Courier
der Pariser Regierung Depeschen nach
Tour zu überbringen hatte.

Der Ballon erhob sich schnell zu einer
Höhe von 800 Metern und trieb, von einem
frischen Südost gefasst, nordwestlich über

die Departements Seine und Oise der
Somme zu. Als er um Mitternacht zu
sinken begann, wurden zwei Säcke Ballast
ausgeworfen, so dass man sofort von Neuem
und mit grosser Geschwindigkeit stieg. Es
wurde eine Höhe von 1400, später sogar
von 2700 Meter erreicht. Tief unten donner-
ten einzelne Kanonenschüsse von den Truppen
der Nordarmee her; aber die Reisenden, in
ihrem Geisterschiffe der Erde entrückt,
fühlten nur die erhabenen Schauer des
Unermesslichen. Dann und wann blinkte
ein Stern durch die Lücken der Wolken
herab, schimmerten einzelne helle Punkte
zu ihnen herauf; die Lichter der Städte und
Fabriken.

Um $2^{1}/_{2}$ Früh jedoch, als man sich in
der Gegend von Valery-sur Somme befinden
mochte, verschwanden diese tröstlichen
Zeichen. Ein undurchdringlicher Nebel umhüllte die Luftschiffer und blind und willen-
los dem Ungefähr dahingegeben, trieben sie
weiter durch die Nacht, bis nach einiger
Zeit ein seltsames Dröhnen an ihr Ohr
schlug. Es war ein eintöniges, bald schwächer,
bald stärker anschwellendes Geräusch,
ähnlich dem Rollen eines im vollem Laufe
befindlichen Dampfzuges. Erklärlich genug,

wenn die Reisenden bei dem gänzlichen Unvermögen, sich über Weg und Richtung des Ballons zu vergewissern, auf den Gedanken kamen, sie befänden sich über einer der grossen Eisenstrassen Frankreichs. Allein das Geräusch dauerte fort, obwohl Stunde um Stunde verging, und fing an, beunruhigend zu wirken.

Um $6\frac{1}{4}$ Uhr Morgens gestattete endlich das Tagesgrauen eine erste Fernsicht. Der Horizont hellte sich auf; aber statt der Hügellinien des heimatlichen Bodens dehnt sich fremd und grau, so weit der Blick zu dringen vermag, eine nebelbedeckte Fläche — furchtbare Entdeckung: es ist das Meer, welches unten grollend seine Wogen wälzt, vorwärts und rückwärts der Ocean! Das also war die Ursache jenes dumpfen Getöses in der Nacht gewesen.

Die ganze Gefahr ihrer Lage trat den hilflosen Männern vor die Seele. Jedes Instrumentes zu genauerer Ortsbestimmung beraubt, von Lebensmitteln entblösst, in unzureichender Kleidung, bestürzt und entmuthigt, vermochten sie nicht, das Mindeste zu thun, um den verhängnissvollen Flug des Ballons nach Norden zu hemmen. Sie hielten sich verloren. In dieser Ueber-

AUF HOHER SEE — RINGSUM KEIN LAND!

zeugung schrieben sie folgende Worte auf
einen Zettel : »6¹/₂ Uhr Morgens, auf offener
See, keine Küste weit und breit, Gott sei
uns gnädig !« und entschlossen sich, diesen
letzten Scheidegruss an die Heimat einer
der treuen Brieftauben anzuvertrauen; allein
die Dichtigkeit des Nebels, welcher sich
zusehends von Neuem vermehrte, nöthigte
sie, auf die Ausführung ihrer Absicht zu
verzichten.

Es ist 11 Uhr Vormittags. Der Himmel
ist klarer geworden, der Ballon bis auf
1000 Meter gesunken, und tiefer unter ihnen
passiren nach einander nicht weniger als
siebzehn Segel. Aber vergeblich sind alle
Signale, alle Nothrufe der Luftschiffer; sei
es, dass man den Ballon nicht wahrge-
nommen, oder dass die entsetzliche Schnelligkeit, mit welcher er durch die unendlich
scheinenden Wogen der Atmosphäre fortgerissen wird, jeden Versuch einer Hilfe
unmöglich macht. Ja von einem Schiffe —
ohne Zweifel einem deutschen — feuerte
man mehrere Schüsse auf sie, jedoch ohne
zu treffen. Die Unglücklichen senken sich
noch tiefer hinab, um das Fangseil in seiner
ganzen Länge von 120 Meter aus dem Nachen
heraushängen zu lassen, damit es von einem

der vorüberfahrenden Schiffe ergriffen und festgehalten werde; ein Gedanke, der eben so schnell, wie er gefasst worden, als unausführbar wieder aufgegeben wird.

Endlich, um 11³/₄ Uhr, kommt von Osten her eine französische Corvette in Sicht. Gott sei Dank, sie löst einen Nothschuss; der Ballon ist bemerkt worden. Signale erscheinen an den Raen; Rolier öffnet das Ventil des Ballons, und letzterer sinkt fast bis zum Meeresspiegel herunter; aber umsonst! Während der kurzen Frist von drei Minuten, welche das Herabsteigen in Anspruch genommen, ist der Ballon so weit fortgetrieben, dass ihn eine Entfernung von acht Kilometer von dem Schiffe trennt.

Dumpfe Verzweiflung bemächtigt sich der Reisenden. Sie müssen wieder hinauf in die eisigen Lüfte, und da ihnen nur noch zwei Ballastsäcke geblieben, so opfern sie einen Sack Privatdepeschen von 60 Kilogramm Gewicht. Der Ballon steigt 3700 Meter hoch. Ein grauer Nebel legt sich gleich einer festen Masse um die Gondel; die Reisenden starren vor Kälte; Haar, Bart und Augenbrauen gleichen Eisklumpen.

Die armen Tauben flattern ängstlich im Käfig umher. Einer der Leidensgefährten gibt ihnen seine Decke. Inzwischen bemüht sich Rolier das Ventil am unteren Ballonende, dem bekannten »Anhängsel«, vollständig zu schliessen, weil das ausströmende Gas sich zu Krystallen verdichtet und als feiner stechender Schnee in den Nachen herabfällt; auch gelingt es ihm, aber sofort bläht das eingeschlossene Gas den Ballon übermächtig auf, und die schwache Hülle droht unter der ungeheueren Spannung zu bersten. Der »Anhang« muss mit tausend Mühen wieder geöffnet werden, die Eiskrystalle des Gases dringen stechender und in immer dichteren Massen auf die Schutzlosen ein. Allmälig versiegt diesen der letzte Rest der Kraft und Hoffnung. Der Tod scheint unvermeidlich, und um seine Qualen zu kürzen, beschliessen sie, den Ballon zu zersprengen und, mit dem letzten Seufzer nach der Heimat, nach Weib und Kind auf den Lippen, zu sterben. Aber es gelingt ihnen nicht, Feuer anzuzünden; sie sind gezwungen, sich wieder mit dem Ballon zu beschäftigen, der nun mit grosser Schnelligkeit hinabsinkt.

Da plötzlich, kaum 30 Meter über der
Meeresfläche, bemerken sie den Wipfel
einer Tanne, welcher durch den Nebel aus
einer dichten Schneehülle hervortaucht.
»Land! Land!« Unmittelbar darauf stösst der
Nachen in die Schneemassen; Rolier ist
mit einem Sprunge hinaus, der Andere aber
verwickelt sich in die Ankertaue, und der
Ballon, um einen so beträchtlichen Theil
seines Gewichtes erleichtert, steigt von
Neuem in die Höhe. Mit schneller Geistesgegenwart packt Rolier das Fangseil, und
sich mit seiner ganzen Last anhängend,
vermag er den Lauf des Ballons für Secunden zu verzögern. Deschamps benutzt
diese kostbaren Augenblicke. Auch er
schwingt sich aus dem Nachen, und stürzt
von 20—25 Meter Höhe hinunter in den
Schnee, — sie sind gerettet! Gerettet!

Wer wollte beschreiben, was sich nicht
beschreiben lässt: nach der unendlichen
Noth das unendliche Glück der Gefährten!
Sich stumm die Hände drückend, standen
sie da, standen wieder auf dem Boden der
mütterlichen Erde. Der Ballon freilich und
die Tauben schienen verloren zu sein.

Es war am Freitag, den 25. November,
halb 3 Uhr Nachmittags. Fünfzehn Stunden

hatten die beiden Männer in einem elenden
Weidenkorbe zwischen Leben und Tod ge-
schwebt, und nur ein Wunder hatte das
Unabwendbare von ihnen abgewendet. Aber
wo befanden sie sich? Wohin sollten sie
ihre irren Schritte richten? Welcher Em-
pfang wartete ihrer? Das waren die nächsten Fragen und freilich waren dieselben
nur zu geeignet, ihre dankbare Freude
wiederum in die düsterste Sorge zu ver-
kehren. Ohne Lebensmittel, ohne wärmere
Kleider — denn selbst ihre Decken hatte
der Ballon mit fortgeführt — in einem
eisigen Klima, auf unwirthschaftlichen und
schneebedeckten Bergen, wo jede Spur des
Lebens erloschen zu sein schien, sahen sie
sich in der That nur anderen und kaum
geringeren Schrecken preisgegeben. Sie
versuchen von den steilen Höhen herunter-
zusteigen; hier über Gletscherfelder, dort
an Abgründen hinuntergleitend, stürzen sie
bald in tiefe Eisspalten, bald sinken sie bis
an die Brust in Schneelöcher hinein. Sie
forschen nach allen Seiten, sie rufen, sie
horchen. Aber nirgends eine Antwort oder
ein lebendes Wesen. Nur ein einziges Mal
glauben sie in der Ferne eines Wolfes an-
sichtig geworden zu sein. Endlich, nach

langen Täuschungen und Mühen, entdeckt
Rolier die Spuren von Schlitten, welche
sich nach Süden hinziehen; sie folgen dem
glückverheissenden Zeichen und erreichen
nach mehrstündiger Wanderung. während
bereits ihr Schuhwerk in Fetzen um die er-
starrten und blutenden Füsse hängt, eine
halbverfallene Hütte, deren Eingang von
Schneewänden fast völlig versperrt ist. Gerettet zum zweiten Male!

Sie werfen sich auf den Boden der
Hütte nieder, sie graben sich in die
schützende Schneedecke ein und versuchen
zu ruhen. Aber die ungeheuere Aufregung
lässt sie die Wohlthat des Schlafes nur
kümmerlich schmecken; auf Stunden trau-
riger Lethargie folgen andere, eines von
Fieberschauern und wilden Träumen unter-
brochenen Schlummers, bis endlich der
Morgen des neuen Tages die Schiffbrüchigen
von ihrem Lager emportreibt.

Es war der dritte Tag nach der Abfahrt, der 26. November. Ein Nordlicht ver-
glühte über den endlosen Schneegefilden;
und vom Hunger und Frost gepeinigt, vom
Fieber geschüttelt, beginnen die Fremdlinge
eine zweite Wanderung. Vier Stunden
haben sie sich unter unsäglichen Anstren-

gungen weitergeschleppt, da — es ist
11 Uhr — stossen sie einen Freudenschrei
aus. Sie erblicken eine Strohhütte, sie
stürzen hinein. Die Hütte ist bewohnt, und
augenblicklich zwar leer, aber von den Be-
wohnern offenbar erst vor ganz kurzer Zeit
verlassen, denn auf dem aus Feldsteinen
aufgeschichteten Herde liegen noch einige
glimmende Feuerbrände. Grosse wollene
Strümpfe hängen in einem Winkel, und o
des Glückes! in einem Topfe befindet sich
Milch, in einem anderen Kaffee. Was aber
die Begierde der Hungrigen am meisten
reizt, ist ein grosses, mit gekochten und
noch warmen Kartoffeln angefülltes Gefäss!
Das sind Leckerbissen von Capua! Sie
nehmen einige Kartoffeln zu sich, denn seit
der Abfahrt von Paris hatten sie fast nichts
genossen; ein bescheidener Eingriff in
fremdes Eigenthum erscheint ihnen unter
solchen Umständen verzeihlich, und verzeihlich auch, wenn sie, die noch immer
frierenden Glieder zu durchwärmen, die
erloschene Flamme von Neuem schüren.

Nach Verlauf einer halben Stunde er-
scheinen plötzlich die Bewohner, zwei in
Pelze gehüllte Holzhauer. Sie hatten den
Rauch aus ihrer Hütte aufsteigen sehen

und sind eilig zurückgekehrt, um nun, starr vor Erstaunen, zwei Fremdlinge vor sich zu erblicken, die auf russische Art, die Arme gegen den Himmel erhoben, grüssen. »Partis de Paris en ballon!« rufen Rolier und Deschamps wie aus Einem Munde; aber weder diese immer wiederholten Worte, noch ihre lebendigen, beredten Erzählungen von der Meerfahrt, von der Landung u. s. w. thun irgendwelche Wirkung. Tiefe Kehllaute tönen den Franzosen ebenso unverständlich entgegen, als den Eingebornen das elegante Pariser Französisch. Endlich zeichnet Rolier die Skizze eines Ballons auf ein Stück Papier, und glücklicher als Alexander Dumas, dem man, als er einst in einem Gasthofe das Bild des Champignons zeichnete, einen aufgespannten Regenschirm brachte, werden sie verstanden. Das magische Wort »Paris« und daneben das Ballonbild entlockte den braven Bauern den Ausruf: »Ballone! Paris!« und ihre anfängliche Bestürzung verwandelte sich bald in das eifrigste Bemühen, den hungernden und frierenden Gästen zu helfen. Endlich sollte ein glücklicher Augenblick auch noch das letzte Räthsel lösen. Als einer der Holzhauer ein Schächtelchen mit Streichhölzern hervorzieht, erblickt Rolier auf demselben das Wort »Christiania« und nun mit einem Male wissen die beiden Gefährten, dass sie nicht in Russland, sondern in Norwegen*) gelandet sind. Nahrung, Wärme und Ruhe beleben bald wieder ihren Muth; mit aller erdenklichen Mimik machen sie den freundlichen Wirthen begreiflich, dass sie nach Christiania geführt zu werden wünschen. Die wackeren Leute sind ohne Zaudern bereit, sie nach der, wie sich herausstellt, 60 geographische Meilen weit entfernten Hauptstadt Norwegens zu geleiten, und es beginnt die dritte Wanderung der Luftschiffer, allerdings unter günstigeren Zeichen, als die früheren. Gastliche Norweger versorgen sie unterwegs mit allem Nöthigen; ihre Fahrt nach Christiania, anfangs zu Schlitten bis Drammen, von da mit der Eisenbahn, ward zu einem wahren Triumphzug: denn bald hatte der Telegraph die Wundermähr von den aus den Wolken gefallenen Franzosen überallhin verkündigt.

Am 28. November 1870 trafen sie in Christiania ein, wo sie auf's Festlichste

---

*) Der Ort, wo die Reisenden niedergingen, liegt unter dem 62. Grade nördlicher Breite, im Kirchspiel Silgfjord, und heisst das Liffjeld

empfangen wurden. »Vom Himmel nieder-
steigend, fanden sie auf Erden ein Paradies«,
sagt Tissandier in seiner enthusiastischen
Weise. Nach einigen Ruhetagen liess der
französische Consul Mr. Hepp seine Landsleute auf einem englischen Dampfer über
London nach St. Malo einschiffen, und vierzehn Tage nach der Abfahrt von Paris
kamen dieselben endlich glücklich in Tours
an. Auch der Ballon nebst fünf Depeschen-
säcken und den sechs Brieftauben und allem
anderen Inhalt war bei Drammen auf-
gefunden und wohl geborgen worden.

Die Franzosen aber, um ihrer Dankbar-
keit gegen so viele Theilnahme und Güte
zuvörderst einen persönlichen Ausdruck zu
geben, überliessen den Ballon dem Museum
von Christiania. Er hatte in fünfzehn
Stunden eine Strecke von mehr als hundert-
achtzig geographische Meilen zurückgelegt!

Eine Hochzeitsreise im Luftballon.

Es war der französische Astronom Camille Flammarion, welcher schon ein Dutzend wissenschaftlicher Luftreisen unternommen hatte, der auf die Idee kam, eine Hochzeitsreise im Luftballon zu machen. Die Beschreibung dieser Fahrt entnehmen wir seinem Tagebuche und lassen wir dem Erzähler selbst das Wort:

»Von allen meinen Luftreisen ist über diejenige, welche ich hier beschreibe, ohne Zweifel am meisten gesprochen worden; vielleicht wegen der Neuheit des Gegenstandes. Es scheint, dass mit ihr zum ersten Male seit die Welt besteht, der Luftweg für eine Hochzeitsreise gewählt wurde. Ich weiss nicht, ob ich seitdem Nachahmer gefunden habe. Ich finde die Sache durchaus nicht so sensationell, als sie dargestellt wurde; denn ist es nicht natürlich, dass man gerade für eine solche Reise die an-

genehmste, reizendste und bezauberndste
Art der Fortbewegung wählt? Nun, weder
das comfortableste Eisenbahncoupé, noch
der bestbespannte Landauer, noch selbst
die geheimnissvoll und geräuschlos auf den
Fluthen dahingleitende Venezianer-Gondel
können den Vergleich aushalten mit dem
magischen Schwung, mit welchem der
Aërostat durch die Lüfte schwebt, und es
ist nach meiner Meinung gar nichts Ueber-
raschendes dabei, wenn eine junge Frau,
die ihren Geist zu bilden wünscht, das Verlangen hegt, die Erregungen einer solchen
Fahrt mitzumachen und die grossartigen
Betrachtungen, zu welchen der Ballon Diejenigen anregt, welche ihm ihr Geschick
anvertrauen, zu theilen.«

»Unsere Abreise fand acht Tage nach
der Hochzeit an einem schönen Sommer-
abend statt; es wusste nur eine kleine Anzahl
von Verwandten und Freunden darum, aber
trotzdem wurde am nächsten Tage in den
Zeitungen ein hübscher kleiner Roman erzählt, von der Entführung einer Neuver-
mählten in ihrer Brauttoilette (wie passend
für eine Reise im Ballon!). nebst mehr oder
minder geistreich ausgedachten Details über
diese angebliche Brautnacht in den Wolken.

Und doch, was gibt es für einen Astro-
nomen und seine Lebensgefährtin Natür-
licheres, als eine solche Reise? Wir wollten
nach Spa gehen; wir reisten im Ballon hin,
von den Flügeln des Windes durch die
feierliche Stille der Nacht dahingetragen,
schwebend zwischen den, von den Silber-
strahlen des Mondes sanft beleuchteten
Wolken; und beim Sonnenaufgang stiegen
wir inmitten der lieblichsten Landschaft
herab, die man sich vorstellen kann, in die
grünen Gefilde, welche die Stadt Spa so
zauberhaft umschliessen. Die ganze Partie
war so schön, dass ich mich nur wundere,
warum nicht alle Jene, welche das Schöne
lieben und verstehen, sich einen ähnlichen
Genuss verschaffen.«

»Also am 28. August 1874 um 6 Uhr
52 Minuten Abends erhob sich unser
Aërostat, der 2000 Kubikmeter Gas fasste,
majestätisch in die Lüfte; vier Personen
sassen in der Gondel, mein Bruder hatte
uns begleitet und J u l e s G o d a r d war
unser Pilot.«

»Der Moment der Abreise stimmt immer
feierlich. Die Erde scheint sich von uns
zurückzuziehen; das Häuflein Freunde,
welches wir zurückgelassen, verschwindet

allmälig unseren Blicken; Paris entwickelt sich langsam von unserem trunkenen Blicke, Paris mit seinem Häusermeer, seiner Unzahl Strassen, seinen Boulevards und Prachtbauten, seinen Kuppeln und Thürmen, mit seinem Flusse und seinen Canälen. Der colossale Lärm, den der Verkehr in dieser Stadt hervorbringt, wurde plötzlich noch bedeutender, als der Ballon den Augen der Bevölkerung erschien. Die Sonne war um 6 Uhr 49 Minuten untergegangen; wir waren einige Minuten später aufgestiegen und hatten nun nach einiger Zeit die Freude, das Gestirn des Tages noch einmal, aber für uns allein aufgehen zu sehen. Unser ungeheurer Ballon wird langsam, so wie er sich höher hebt, von den Strahlen vergoldet, dann aber tritt der Occident in seine Rechte und die Sonne verschwindet, um ihr belebendes Licht über andere Völker und Landstriche auszugiessen.«

»Wir schweben über den Buttes Chaumont. welche für uns ihre Höhe verloren haben, dann über Montreuil, über dem Fort von Vincennes mit seinen Feuerschlünden, dann über dem See, der unser Bild zurückwirft. Wir überschreiten den Fluss um 8 Uhr 5 Minuten und erheben uns, als wir das

Plateau von Chenevieres erreichen, bis zu
einer Höhe von 1700 Meter, wo uns ein,
von den bisherigen ganz verschiedener Luft-
strom nach Nord-Osten treibt. Während
nahezu einer Stunde segelten wir in dieser
Richtung weiter; aber nachdem wir uns
wieder zu der geringen Höhe von 300,
später von 100 Metern herabliessen, wurden
wir nach Süd-Osten fortgetragen; wir
schwebten jetzt über dem Park von Gros
Bois und Boissy Saint Leger und hatten die
Richtung gegen Villeneuve Saint Georges.«

»Wir nahmen ganz deutlich den Schienen-
strang, der nach Lyon führt, aus, ebenso die
Seine; aber trotzdem wir beide während
einer halben Stunde vor Augen hatten,
konnten wir nicht hingelangen. Wir bewegten uns nur sehr langsam vorwärts.
Wir näherten uns bereits dem Walde von
Sénart, als wir wieder zu einer Höhe von
1900 Metern aufsteigend, nach Nord-Osten
getrieben wurden. Um 9 Uhr 50 Minuten,
in einer Höhe von 800 Metern, trieben wir
in südöstlicher Richtung. Einige Minuten
später waren wir noch tiefer gesunken und
hatten die Richtung nach Süd-Westen. Um
10 Uhr warfen wir etwas Ballast aus, um
nicht an ein Schloss, das sich auf unserem

Wege befand, zu stossen: einige Kilos ge-
nügten, um einen raschen Aufstieg hervor-
zurufen. Wir erreichten und überschritten
zum ersten Male die Höhe von 2000 Metern.
Endlich gegen 10 Uhr 40 Minuten, nachdem
wir wieder gefallen waren, befanden wir uns
über Torcy bei Lagny in einer Luftströmung
von west-nordwestlicher Richtung, die uns
gegen Paris zurückführte.«

»Wir wollen noch bemerken, dass uns
beinahe alle Ortschaften, über welche wir
hinzogen, mit Musik empfingen und dass
uns der Klang des Waldhornes fast auf
unserem ganzen Wege begleitete.«

»Hier unterbreche ich die Beschreibung
unserer Reise, um dem Leser Mittheilung zu
machen von den Beobachtungen, die wir in
der Gondel machten, welche das Spielzeug so
vieler anscheinender Capricen der Luftströmung
zu sein schien. Während dieser drei Stunden
hatten wir einen Bogen um Paris herum beschrieben, ohne die Metropole ganz aus dem
Gesichte zu verlieren. Langsam war sie
erleuchtet worden und hatten sich ihre grossen
Arterien in lichtvollen Linien unter unseren
Augen entwickelt. Je nach der Höhe, in
der wir uns befanden, hatten wir verschiedene

Windrichtungen angetroffen. Fünf Strömungen unterschieden sich sehr deutlich:

1. Von 100 bis 400 Meter: Richtung Süd-Ost.

2. Von 500 bis 700 Meter: Richtung Süd-Süd-Ost.

3. Von 800 bis 1100 Meter: Richtung Süd-West.

4. Von 1100 bis 1200 Meter: Richtung West-Nord-West.

5. Ueber 1600 Meter: Richtung: Nord-West.

Die Atmosphäre war also aus mehreren, in verschiedenen Richtungen hinströmenden Schichten zusammengesetzt, welche eine auf der anderen hinglitten. Es war daher für uns das wichtigste, die Höhen genau zu bestimmen. In der letzten halben Stunde waren wir beinahe in gerader Richtung auf Paris zurückgekommen. Wenn wir diese beibehielten, wären wir gerade über die Hauptstadt weg nach Rouen und Havre gekommen. Das aber war nicht unsere Absicht. Wir berathschlagten nun untereinander und entschlossen uns, die nordöstliche Richtung zu wählen. Der Aërostat war vollkommen darauf eingerichtet, in jeder beliebigen Höhe bleiben zu können, und wir wollten uns daher bis zur

Höhe von 2000 Meter erheben und in derselben verbleiben.«

»Wir hatten die Zeit des Vollmondes zu unserer kleinen Reise gewählt. Dieses Gestirn der Nacht erleuchtete die Landschaft zu unseren Füssen mit seinem melancholischen Lichte und wir konnten von unserem luftigen Balkon aus ganz gut die Culturen, die Wälder und die Wohnungen der Erdenwürmer ausnehmen. Paris aber fesselte unsere Aufmerksamkeit hauptsächlich. Die Bogenlinie der Boulevards von der Bastille zur Madelaine und die gerade Linie, welche die lange Rue de Rivoli und die Avenue des Champs Elysées bilden, strahlten Licht und erlaubten eine vollkommene Orientirung. Die Quais liefen bescheiden, längs dem dunklen, von grell beleuchteten Brücken übersetzten Strom hin. Der Gürtel von Befestigungswerken, der die Stadt umgibt. hob sich wie auf einem topographischen Plane ab.«

»Wir suchten unsere Wohnstätten ausfindig zu machen; die unserige verbarg sich in dem discreten Schatten des Quartier de l'Observatoire; mein Bruder aber entdeckte die seinige auf dem Boulevard Saint-Michel. Aber alle diese kleinen Details sollten bald zurücktreten vor den Betrachtungen, zu denen uns die

Natur in ihrer Grösse anregte. Jules Godard warf die für unser Project nöthige
Menge von Ballast aus, wir stiegen; Paris
schien sich Anfangs noch zu nähern und
gerade in unsere Senkrechte zu fallen; wir
warfen einen letzten Blick auf die im Lichte
schwimmende Stadt, deren Getriebe und Leben
wir nun entrückt waren, dann verschwand die
Erde mit allen ihren Werken hinter einem
Wolkenschleier und wir konnten uns im Himmel
glauben. Wir waren während vier Stunden
in der Nähe von Paris verblieben.«

»Langsam und stillschweigend hebt sich
die grosse Gasblase, welche uns trägt, höher
und höher; die Wolken lassen sie willig durch
und die Erde entschwindet. Der Aërostat
schwebt, von einem unbestimmten Licht umgeben, im Dunkel. Nach einer Weile aber
wird es wieder licht. Wir haben die Wolkenschichte durchdrungen und unser erstauntes
Auge sieht ihre bleichen Wirbel in der Entfernung dahinziehen. Wir schweben mitten im
bestirnten Himmel und zu unseren Füssen
liegen die Wolken wie Berge von Schnee; eine
grossartige Landschaft! Schneeige Alpen,
Gletscher, Thäler und Abgründe; eine unbe-
kannte Natur offenbart sich uns und schafft
vor unseren Blicken ein so phantastisches und

blendendes Panorama, wie wir es nie zu träumen wagten. Erbitterte Kämpfe scheinen sich unter den Wolken abzuspielen; die ungeheueren Massen verfolgen sich, gerathen dann aneinander, überstürzen und vermischen sich, um in veränderter Form von einander zu fliehen. Man sieht und fühlt ordentlich die mächtigen, unaufhörlichen, wunderbaren, atmosphärischen Kräfte walten, während die Erde unter der Wolkendecke schlummert. Niemand ist im Stande, dieses magische Schauspiel zu beschreiben, welches man stumm bewundert und dabei bedauert, dass es nicht auch anderen Blicken zugänglich ist. Mitten in diesem düsteren Schweigen, in dieser unendlichen Einsamkeit, fragt man sich unwillkürlich selbst, ob man noch der Erde angehöre, oder nicht viel mehr dem Chaos, in dem es keine Richtung, kein unten oder oben gibt, in einer Welt, welche erst im Begriffe steht zu werden, die nur von schwebenden Phantomen bevölkert und noch nicht mit dem alles belebenden Lichte in Berührung gekommen ist.«

»Doch ich muss mich von all' diesen Gedanken losreissen und will wieder die Beobachtungen, welche wir gemacht, in mein Tagebuch einzeichnen.«

»Mitternacht. Der Ocean weisser Wolken erstreckt sich noch immer bis an den Horizont und verdeckt die Erde gänzlich. Manchmal öffnen sich vor uns kreisrunde Durchgänge oder wir ziehen zwischen hohen Wolkenwänden hin, ohne dieselben zu berühren. Die Wolken sehen so weiss und weich und dabei doch so solid aus, dass man sich unwillkürlich versucht fühlt, aus der Gondel hinauszusteigen; sie sind die Sirenen der Atmosphäre, welche uns in den Abgrund hinabziehen wollen. Da plötzlich erscheint uns der Mond von einem goldigen Hof umgeben, um den sich wieder, wie eine ungeheuere tricolore Echarpe. ein dreifacher Gürtel in roth, grün und blau schlingt. Die Wolken bilden eine unabsehbare Ebene, wie ein Silbermeer, von Luna mit dem prachtvollen Diadem beherrscht; im Norden erglänzt das Sieben - Gestirn. wie wenn es diesen himmlischen Aufenthalt bewachen sollte.«

»Doch was ist das für ein Schatten, der dort über die weissen Gefilde hinzieht und auch von einer Aureole in zarten Farben umgeben ist? Es ist unser eigener Schatten, der Schatten des Ballons, der uns in unserer Luftreise folgt und uns ein wunderbares Schauspiel bereitet.«

»Um ein Uhr Morgens. Ein Abgrund öffnet sich unter dem Aërostat und die Erde wird wieder für uns sichtbar; wir erkennen die kreidigen Ebenen, welche sich zwischen Reims und Soissons hinziehen. Wir constatirten nun, dass wir uns noch immer gegen Nord-Osten, mit einer kleinen Tendenz nach Osten, zu bewegten. Diese letztere Modification ist uns um so angenehmer, als wir seit ungefähr zehn Minuten im Norden eine beunruhigende Helle bemerkten, welche auf uns den Eindruck eines Leuchtthurmes mit Drehlichtern machte und uns fürchten liess, dass wir uns in der Nähe des Meeres befänden. (In der Belagerungszeit wurde ein Ballon, der erst in Norwegen niederging, durch die Gewalt der Luftströmungen binnen zwei Stunden auf das Meer hinausgetrieben.) So aber war dieses Licht wahrscheinlich der Locomotive eines in der Entfernung fahrenden Eisenbahnzuges zuzuschreiben.«

»Bald aber erschien die Morgenröthe am Firmamente. Der Aërostat war wieder aus den hohen Regionen herabgesunken und schwebte einige hundert Meter über den Bergen und Wäldern der Ardennen. Die Thäler sind sämmtlich mit Nebeln angefüllt, deren Oberfläche überall gleiches Niveau hat und welche wie frisch gefallener Schnee aussehen. Das ganze Land zeichnet sich mit seinen Unebenheiten und seiner unregelmässigen Bodenformation deutlich ab. Welch einen genauen Plan könnte man von unserem' Observatorium aus aufnehmen!«

»Wir nehmen keine Spur von menschlichen Wohnungen aus; keine Stadt, nicht einmal das bescheidenste Dörfchen. Ist denn das Ardenner Viertel ein Urwald, der nur von schneeerfüllten Thälern durchzogen ist? Nein. Nur die Höhen sind bewaldet, und die Menschen, die natürlicherweise ihre Wohnungen in den Thälern, neben den Flüssen aufgeschlagen haben, sind von der Nebelschichte bedeckt, die sie unseren Augen entzieht, und welche ihnen auch den Anblick des Himmels raubt. Der Mensch, der sich einbildet der König der Schöpfung zu sein und der in dem hochmüthigen Wahne lebt, der Himmel sei eigens für ihn geschaffen, verbringt drei Vierteltheile seiner Existenz im Nebel, der Auster zu vergleichen, welche am Felsen klebt; seine Blicke sind nicht gegen Himmel, sondern gegen die Scholle gerichtet und er ist ein Sklave seiner groben Sinnenlüste.«

»Aber was ist das? Kehren wir denn nach Paris zurück? Ja, augenscheinlich Seit wir wieder gesunken sind, treibt uns die Luftströmung nach Süd‑Westen. Da heisst's wieder Ballast auswerfen und hinauf, um unser Ziel zu erreichen.«

»Doch was sind das für Blitze, welche den Himmel beleuchten und ihn zu zerreissen scheinen? Sollte uns ein Gewitter noch vor Anbruch des Tages überraschen? Sie werden immer häufiger, sind aber jedenfalls in grosser Entfernung, denn man hört keinen Donner. Wie dem auch sei, ein Sack Ballast wird ausgeworfen und wir steigen bis auf dreitausend Meter Höhe. Die Wolken sind mittlerweile verschwunden und das Mond-licht beginnt zu erbleichen; der Sirius er-glänzt am Himmel. Wir nehmen die Flecken des Mondes so deutlich aus, wie auf einer Karte. Wir steigen noch immer fort und be-finden uns bald v i e r t a u s e n d M e t e r über dem mittleren Niveau, das Menschen bewohnen. Aber in der Gondel ist Alles ge-froren: das Psychrometer, dazu bestimmt, die Feuchtigkeit der Luft zu messen, die Suppe, die wir uns mitgenommen hatten, und auch wir selbst frieren, trotz unseres Pelz-werkes. Das metallische Thermometer von

Tremeschini, von dem Erfinder eigens
für diese Luftfahrt construirt, zeigt 10 Grad
unter Null. Trotzdem aber beklagt sich
meine muthige Gefährtin über nichts und be-
hauptet, sich noch nie so wohl befunden
zu haben.«

»3 Uhr Morgens. Ueber unseren Häuptern
baut sich ein colossaler Dom auf, ein wahres
Zauberschloss: die vorbeiziehenden Wolken
lassen die Dimensionen dieses Olymps nur
noch grösser erscheinen; ohne ihrer Hilfe
hätte unser Blick in der Unendlichkeit dieses
Raumes gar keinen Ruhepunkt. Unter leichten
Dunstwölkchen thürmen sich ganze Berge
von Wolken aufeinander. Einzelne dieser
compacten Massen sehen aus wie von Lawinen-
stürzen verheert oder durch das unwider-
stehliche Vordringen von Gletschern geformt.
Das unfassbare Gewölke scheint die Härte
des Quarz und des Diamanten zu bekommen.
Viele dieser Wolken haben die Form von
ungeheueren Kegeln, welche kühn dem Unendlichen zustreben.«

»Allein dieses grossartige Schauspiel ruft
eher Schreck als Bewunderung hervor, denn
das Stillschweigen, welches ringsumher
herrscht, erdrückt die menschliche Vernunft
und zeigt dem Menschen so recht, wie klein

er ist gegenüber dem Unendlichen. Der
Aërostat selbst gleitet lautlos weiter, als
ob er fürchtete, diese eherne Ruhe zu stören.
Die Insassen der Gondel tauschen unwill-
kürlich flüsternd ihre Gedanken aus, als
fürchteten sie, dass irgend ein unbekannter
Genius ihre Mittheilungen erlauschen könnte.
Bei jeder Bewegung ächzt das Netzwerk
und ruft eine Art von doppelten Echo im
Inneren des Ballons wach.«

»So strenge und schrecklich diese Natur
auch ist, sie zieht uns doch an, so wie uns
der Abgrund unter unseren Füssen anziehen
würde, wenn das schwache Brett zerbräche,
welches uns von ihr trennt. In diesen
äussersten Sphären erfasst Einen eine Art
von Schwindel, man möchte immer in ihnen
verbleiben und immer noch höher steigen.«

»Die ganze atmosphärische Natur bereitet
sich gewissermassen darauf vor, die Sonne
bei ihrem Erscheinen zu begrüssen. Die entfernten Wolken erglühen wie die Alpen
beim Sonnenuntergang ; die leichten Nebel
werden in zartes Roth getaucht, von dem
Purpurlager des strahlenden Tagesgestirnes
sprühen Lichtgarben nach allen Richtungen
und die Contouren der höher liegenden
Wolken erglänzen in goldigem Lichte. Plötz-

lich tritt Alles zurück vor dem Brennpunkte
der Wärme und des Lichtes, der majestätisch
höher steigt und die Quellen des Lebens
und der Fruchtbarkeit in den unendlichen
Raum ergiesst!«

»Wenn wir unseren Ballon jetzt sich
selbst überliessen, so würde er noch höher
steigen, wir müssen daher von Zeit zu Zeit
das Ventil öffnen, um zu verhüten, dass die
Ausdehnung zu rasch vor sich gehe. Wir
befinden uns bereits in Belgien. Die Ebene
von Rocroi und das Meuse-Thal sind schon
weit von uns, wir beginnen uns der deutschen
Grenze zu nähern. Wir entschliessen uns
also zu landen. In zwanzig Minuten legen
wir die 4000 Meter zurück, die uns von der
Erdoberfläche trennen; die Erde kommt uns
näher, die Berge fangen an sich zu erheben
und endlich landet unsere Gondel am Ufer
eines murmelnden Baches in einem reizenden
Theile des Landes der Wallonen. Wir sind
in Spa. Es ist 6 Uhr 40 Minuten; beinahe
dieselbe Zeit, zu der wir am Abend vorher
Paris verlassen haben.«

»Man sieht, welche interessante Erlebnisse wir auf unserer Reise machten. Mein
Bruder, der zum ersten Male an einer Luftreise theilnahm, hatte sich sehr schnell daran

gewöhnt. Meine Frau hatte die ganze Zeit über geträumt und bewundert, ohne an unvorhergesehene Gefahren zu denken; sie war kaum zu bewegen die Gondel zu verlassen, in der sie die Erregungen dieser über den Wolken zugebrachten Nacht erlebt hatte.«

»Diese Reise ist ohne Widerrede eine der interessantesten, welche noch ausgeführt worden, sowohl vom meteorologischen als auch vom rein künstlerischen Standpunkte aus. Es soll mich sehr freuen, wenn es mir gelungen ist, dem Leser in diesem einfachen und schmucklosen Berichte eine Idee von dem ungemeinen Interesse zu geben, welches dem Menschen ein Ausflug in dieses Reich, das er noch zu erobern berufen ist, bietet.«

Die Opfer der Luftreisen.

Wir kennen ohne Zweifel nicht alle Opfer, welche die Luftschifffahrt bis heute gefordert hat, denn es fanden seit der Erfindung des Luftballons Ascensionen in allen Theilen der civilisirten Welt statt, und mag da wohl noch Mancher mit einem Ballon zu Grunde gegangen sein, der in unseren Aufzeichnungen nicht erwähnt ist; gleichwohl bietet die nachfolgende Aufzählung der bekannten Opfer der Luftschifffahrt eine für den Fachmann, wie für den Laien gleich interessante Lecture.

Die Reihe der Opfer beginnt leider gleich mit dem Tode des ersten Aëronauten, P i l â t r e d e R o z i e r. Nachdem es Blanchard geglückt war, im Ballon von England nach Frankreich zu fahren, entschloss sich der junge Pilâtre, den umgekehrten Weg zu machen; eine viel schwierigere

Reise, weil dazu nicht dieselben günstigen
Luftströmungen vorhanden sind.

Man versuchte vergebens, Pilâtre begreiflich zu machen, welchen Gefahren er
sich mit diesem Unternehmen aussetze. Er
versicherte, dass er eine neue Zusammenstellung von Ballons erfunden habe, welche
vollkommene Sicherheit gewähre und er-
laube, eine beträchtliche Zeit in der Luft zu
bleiben.

Zum Zwecke der Herstellung seiner Erfindung bewarb sich Pilâtre bei der französischen Regierung um eine Subvention
von 40.000 Frcs., welche er auch erhielt.
Dann erfuhr man, welche Combination er
sich ausgedacht hatte. Er vereinigte die
beiden Arten der Luftschifffahrt, die man
bis dahin kannte, in ein System, indem er
unter einem mit Wasserstoffgas gefüllten
Ballon eine Montgolfière anbrachte. Man
hat nie genau erfahren, welche Idee er
damit verband, doch ist es wahrscheinlich,
dass er durch die Beiziehung der Montgolfière sich der Nothwendigkeit zu entziehen dachte, Ballast auswerfen zu müssen,
wenn er steigen, und Gas verlieren zu
müssen, wenn er fallen wollte. Dieses ge-
mischte System, welches, nach der Meinung

des jungen Aëronauten, das Steigen und Fallen erleichtern sollte, ist mit Recht getadelt worden. Es heisse das »die brennende Lunte auf's Pulverfass legen«, sagte Charles zu Pilâtre — vergebens! Dieser wollte auf nichts hören, als auf das, was ihm seine Kühnheit und sein unglaublicher wissenschaftlicher Uebereifer eingaben, von dem er schon so oft Proben abgelegt hatte; zum Theil wurde er noch von Seite der Regierung gedrängt, welche ihm die Mittel zur Herstellung seines Ballons geliefert hatte, zum grössten Theile aber feuerte ihn sein Verlangen, Blanchard zu übertreffen, an, welcher, begünstigt durch die Winde, der Erste war, der über den Canal la Manche den Luftweg einschlug.

Am 15. Juni 1785, um 7 Uhr Morgens, stieg Pilâtre in die Gondel, begleitet von R o m a i n, einem der Constructeure des Ballons, welcher als Belohnung seiner Dienste die Gunst erbeten hatte, die Gefahren des Unternehmens theilen zu dürfen.

Ein Bericht aus jener Zeit beschreibt den Aufstieg in folgender Weise: »Die Aëro-Montgolfière erhebt sich langsam und majestätisch. Zwei Kanonenschüsse zeigen den Moment an. Die Aëronauten schwenken

grüssend ihre Hüte, während das Publicum
mit tausendstimmigem Freudengeschrei antwortet.«

»Die kühnen Luftschiffer befinden sich
bald über dem Meere und Alles beobachtet
mit Besorgniss den weiteren Verlauf. Nachdem sie in circa 700 Fuss Höhe ungefähr
fünf Viertelmeilen weit weggetrieben haben,
bringt sie eine wechselnde Luftströmung
wieder zurück. Die Luftfahrt dauert bereits
27 Minuten. In diesem Augenblicke glaubt
man zu bemerken, dass die Reisenden
durch irgend Etwas beunruhigt werden.
Man sieht, wie sie hastig die zum Er-
wärmen der Luft dienende Gluthpfanne
herunternehmen — plötzlich erscheint ober
dem Ballon eine violette Flamme,| die Hülle
desselben fällt auf die Montgolfière herab
und die unglücklichen Insassen stürzen aus
den Wolken zur Erde nieder, beinahe gegenüber dem Thurme von Croy, fünf Viertelmeilen von Boulogne und 300 Schritte vom
Meeresufer entfernt.

Den unglücklichen de Rozier fand man
in der Gondel förmlich zermalmt und jeden
Knochen gebrochen. Sein Gefährte athmete
noch, aber er konnte kein Wort mehr

PILATRE DE ROZIER'S TOD.

sprechen und verschied nach einigen Minuten.«

Dies waren die beiden ersten Opfer,
welche die Aëronautik forderte.

Die zweite Katastrophe ist die, welche
dem Aëronauten Olivard das Leben kostete.
Er stieg am 25. November 1802 in einer
Montgolfière auf, welche aus Papier hergestellt und nur von einigen Leinwand-
streifen zusammengehalten war. Die aus
Weidenruthen geflochtene Gondel war unter
der Wärme-Vorrichtung angebracht und mit
brennbaren Stoffen belastet, welche dazu
bestimmt waren, das Feuer zu unterhalten.
In einer bedeutenden Höhe fing die Gondel
Feuer und der arme Aëronaut stürzte, eine
Meile von dem Orte, von dem aus er aufgefahren war, zu Boden.

Der Dritte in der Reihe der Gefallenen
ist der Italiener Zambeccari. Seine Lebens-
geschichte ist überhaupt reich an wahrhaft
dramatischen Situationen. Von den Türken
gefangen und in das Bagno von Constantinopel geworfen, beschäftigte er sich eifrig
mit Studien über die Luftschifffahrt.

Er kam auf die Idee, zur Erhitzung der
Luft eine Weingeistlampe zu construiren,
welche er nach Wunsch kräftiger oder

schwächer wirken lassen konnte. Aus der Gefangenschaft befreit, stellte er mit seiner Erfindung sofort praktische Versuche an. Eines Tages stösst seine Montgolfière beim Auffahren an einen Baum, der Weingeist aus seiner Lampe ergiesst sich über ihn und setzt seine Kleidung in Flammen; die hiedurch entstandene grössere Flamme vermehrt die aufsteigende Kraft des Ballons ungemein, und derselbe flieht vor den Augen der entsetzten Zuseher, unter denen sich seine junge Frau und seine Kinder befinden, in rasendem Fluge den Wolken zu und verschwindet hinter denselben. Diesmal gelang es Zambeccari noch, die Flammen zu löschen und die Mutter Erde lebend wieder zu betreten.

Am 7. October 1804 stieg er von Bologna auf. Ein durch 48 Stunden andauernder Regen hatte die Auffahrt schon über Gebühr verzögert, da fasste Zambeccari den heroischen Entschluss, trotz des Unwetters aufzusteigen, und den Kampf mit den Elementen aufzunehmen.

Doch die Nacht brach bereits herein, als der Ballon, der um 1 Uhr sich zu blähen begonnen hatte, endlich das Bestreben zeigte, seinen Flug anzutreten. Ausser sich vor Ermüdung, durch alle diese Hindernisse beinahe entmuthigt und seit 24 Stunden fastend, gelang es Zambeccari endlich um Mitternacht, die Montgolfière halbwegs flügge zu bekommen, jedoch mit der Ueberzeugung, dass er nicht weit damit kommen werde. Zwei Landsleute, Andreoli und Grasetti, begleiteten ihn. Sie erhoben sich Anfangs langsam und schwebten eine Weile über der Stadt, plötzlich aber wurden Sie mit einer unbegreiflichen Schnelligkeit fortgerissen. Doch lassen wir Zambeccari selbst diese merkwürdige Reise erzählen:

»Die Lampe, welche dazu dienen sollte, unsere aufsteigende Kraft zu vermehren, wurde nutzlos. Wir konnten den Stand des Barometers nur unvollkommen beim schwachen Lichte einer mitgenommenen Laterne beobachten. Die unerträgliche Kälte, welche in den hohen Regionen, in denen wir uns befanden, herrschte, die Erschöpfung, in die mich das 24stündige Fasten versetzt hatte und der Kummer, der meine Seele bedrückte, alles das vereinigt liess meine Kräfte plötzlich schwinden und ich fiel in einen bleiernen Schlaf, der dem Tode ähnlich war. Ebenso erging es meinem Begleiter Grasetti. Andreoli war der einzige, der wach und wohl-

auf blieb, wahrscheinlich weil er vor dem
Aufstieg ordentlich gegessen und eine ziemliche Quantität Rum getrunken hatte; trotzdem aber litt auch er unter der über-
mässigen Kälte. Andreoli machte während
langer Zeit vergebliche Versuche, mich aus
meiner Betäubung zu erwecken, endlich gelang es ihm, mich auf die Beine zu bringen;
allein meine Ideen waren verwirrt und ich
fragte ihn, wie wenn ich aus einem Traum
erwachte: »Was gibt es? Wohin gehen
wir? Wie viel Uhr ist es? Woher kömmt
der Wind?«

»Es war zwei Uhr, wir sanken langsam
durch eine dicke Schichte weisslicher Wolken.
Als wir darunter waren, vernahm Andreoli
einen dumpfen und fast unmerklichen Lärm.
Er erkannte bald, dass es das Geräusch
der sich einander brechenden Wogen sei,
was er hörte. Ich horchte auch und über-
zeugte mich bald, dass er sich nicht täuschte.
Es wurde jetzt für uns unumgänglich nothwendig, Licht zu machen, um nach dem
Stande des Barometers zu erfahren, in
welcher Höhe wir uns befanden und unsere
Massnahmen danach zu treffen. Erst rüt-
telten wir Grasetti wach, dann versuchten
wir Licht zu machen, was uns nach unend-

licher Mühe mit Hilfe des Feuersteines
gelang. Es war drei Uhr Morgens. Der
Wellenschlag wurde immer deutlicher vernehmbar und ich konnte bald die heftig bewegte Oberfläche des Meeres ausnehmen.
Ich ergriff schnell einen grossen Sack Ballast: aber im Moment, wo ich ihn auswerfen wollte, berührte die Gondel schon
die Wellen und gleich darauf befanden wir
uns alle im Wasser. Im ersten Momente
des Erschreckens warfen wir alles von uns,
was den Ballon erleichtern konnte, unseren
Ballast, sämmtliche Instrumente, einen Theil
unserer Kleider nnd auch das Geld, das wir
bei uns hatten: der so entlastete Ballon
stieg mit einer Schnelligkeit, dass uns fast
die Sinne schwanden, zu einer enormen
Höhe. Ich erbrach mich, Grasetti blutete
aus der Nase und wir konnten kaum athmen
und fühlten einen fürchterlichen Druck auf
der Brust. Da wir im Momente, wo der
Ballon aufstieg, bis auf die Knochen nass
waren, ergriff uns in den hohen Regionen,
in denen wir uns jetzt befanden, plötzlich
die Kälte und überzog uns mit einer Eis-
schichte.«

»Nachdem unser Ballon während einer
halben Stunde diese unermesslich hohen

Regionen durchflogen hatte, fing er wieder
langsam zu fallen an und wir befanden uns
bald wieder im Meere; es war ungefähr vier
Uhr Morgens. Wir steckten bis an den
Gürtel im Wasser und wurden oft von den
Wellen ganz überschwemmt. Der Ballon,
der mittlerweile zusammengefallen war,
diente dem Winde, der sich in ihm verfing,
als Spielball und schleppte uns während
mehrerer Stunden durch die Wogen des er-
regten Meeres. Bei Tagesanbruch suchten
wir uns zu orientiren und fanden, dass wir
gerade gegenüber von Pesaro, ungefähr vier
Meilen von der Küste entfernt, dahintrieben.
Wir schmeichelten uns schon mit der Hoffnung das Ufer zu erreichen, als uns der
Landwind wieder mit Heftigkeit gegen das
offene Meer zurückwarf. Es war heller Tag
geworden, allein wir sahen nichts um uns
als Himmel und Wasser und unser Untergang schien unausweichlich. Wohl sandte
uns unser guter Stern éinige Schiffe zu,
aber so wie sie unser abenteuerliches Fahrzeug von weitem bemerkten, wurden sie von
Schrecken erfasst und setzten alle Segel bei,
um uns zu entkommen. Es blieb uns also
nur noch die eine Hoffnung, die noch sehr
entfernte Küste von Dalmatien zu erreichen.

Doch der Hoffnungsschimmer, der uns von dort her leuchtete, war ein sehr matter und wir wären zweifellos von den Wellen verschlungen worden, hätte uns der Himmel nicht einen Seefahrer zugesendet, der, wahrscheinlich gebildeter als alle Jene, die vor uns geflohen waren, in unserem Fahrzeuge einen Luftballon erkennend, uns sofort seine Schaluppe zu Hilfe schickte. Seine Matrosen warfen uns ein dickes Tau zu, welches wir an der Gondel befestigten und mit dessen Hilfe man uns, halbtodt vor Erschöpfung, an Bord hisste. Der nun entlastete Ballon erhob sich sofort, trotz aller Anstrengungen von Seite der Seeleute, die ihn festhalten wollten, in die Lüfte und rüttelte mit Macht an der Schaluppe, so dass diese in Gefahr kam, umgeworfen zu werden. Es blieb nichts übrig als das Tau zu kappen, worauf der Ballon mit unglaublicher Schnelligkeit den Wolken zuflog und hinter denselben unseren Blicken entschwand. Es war acht Uhr Morgens, als man uns an Bord des Schiffes brachte. Grasetti war wie todt und gab kaum noch ein Lebenszeichen von sich. Mich hatten Kälte, Hunger und Todesangst vollständig erschöpft; auch waren meine Hände ganz verstümmelt. Der wackere See-

mann, der uns gerettet hatte, that alles
Mögliche, um uns wieder herzustellen. Er
brachte uns nach den Hafen von Ferrada,
von dort aus wurden wir nach Pola überführt, wo wir auf die herzlichste Weise empfangen wurden, und wo mir ein geschickter
Wundarzt meine Finger amputirte.«

Am 21. September 1812 erreichte diesen
stoischen und kühnen Aëronauten sein Schicksal. Er war von Bologna aus aufgestiegen.
Nicht weit von dort fing in einer bedeutenden
Höhe seine Montgolfière Feuer und er stürzte
zur Erde nieder. Man fand, halb in den
Boden vergraben, die verbrannte und zer-
brochene Maschine: — dies und ein halb ver-
kohlter Leichnam war Alles, was von Zambeccari übrig blieb.

Am 7. April 1806 stieg Mosment von
der Stadt Lille aus im Luftballon auf. Der
Ballon war aus Seide und mit Wasserstoffgas gefüllt. Mosment hatte die Gewohn-
heit, unter seinem Ballon anstatt einer Gondel
blos ein leichtes Plateau anzubringen, auf
dem er beim Aufstieg stand. So auch diesmal. Zehn Minuten nach seiner Abfahrt liess
er ein an ein neues System von Fallschirm
befestigtes Thier, welches er eigens zu
diesem Behufe mitgenommen hatte, fallen.

Man vermuthet nun, dass der Aëronaut bei den hiedurch entstandenen Schwankungen das Gleichgewicht verlor; Andere behaupten auch, dass es nicht Unvorsichtigkeit oder Zufall, sondern Absicht war, was seinen Sturz verursachte. Wie dem auch sei, Eines ist gewiss, der Aëronaut stürzte herab und der Ballon setzte seine Reise allein fort, während man den entseelten Körper Mos-ment's, zerschmettert und durch die Heftigkeit des Sturzes halb vergraben, in den sandigen Gräben fand, von denen Lille ein-geschlossen ist.

Nach einer grossen Anzahl, mit Mongol-fièren ausgeführter, glücklicher Luftreisen fand der deutsche Aëronaut Bittorff am 17. Juli 1812 bei Mannheim seinen Tod. Sein Ballon war aus Papier, hatte 20 Meter Höhe und 16 Meter Durchmesser; er fing in der Luft Feuer und der unvorsichtige Insasse stürzte auf die Dächer der letzten Häuser der Stadt herab.

Wir kommen nun zu der Beschreibung des Unglücksfalles, dem am 6. Juli 1819 Madame Blanchard zum Opfer fallen sollte. Es dürfte nicht uninteressant sein, bei der Gelegenheit die Art und Weise zu erwähnen, wie Blanchard, dem Gerüchte

nach zu seiner Frau kam. Dieser Aëronaut
bemerkte einst, als er mit seinem Ballon in
der Nähe von La Rochelle landete, unter
den herbeigeeilten Leuten eine Bäuerin,
welche sich in »interessanten« Umständen
befand. Blanchard prophezeite der Bäuerin
die Geburt einer Tochter und versprach in
sechzehn Jahren wiederzukommen, um dieses
Mädchen zu seiner Frau zu machen. Der
Zufall wollte, dass Blanchard mit seiner Pro-
phezeiung Recht behielt; später löste er
auch sein gegebenes Wort ein und heiratete
das Mädchen. Madame Blanchard's
ganzes Geschick stand also mit der Luftschifffahrt in innigstem Zusammenhange; sie
unternahm in der Zeit zwischen 1805 bis
1819 viele kühne Luftfahrten und fand in
letzterem Jahre bei einer solchen ihren Tod
auf folgende Weise: Madame Blanchard
war auf die Idee gekommen, bei ihrem Aufstieg, um denselben effectvoller zu gestalten,
Feuerwerkskörper zu entzünden, welche
man auf einem hölzernen Reifen befestigte,
der an einem 10 Meter langen Drahte mit
der Gondel verbunden war. An dem Tage
nun, über welchen wir berichten, war eine
Festlichkeit im Tivoli in der Rue Saint-
Lazare auf dem Platze, wo sich gegenwärtig

der Pariser Westbahnhof befindet. Eine bedeutende Menge hatte sich eingefunden, um Zeuge des seltenen Schauspieles zu sein. Nach einigen Pöllerschüssen, welche den Zeitpunkt der Abfahrt anzeigten, erstrahlte der ganze Platz in bengalischem Lichte; die kühne Aëronautin bestieg unter den Klängen einer rauschenden Musik ihre Gondel. Das Publikum, hingerissen von dem feenhaften Anblick, den der Ballon in dem wechselnden Spiel der farbigen Flammen bot, begrüsste sie mit Enthusiasmus. Der Ballon erhebt sich langsam und majestätisch und man nimmt die kühne Reisende deutlich beim Scheine der bengalischen Flammen aus; in einer gewissen Höhe angelangt, entzündet sie selbst die unter der Gondel hängenden Feuerwerkskörper, welche eine feurige Krone bildend, einen glänzenden Funkenregen auf die Zuschauer herabschicken.

Plötzlich bemerkt man einen unerwarteten Lichtschein, nicht unter der Gondel, wo sich der nun verlöschte Reifen befindet, sondern in der Gondel selbst; dann nimmt man trotz der bedeutenden Höhe ganz deutlich jede Bewegung aus, welche Madame Blanchard macht. Der Lichtschein wird grösser, verschwindet plötzlich, erscheint wieder und zeigt sich endlich ober dem Ballon, in der Form einer Gasflamme von mehr als einem Meter Höhe. Das Gas in dem Ballon hatte sich entzündet!

Madame Blanchard, welche sehr klein von Gestalt und sehr leicht war, bediente sich bei ihren Ascensionen immer eines ziemlich kleinen Ballons, der jedoch bis zum Platzen voll Wasserstoffgas war. Nachdem sich das Gas entzündet hatte, sah man deutlich, wie Madame Blanchard den Versuch machte, die untere Oeffnung des Ballons zusammenzudrücken; aber fast im selben Moment zeigten sich die Flammen ober demselben und sie gab daher diesen fruchtlosen Versuch auf, setzte sich in ihre Gondel und versuchte auszunehmen, an welchem Platze sie herabkommen würde. Das Gas brannte während einiger Minuten und der Ballon fiel während dieser Zeit immerwährend. Er fiel endlich auf das Dach eines Hauses; der Stoss war kein sehr heftiger, da die dünnen Sparren nicht beschädigt wurden. In diesem Momente hörte man Madame Blanchard «Zu Hilfe!» rufen, es waren ihre letzten Worte. Das Unglück wollte, dass die Gondel beim Herabrutschen

DER TÖDTLICHE STURZ DER MADAME BLANCHARD.

über die schiefe Ebene des Daches einem jener eisernen Haken begegnete, wie man sie für die Dachdecker anbringt. Die Gondel blieb daran hängen, kippte um und die unglückliche Insassin, darauf nicht vorbereitet, stürzte mit dem Kopfe voran auf das Strassenpflaster.

Als man zu ihr hinkam, fand man sie bereits todt. Sie trug keine Spur einer Verbrennung an sich. Die Gondel war noch immer an dem Dache festgehakt und der Ballon, der sich mittlerweile ganz entleert hatte, hing, leise vom Winde bewegt, längs der Mauer herab.

Ganz Paris war sozusagen Zeuge dieser Katastrophe, welcher noch manche andere ebenso bedauerliche, wenn auch nicht so allgemein bekannte, folgen sollte.

Das nächste Opfer der Luftschifffahrt war der Engländer H a r r i s. Er quittirte seine Charge als Marine-Officier, um sich ganz der Aëronautik und dem Studium ihrer Probleme zu widmen. Er war immer von jenem Muthe beseelt, welcher den Menschen dazu treibt, im Kampfe gegen die Elemente sein Leben zu wagen. Mehrere glücklich durchgeführte Luftreisen brachten ihn auf die Idee, selbst einen Ballon zu

construiren, an dem er einige vermeintliche
»Verbesserungen« anbrachte. Bei einer mit
diesem Ballon in Begleitung einer jungen
Dame, die seinem Herzen nahe stand, unternommenen Reise — es war dies am 8. Mai
1824 — öffnete er, nachdem die Fahrt bei
heftigem Winde schon drei Stunden ge-
währt, das Ventil, um den Ballon zum
Sinken zu bringen. Als ihm aber schien,
dass genug Gas ausgeströmt sei und er die
Klappe wieder zufallen lassen wollte, versagte diese den Dienst, sie blieb offen und
das Gas entwich unausgesetzt, so dass der
Ballon mit immer grösserer Schnelligkeit
der Erde zuzustürzen begann. Eine Katastrophe war unvermeidlich. Der Aëronaut
warf, um den Sturz zu mildern, Alles hinab,
was in dem Korbe nicht niet- und nagelfest war, den ganzen Ballast, die Instrumente, Decken, Kleider, aber das half
nichts, die Geschwindigkeit nahm noch mit
jeder Secunde zu. Da fasste Harris einen
wahrhaft heroischen Entschluss: Als der
Ballon nur mehr fünfhundert Meter von der
Erde entfernt ist, umarmt er seine Geliebte
und — stürzt sich aus der Gondel, um
diese durch sein Gewicht zu erleichtern und
so seine Begleiterin zu retten. Diese, von

HARRIS STÜRZT SICH AUS DEM BALLON, UM SEINE GEFÄHRTIN
ZU RETTEN.

Entsetzen erfasst, sieht von ihm nur noch, wie sich sein Körper tief in den Boden eingräbt! Zwei Minuten später bringt der Ballon sie sanft zur Erde. Als Landleute hinzueilten, um ihr behilflich zu sein, schrie sie mit schrecklich verzerrten Zügen unausgesetzt: »Er ist todt! Er ist todt!« —

Sie war w a h n s i n n i g geworden.

S a d l e r, der berühmte englische Aëronaut, der schon eine grosse Anzahl von Luftreisen gemacht und unter Anderem den inländischen Canal zwischen Dublin und Holyhead (wo er 50 Kilometer breit ist) im Ballon überfahren hatte, kam am 29. September 1824 auf eine entsetzliche Art um's Leben. Er hatte in Folge seines langen Aufenthaltes in den hohen Regionen schon das letzte Restchen Ballast ausgeworfen, und konnte daher das rasche Fallen seines Ballons in keiner Weise mehr ermässigen. Der Ballon sank gerade auf das Dach eines sehr niedrigen Hauses nieder, wurde vom heftigen Winde weitergetrieben und stiess mit so grosser Vehemenz an einen Rauchfang, dass S a d l e r aus der Gondel geschleudert und durch den Sturz getödtet wurde. Die Vorsicht und das Wissen dieses Aëronauten dürfen nicht in Zweifel gezogen werden.

Sadler hatte in mehr als 60 Ascensionen
Beweise davon abgelegt. Nur unglückliches
Zusammentreffen von schwer voraussehbaren
Umständen verschuldete seinen Untergang.
Wir haben hier das Beispiel eines wirklichen
Luft-Schiffbruches: Ein Fahrzeug, welches
nach stürmischer Fahrt nahe dem schützenden
Hafen scheitert.

Cocking war zweimal als einfacher
Amateur mit Green im Ballon aufgefahren
und war dabei von der fixen Idee befallen
worden, etwas auf die Luftschifffahrt Be-
zügliches zu erfinden. Er construirte endlich
einen Fallschirm, an dem er angebliche
»Verbesserungen« angebracht hatte. Seine
Idee muss geradezu hirnverbrannt genannt
werden, und ist es unbegreiflich und be-
dauerlich, dass ein Mann von der Erfahrung
Green's zu dem ersten Versuche mit dem
Instrumente seine Hand bot. Cocking
hatte nämlich anstatt eines concaven Fallschirmes, der sich auf eine Luftsäule stützt,
eine Art von Schraube hergestellt, einem
Erdbohrer in der Form nicht unähnlich, die
natürlich einen Sturz beschleunigen musste,
anstatt ihn zu verlangsamen! so geschah
es denn auch. Am 27. September 1836 stieg
Green von London aus auf, begleitet von

Cocking geht durch seinen „verbesserten" Fallschirm
zu Grunde.

Cocking mit dem beschriebenen Apparate.
In einer Höhe von mehr als tausend Meter
angelangt, verliess Cocking die Gondel,
um mit Hilfe seiner Erfindung den Versuch
einer Landung zu unternehmen. Der Fall
vollzog sich mit schwindelhafter Schnelligkeit:
In weniger als einer Minute erreichte der
Unglückliche die Erde und wurde buchstäblich zermalmt!

Im Jahre 1845 stieg der Aëronaut Co-
maschi von Constantinopel aus vor einer
Beifall klatschenden Menge im Ballon auf.
Er verschwand, um nicht wiederzukommen.
Niemand hat je erfahren, was aus ihm und
seinem Ballon geworden ist. —

Ganz ähnlich erging es Ledet, der 1847
von Petersburg aus aufstieg und nicht wieder
gesehen wurde.

Gale stieg am 8. September 1850 von
Bordeaux aus, auf einem an dem Ballon
befestigten Pferde sitzend, auf. Er landete
um 7 Uhr Abends in der Nähe von Cestas.
Die herzugekommenen Bauern machten zuerst das Pferd los. Der dadurch plötzlich
entlastete Ballon stieg neuerdings mit rasender Schnelligkeit auf. Gale erstickte
durch das bei raschem Aufstiege aus dem
unten offenen Ballon ausströmende Gas

und wurde andern Tags als Leiche auf-
gefunden.

Im selben Jahre noch stieg Arban in
Spanien zum letzten Male auf und fand entweder in den Wellen des Meeres oder auf
den schneeigen Gipfeln der Pyrenäen seinen
Tod. Man hat ihn nicht wiedergesehen.

Am 15. September 1851 stieg Tardini
von Kopenhagen aus mit seiner Frau und
seinem Sohne auf. Er landete auf der Insel
Seeland, von wo aus er seine Reise allein
fortsetzte und gleichfalls nicht wiederkam.

Einige Tage später, am 24. September,
stieg Merle von Chalons sur Marne aus
im Ballon auf, und erstickte durch Einathmung des Gases. Sein Gehilfe, der
bucklig und von sehr kleiner Gestalt war,
hatte während der ganzen Fahrt nicht die
mindesten Unannehmlichkeiten verspürt und
landete ganz frisch und gesund. Dieser
Umstand bringt auf die Vermuthung, dass
man damals die Gondel zu nahe an der
unteren Oeffnung des Ballons anbrachte.

Am 4. Juni 1852 landete der Ballon des
englischen Aëronauten Gouston in der
Nähe von Manchester, wo man ihn todt in
seiner Gondel fand; ohne Zweifel war er
auf dieselbe Art wie Merle umgekommen.

Am 19. Juli 1853 stieg E m m a V e r-
d i e r in Montesquiou bei Mont de Marsan
auf. Beim Abstieg wurde sie durch einen
heftigen Stoss, den der Ballon erlitt, aus
der Gondel geschleudert, und fand bei dem
Sturz ihren Tod. Das arme Mädchen hatte
sich für ihre Luftfahrt ganz weiss, wie zu
einem Hochzeitsfeste gekleidet.

Am 27. September 1853 ging E m i l e
D e s c h a m p s bei einem Aufstiege von
Nimes aus, zu Grunde.

Beinahe gleichzeitig mit ihm stieg
P i a n a von Rom aus auf; die aufsteigende
Kraft des Ballons war schlecht berechnet
und er erstickte. Als sein Ballon wieder
landete, fand man ihn leblos in der Gondel.

L e t t u r e versuchte am 27. Juni 1874
einen Fallschirm neuen Systemes, der mit
einer Art Flügel versehen war.

Er stieg an diesem Tage im Ballon auf,
und verliess denselben, mit seiner Maschine
versehen, in einer bedeutenden Höhe. Die
Maschine fiel mit rasender Schnelligkeit und
zerschmetterte den Unglücklichen, anstatt
ihn, wie er erwartete, langsam herabzutragen.

1858 bewerkstelligte der amerikanische
Luftschiffer T h u r s t o n seine 37. Auffahrt

im Staate Michigan; man fand ihn todt in seiner Gondel.

Im selben Jahre wurde auch H a l l, der von London aus aufgestiegen war, bei Newcastle als Leichnam in seiner Gondel gefunden.

C h a m b e r s stieg am 28. August 1863 mit rasender Schnelligkeit von London aus auf. Das aus dem Ballon ausströmende Gas erstickte ihn und er landete als Leiche in der Nähe von Nottingham. Man sieht, dass diese Todesursache in der Geschichte der unglücklichen Ballonfahrten eine viel grössere Rolle spielt, als man glauben sollte.

Am 24. Mai 1869 ereignete sich in Buenos-Ayres ein sonderbarer Unglücksfall. Der Aëronaut B a r e i l l e stieg im Centrum der Stadt mit dem Ballon auf, schwebte eine Zeit lang über derselben und wurde dann von der Luftströmung auf das Meer hinausgetragen, wo der Ballon fiel. Eine grosse Anzahl von Ruderbooten und ein kleiner Dampfer fuhren hinzu, um Bareille aufzunehmen. Der Dampfer erreichte ihn zuerst. Die aus dem Rauchfange des Dampfers sprühenden Funken entzündeten unglücklicherweise das Gas und eine fürchterliche Explosion fand statt, bei der acht Personen getödtet und 25 verwundet wurden. Bareille befand sich unter den Ersteren.

Während der denkwürdigen Belagerung von Paris (September 1870 bis Februar 1871) hatten die Organisatoren der Ballon-Postfahrten die unglückliche Idee, die Ballons immer um 11 Uhr Nachts aufsteigen zu lassen, damit dieselben nicht vom Feinde beobachtet werden könnten. Man hätte aber denselben Zweck erreicht, wenn man in dieser Jahreszeit die Ballone um vier Uhr Früh abgelassen hätte. Wer von Paris aus in Mitte einer Winternacht aufsteigt, läuft immer Gefahr, sich bei Tagesanbruch bereits mit dem Ballone über dem Meere zu befinden; diese unbegreifliche Einrichtung kostete denn auch zweien Luftschiffern das Leben und ist es reine Glückssache, dass nicht viel mehr dadurch um's Leben gekommen sind. Am 30. November stieg der Matrose P r i n c e von der Gare d'Orleans aus auf. Die Nacht war finster und äusserst stürmisch. Der Ballon erhob sich und wurde mit Blitzesschnelle gegen Westen getrieben. Bei Tagesanbruch sahen Fischerleute den Ballon weit draussen über dem Meere

schweben und rasch verschwinden. Der arme
P r i n c e hat jedenfalls in den Wellen des
Oceans seinen Tod gefunden. Um halb 12 Uhr
in derselben Nacht stieg ein zweiter Ballon
vom Pariser Nordbahnhofe aus auf und befand sich auch, als es hell wurde, bereits
über dem Meere. Es scheint, dass die Com-
mission dem Seemanne, der die Fahrt unternommen, nach einer auf der Erde vor-
genommenen Prüfung der Schnelligkeit des
Windes, befohlen hatte, acht Stunden im
Ballon zu bleiben und erst dann das Ventil
zu öffnen. Der Seemann hätte auch diesen
Befehl dem Wortlaute nach ausgeführt und
nicht einen Moment vor halb 8 Uhr an die
Leine gerührt. Aber der Ballon enthielt
einen zweiten Passagier und dieser öffnete
das Ventil gerade in dem Momente, wo der
Ballon über Belle-Ile en Mer schwebte. Es
war die höchste Zeit gewesen, noch eine
Minute gezaudert und der zweite Ballon
hätte das Schicksal des ersten getheilt.

Am 27. Jänner 1871, gerade als der
Waffenstillstand abgeschlossen wurde, stieg
der vorletzte der Ballons aus der Belagerungszeit mit dem Seemanne L a c a z e vom
Nordbahnhofe aus auf, wurde auf's Meer
hinausgetrieben und nicht wiedergesehen.

CROCÉ-SPINELLI, SIVEL UND GASTON TISSANDIER AUF DER FAHRT,
von welcher nur der Letztere lebend zurückkehrt.

Ein dritter Aëronaut aus der Belagerungszeit starb in Tours an den Folgen seiner Reise, acht Tage nach seinem Abstiege. Es war dies der Matrose Le Gloennec, der am 2. November von der Gare d'Orleans aus aufgestiegen war und im Département Maine et Loire gelandet hatte, wobei er sich lebensgefährlich verletzte.

Von 64 Ballons-Poste, welche während der Belagerung von Paris aufstiegen, verloren sich sonach zwei im Meere und zwei andere wären ihnen beinahe gefolgt. Der Nekrolog der Luftschifffahrt ist aber hiemit noch nicht zu Ende.

Im September 1871 stieg der amerikanische Aëronaut Wilburg mit seinem Ballon von Paoli, Indiana, aus auf. Aus einer nicht aufgeklärten Ursache stürzte er in einer Höhe von mehr als 1000 Metern aus dem Ballon. Sein Körper kam mit solcher Heftigkeit zu Boden nieder, dass er, nachdem er zum ersten Male aufgefallen war, noch vier Schuh hoch in die Höhe schnellte.

Im Juni 1872 machte Atkins in Decatur, Alabama, einen verunglückten Abstieg und ertrank im Tennessee-Flusse.

Am 4. Juli 1873 stieg der Aëronaut
La Mountain, der schon oft sein Leben
in tollkühner Weise auf's Spiel gesetzt hatte
und im Jahre vorher bei einer Ballonfahrt
beinahe im Erie-See ertrunken wäre, von
Jowa, Michigan, in einer Montgolfière auf.
Er hatte die unheilvolle Idee ausgeführt,
seine Gondel nicht an ein den ganzen
Ballon einhüllendes Netz zu hängen, sondern an eine Reihe von Seilen, die untereinander keine Verbindung hatten und an
einem hölzernen Reifen befestigt waren, der
oben auf dem Ballon auflag; die Montgolfière stieg ungemein rasch, und man merkte
sogleich, dass die Gondel nicht senkrecht
in der Längenachse des Ballons hing; dadurch verschoben sich die Stricke, vereinigten sich endlich alle an derselben Seite und
der Ballon nahm Reissaus! Die Gondel fiel
natürlich herab wie ein Stein; der unglückliche Aëronaut klammerte sich krampfhaft
daran und hatte noch genug Geistesgegenwart, um den Versuch zu machen,
sich ihrer als Fallschirm zu bedienen, indem
er sie über sich hielt. Aber nur mehr
30 Meter vom Boden entfernt, verliessen
ihn seine Kräfte, er liess die Gondel fahren
und fiel mit dumpfem Lärm zur Erde

nieder. Man fand ihn durch die Gewalt des
Sturzes halb vergraben, mit gebrochenen
Knochen und fürchterlich zermalmtem Kopfe.

Am 9. Juli 1874 liess sich G r o o f in
Cremorne Garden, wo vor 20 Jahren
L e t t u r e seinen Tod gefunden hatte, von
einem Ballon aus mit einer von ihm
erfundenen Flugmaschine herab und zerschmetterte sich auf dem Strassenpflaster.
Viele erfahrene Männer hatten ihm von
seinem Versuche abgerathen und ihm gesagt, dass ein grosses Parapluie bedeutend
sicherer sei, als seine Flügel, vergebens!
Er versicherte, dass er trotz allen wissen-
schaftlichen Berechnungen, die man ihm
entgegenhielt, mit seinem System reussiren
werde. Der Erfolg krönte leider diese seine
Zuversicht nicht. .

B r a q u e t stieg am 9. August 1874
zum 321. Male im Ballon auf. Er benützte
eine Montgolfière und stürzte aus einer Höhe
von 400 Meter herab, wobei er seinen Tod
fand.

Im selben Jahre wurde in Bangkock,
zur Feier der Grossjährigkeit des Königs
von Siam, ein Ballon abgelassen. Ein Neger
stieg mit auf. Es ist nie aufgeklärt worden,
auf welche Art dieser Ballon mit seinem

Insassen zu Grunde gegangen ist. Man hat
keinen von Beiden je wieder gesehen.

Am 15. April 1875 ereignete sich die
Katastrophe des »Zenith«, bei der Crocé-
Spinelli und Sivel ihren Tod fanden. An
dem bezeichneten Tage erhob sich der pracht-
volle Ballon »Zenith« von den Gaswerken
in Villette; drei Aëronauten sassen in der
Gondel: Crocé-Spinelli, Sivel und
Gaston Tissandier. Um halb zwei Uhr
hatte der Ballon die Höhe von 8000 Metern
erreicht; die drei Reisenden aber lagen ohnmächtig in der Gondel. Von 7000 Metern
an waren sie in einen Zustand der Schwäche
verfallen, den schon Glaisher beschrieben
hatte, aber den die drei Reisenden bei ihrer
Abreise nicht fürchteten, indem sie dachten,
ihn durch Inhalation von Oxigen umgehen
zu können. Jedoch in diesen hohen Regionen
beschleunigt sich die Herzthätigkeit ungemein,
während der Körper und Geist unmerklich
ihre Spannkraft verlieren, ohne dass man sich
der immer mehr und mehr überhandnehmen-
den Schwäche eigentlich recht bewusst wird.
Es überkömmt Einen die vollständigste Gleich-
giltigkeit gegen Alles, was sich ereignen
könnte, und man würde, selbst bevor man
noch das Bewusstsein verloren hat, auch nicht

einen Finger rühren, um das Leben zu retten. Gaston Tissandier, der Einzige von den Passagieren, der diese Reise überlebte, schreibt über diesen Zustand: »Man leidet nicht im Geringsten, im Gegentheile, man empfindet eine Art innerliche Freude, welche vielleicht die Wirkung des strahlenden Lichtes ist, indem man schwelgt: man steigt immer höher und fühlt sich glücklich darüber«. Der Schwindel, der Einen in diesen hohen Lagen befällt, ist eben kein Ammenmärchen.

Tissandier kam, nachdem er eine halbe Stunde bewusstlos gewesen war, wieder zu sich und sah seine beiden Genossen wie leblos in der Gondel liegen; der Ballon fiel damals bereits und es machte sich eine starke Luftströmung von Unten nach Oben bemerkbar. Tissandier hatte nicht die nöthige Kraft, um Ballast auszuwerfen, um dadurch den raschen Fall des Ballons zu verhindern; er verfiel gleich wieder in einen schweren Schlaf. Nach einiger Zeit schüttelte ihn Crocé-Spinelli, der wieder zu sich gekommen war, wach und rief ihm zu: Werfen Sie Ballast aus, wir fallen. Tissandier aber konnte kaum die Augen offen halten und er erinnerte sich blos daran, gesehen zu haben, wie sein Reisebegleiter die Instrumente, die Decken und Alles, dessen er habhaft werden konnte, über Bord warf. Wahrscheinlich stieg der entlastete Ballon nochmals in die hohen Regionen. Nach drei Viertelstunden erwachte Tissandier von Neuem und fühlte, dass der Ballon mit fürchterlicher Schnelligkeit fiel; die Gondel wurde stark hin und her geworfen und beschrieb grosse Bögen während des Falles; die beiden Begleiter Tissandier's waren auf dem Boden der Gondel zusammengekauert. Sivel war ganz schwarz im Gesichte, hatte die gebrochenen Augen weit offen und den Mund voll Blut. Crocé hatte die Augen halb geschlossen und ebenfalls den Mund voll Blut. Sie waren Beide todt. Die Gondel kam mit so ausserordentlicher Heftigkeit zu Boden, dass der Ballon sich ganz zusammenzudrücken schien; es blies ein scharfer Wind und trieb denselben immer weiter über die Felder; die Gondel wurde stark herumgeworfen und die entseelten Körper der beiden unglücklichen Aëronauten kollerten fortwährend gegeneinander und waren oft nahe daran, aus derselben hinausgeworfen zu werden. Endlich fand Tissandier die nöthige Kraft, um die Leine zu ergreifen: er öffnete das

Ventil und brachte dadurch den Ballon zum Stillstand. Es war vier Uhr Abends und er befand sich in der Nähe von Ciron (Indre). Die Wissenschaft zählte zwei Gefallene mehr, welche in ihrem Dienste das Leben gelassen hatten und die Namen Sivel's und Crocé-Spinelli's vergrösserten die leider schon so lange Liste der auf Luftreisen Verunglückten.

Am 15. Juli 1875 fanden die amerikanischen Luftschiffer Donaldsen und Grimwood ihren Tod in den Fluthen des Michigan-Sees, in den sie mit ihrem Ballon gefallen waren.

Am 13. August 1876 stieg der junge Gymnastiker Triquet von Issy bei Paris mit einem Ballon auf, an dem ein Trapez befestigt war, worauf er seine Künste produciren sollte. Als der Ballon nach einiger Zeit bei Montrouge niederging, fand man Triquet, in dem Seile verwickelt und mit zerschmettertem Kopfe, todt auf. Er war jedenfalls beim Landen an einen Baum oder an ein sonstiges Hinderniss geschleudert und getödtet worden.

Am 28. September 1879 stiegen in San Francisco Williams und Colgrave während eines Sturmes im Ballon auf; ein

heftiger Windstoss schleuderte Beide aus
der Gondel und sie blieben beide todt.

Am 4. Juli 1880 stieg der Aëronaut
P e t i t von Le Mans aus in Begleitung
seiner Frau, in einem ganz alten und stellenweise durchlöcherten Ballon auf. Er war
noch unvorsichtig genug, seinen Sohn in
einem zweiten kleineren Ballon mit sich zu
nehmen, der über dem grossen schwebte
und den er an einem Seile festhielt. Die
beiden Ballons erhoben sich zugleich, doch
hatte der grössere fast gar keine aufsteigende
Kraft und P e t i t warf seinen ganzen Ballast
aus, ohne deshalb rasch steigen zu können.

Er liess nun das Seil, an dem er den
kleinen Ballon hielt, fahren und überliess
diesen sammt seinem kleinen Insassen sich
selbst. Einen Moment später riss der grosse
Ballon von oben bis unten entzwei und
stürzte herab; P e t i t wurde gegen eine
Gartenmauer geschleudert und tödtlich verletzt, wogegen seine Frau mit einigen Contusionen davonkam. Es ist wahrscheinlich,
dass die Katastrophe, welche P e t i t das
Leben kostete, durch die Reibung des Seiles,
an dem er den kleinen Ballon hielt, gegen
den ohnedies ganz mürben Stoff des grossen
Ballons verursacht wurde, indem es diesen

ganz durchrieb und förmlich spaltete; der kleine Aërostat, in dessen Gondel der Sohn Petit's sass, landete kurze Zeit darauf mit seinem ganz unversehrten Passagier.

Charles Brest stieg am 8. August desselben Jahres, trotz eines heftigen Nordwest-Windes, von Marseille aus auf und wurde sofort mit reissender Schnelligkeit auf das Mittelländische Meer hinausgetrieben. Zwei Stunden später sank der Ballon bereits und trieb ganz nahe an der Oberfläche des Wassers dahin. Er kam ganz nahe an einem Schiffe vorbei, jedoch mit solcher rasenden Schnelligkeit, dass man ihm weder eine Hilfeleistung bieten, noch auch nur sich mit ihm verständigen konnte. Am anderen Morgen fand man den Ballon mit der leeren Gondel an der Küste von Corsica in der Nähe von Ajaccio. Brest hat jedenfalls sein Grab in den Wellen gefunden.

Das Jahr 1880 war überhaupt den Luftschiffern nicht günstig und ist ausser den beiden oben beschriebenen Unfällen noch ein dritter zu verzeichnen. Der Gymnastiker Navarre stieg am 31. October desselben Jahres von Neuilly aus mit einer Montgolfière auf, an der blos ein Trapez befestigt war, auf welchem er sich producirte. In einer Höhe von 600 Metern liess er, vor Ermüdung oder wegen Schwindels, vielleicht auch in Folge der in der Höhe herrschenden Kälte oder aus irgend einer anderen unaufgeklärten Ursache das Trapez los und stürzte zur Erde herab, während die Montgolfière allein weiter zog; Navarre's Körper wurde selbstverständlich durch die Gewalt des Sturzes vollkommen zermalmt.

Im Herbste 1881 stieg von England das Parlamentsmitglied Mr. Walter Powell allein in dem Ballon »Saladin« auf, um den Canal zu übersetzen und — wurde nicht wiedergesehen. Im Jänner 1883, nach fast vierzehn Monaten, fand man den Ballon sammt der Gondel in der Sierra del Pedroza in Spanien, von dem jedenfalls verunglückten Insassen aber keine Spur.

Am 28. Jänner 1883 führte Capitän Mayet, ein Franzose — der seit zwei Monaten in Madrid tägliche Auffahrten im Luftballon in Begleitung von einer oder zwei Personen beider Geschlechter unternahm, wobei er von den Retiro-Gärten aufstieg und sich an verschiedenen Punkten der Stadt und Umgebung niederliess — in Gesellschaft eines Passagiers wieder eine Luftfahrt aus. Der Ballon wurde vom

DUCROF's ABFAHRT VON CALAIS.

Winde stark umhergeworfen und senkte sich in einer volkreichen Vorstadt auf das Dach eines fünf Stockwerke hohen Hauses. Der Franzose riskirte sein eigenes Leben, um jenes seines Gefährten zu retten, verlor aber den Halt und stürzte auf die Strasse herab. Er war tödtlich verletzt und der Ort sogleich der Schauplatz einer gewaltigen Aufregung, da die Menge mit Schaudern auf den Priester blickte, der dem Sterbenden die letzte Oelung reichte. Der Begleiter des Aëronauten war unverletzt davongekommen. Der Ballon war eine Montgolfière.

Hiemit schliesst die Reihe der uns bekannt gewordenen Opfer, welche die Luftreisen gefordert haben, ab. Sie erreichen schon die Zahl von 46, und es ist anzunehmen, dass eine grosse Anzahl von Unglücksfällen, welche sich ereignet haben, seit der erste Ballon seinen Flug gegen die Wolken nahm, nicht allgemein bekannt geworden ist. Auch hatten viele Luftreisende bei ihren Fahrten den Tod schon nahe vor Augen und sind ihm blos mit genauer Noth entronnen. So Dupuis Delcour, der 1842 beinahe durch Einathmung des Gases erstickt wäre; Binio und Barral. die 1850 demselben Schicksal entronnen sind, nachdem sie wie Arago beschrieb, »gleich

einem abgeschossenen Pfeile den Wolken zu-
flogen«, Glaisher und Coxwell, die in
einer Höhe von 8000 Meter die Besinnung verloren und erst, als ihr Ballon von selbst fiel,
wieder zu sich kamen. So die Passagiere
des »Géant«, die 1863 während eines starken
Sturmes in Hannover landeten und dabei
sämmtlich mehr oder weniger ernsthaft verletzt wurden.

Im Juli 1874 wurde Duruof, der mit
seiner Frau von Calais aus aufstieg, auf das
Meer hinausgetrieben, und gelang es ihm nur
mit Aufgebot seiner ganzen Geschicklichkeit
und Kaltblütigkeit, die Gondel und den Ballon
über Wasser zu halten, bis sie in der Nähe
der englischen Küste von Fischerleuten gerettet wurden.

Im December 1878 stieg zum Zwecke
wissenschaftlicher Beobachtungen von Paris
aus ein Ballon mit acht Passagieren auf; der
Ballon fiel aus einer Höhe von 230 Metern
mit grosser Schnelligkeit herab; der Oberst
Laussedat und Capitän Mangin, die sich
darin befanden, brachen jeder ein Bein, und
auch Capitän Rénard und Eugéne Godard
wurden ziemlich ernstlich verletzt. A. Tissandier, der auch mit von der Partie war,
gab an, dass der Ballon aus unbekannten

DURUOF'S RETTUNG AUS DER NORDSEE.

Ursachen in der Richtung der Nahten beinahe der ganzen Länge nach durchriss, wodurch der Sturz herbeigeführt wurde.

Endlich vor ganz kurzer Zeit noch stiegen von Nizza aus die Herren S o v i s, A l l o t und V i v i e r im Ballon auf, wurden auf das Meer hinausgeworfen, während vier Stunden von Wind und Wellen hin- und hergetrieben und endlich in beinahe wunderbarer Weise durch die Bemannung eines italienischen Segelschiffes gerettet.

Wenn man die nun geschlossene Liste der Unglücksfälle, welche Luftballons und ihren Insassen zustiessen, durchgeht, so findet man, dass deren Ursachen in die folgenden Kategorien classificirt werden können:

1. Auf das Meer getriebene Ballons;

2. Erstickungs-Tod durch Einathmung des aus dem Ballon ausströmenden Gases;

3. Stösse und Collisionen beim Landen;

4. Tollkühne, meistens unnütze und sogar unbegreifliche Versuche;

5. Luftmangel in bedeutenden Höhen;

6. Montgolfièren, die in Brand gerathen;

7. Stürze von Ballons, entweder in Folge von Gasverlust, durch Abnützung des Stoffes,

Zerreissungen desselben und durch Fehler am
Ventil oder durch unrichtig construirte Netze.

Es hat ganz den Anschein, als ob die
meisten dieser Unglücksfälle hätten vorher-
gesehen und verhütet werden können. Gleichwohl darf man diese Opfer, welche ihren Muth
oder ihren Feuereifer mit dem Tode gebüsst
haben, nicht strenge beurtheilen; man muss
sich aber, wenn möglich, ihre Erfahrungen zu
Nutze machen!